Für Jonas:

»Die Welt ist ein Buch. Wer nie reist,
sieht nur eine Seite davon.«

– Augustinus von Hippo –

INHALTSVERZEICHNIS

VORWORT VON CLAUS KLEBER

»Entdecken, was die Menschen verbinden kann«

Das Stichwort *Naher Osten* löst wohl bei jedem von uns ganz unterschiedliche Assoziationen aus. Für die einen ist Israel ein Sehnsuchtsziel, für die anderen Ort des potenziellen Terrors und der ständigen Gefahr: Kaum eine Region der Erde weckt so viele Emotionen in uns, kaum ein Konflikt drängt uns so vehement, Partei zu ergreifen.

Es gehört zu den Privilegien meines abendlichen Jobs, fast täglich mit einigen der besten Journalist*innen unter der Sonne arbeiten zu dürfen: den Auslandskorrespondent*innen der großen Sender. Nicola Albrecht ist eine der erstaunlichsten unter ihnen. Sie bewältigt die Herausforderungen der schwierigsten Weltregionen mit Offenheit, authentischem Interesse und unerschütterlicher Zuversicht – journalistische Tugenden, die sie zu einer erfolgreichen China-Korrespondentin gemacht haben und die ihr nun schon seit Jahren bei der Berichterstattung aus dem Heiligen Land zugutekommen, wenngleich unter ganz anderen Voraussetzungen. In China darf es nur eine Meinung und eine Wahrheit geben – in Israel und dem ganzen Nahen Osten hingegen begegnen einem auf Schritt und Tritt fast ebenso viele Wahrheiten wie Menschen. Durch diesen unauflöslich scheinenden Wirrwarr ist Nicola Albrecht eine wunderbare Begleiterin, weil sie immer wieder etwas entdeckt, was die Menschen verbinden kann.

In diesem Buch bietet sie keine weitere Analyse des Nahostkonflikts. Wer sich mit ihr entlang der Road 90 auf die Reise durch Israel und Palästina begibt, dem eröffnet sich stattdessen die Welt hinter den Klischees und jenseits dessen, was in der komprimierten Welt der Nachrichten transportiert werden kann. Nicola Albrecht holt einen dort ab, wo die News enden, und nimmt einen mit, an unbekannte Orte und zu Menschen, die ihre Geschichten erzählen und vertrauensvoll ihre Herzen öffnen.

Wenn man als Leser gemeinsam mit ihr die Kibbuzim besucht, darf man miterleben, wie sich die Menschen dort ständig neu erfinden und ihre Träume verwirklichen, ohne dabei ihre Ideale aufzugeben, aber auch, wie sie Woche für Woche zusammenkommen und gemeinsam die traditionellen Volkstänze aufleben lassen, und zwar unter einer Bedingung: *No politics*, denn sonst gäbe es Krieg auf dem Parkett.

Wenn Nicolas Freundin Malkitta schildert, wie sie das Konzentrationslager Bergen-Belsen überlebt hat und sich als sogenannte »Jecke« (so nannte man – und nennt man immer noch – die deutschsprachigen jüdischen Einwanderer, die in den Dreißiger- und Vierzigerjahren nach Israel gekommen sind) in der orientalischen Umgebung des neu gegründeten Staates Israel zunächst so gar nicht zu Hause fühlte und auch heute noch gerne zu ihrem Sohn nach München fliegt, versteht man ein bisschen besser, dass man mit Schwarz-Weiß-Denken völlig daneben liegt.

Und wenn der 23-jährige Ahmad Abu Assal aus einem Flüchtlingslager bei Jericho erklärt, wie aus ihm der stolzeste Bademeister Palästinas wurde und dass ihm zu seinem Glück nur noch ein Besuch am Meer fehlt, wird einem allmählich bewusst, dass die Lebenswelten der Menschen entlang einer einzigen Straße kaum unterschiedlicher sein könnten und dass sie doch eines gemeinsam haben: die tiefe Verbundenheit mit ihrem Fleckchen Erde, im Hinterhof des Heiligen Landes, wie sie es liebevoll nennen, wo sie nach Zusammenhalt suchen und auf eine glückliche Zukunft hoffen. Nicola Albrecht lädt den Leser ein, auf einer Reise entlang der Road 90 diese Menschen kennenzulernen, ihnen ohne Vorurteile zu begegnen, sich mit ihr überall hinzutrauen und selbst dort herzlich empfangen zu werden, wo man es vielleicht am wenigsten vermutet hätte. Ich wünsche eine gute Reise!

Ihr Claus Kleber

EINLEITUNG

Mein Weg in den Nahen Osten

**Der Himmel über Peking war grau und smog-
verhangen, als an einem Nachmittag im Frühling 2014
mein Telefon klingelte: Ob ich mir vorstellen könne,
als Korrespondentin im Nahen Osten zu arbeiten?
Schock, Freude, Sprachlosigkeit.**

Von einem solchen Angebot hatte ich schon lange geträumt. Dann wurde mir flau: Zu der Freude und der Neugier auf die Menschen vor Ort und der Lust auf spannende Entdeckungen gesellte sich die Sorge vor einem Leben mit meiner Familie mitten in einem der großen Krisengebiete der Welt. Aufgeregt erzählte ich meinem Mann von dem Angebot. Wir diskutierten nicht lange, waren uns schnell einig: Das war das Abenteuer, auf das wir gewartet hatten.

Schon mehrfach war ich als Reporterin mit meinen Kolleginnen und Kollegen in Tel Aviv, in Jerusalem und in Gaza gewesen, meistens wenn der Konflikt wieder einmal aufgeflammt war. Damals arbeitete ich ausschließlich als Kriegs- und Krisenreporterin, und für eine wirklich tiefgehende Auseinandersetzung mit den Orten und den Menschen blieb, offen gestanden, wenig Zeit. Die heiligen Stätten waren reine Kulisse, und selbst das leckere Essen in der Region stillte lediglich den Hunger zwischen Reportagen und Live-Schalten. Doch nun sollte es ein Teil von mir werden: das Heilige Land – Mythos und Sehnsuchtsort, Ursprung unzähliger Geschichten. Das Zuhause von Menschen, die ihr Leben lieben, aber um ihr Dasein kämpfen müssen, sollte nun auch mein Zuhause werden. Ein Zuhause zwischen Leichtigkeit und Ausnahmezustand, ganz gleich ob in der hedonistischen Party-welt von Tel Aviv, den engen Gassen der Jerusalemer Altstadt oder auf den quirligen Märkten von Ramallah bis Jenin. Die in ihrer Heimat tief verwurzelten Menschen, die auf der Suche nach Zugehörigkeit und Selbstbestimmung waren, sollten meine Nachbarn werden. Das war vor allem eines: aufregend.

Im Juli 2014 ging es los. Ich flog von Peking nach Tel Aviv, um nach einer Wohnung für uns drei und einer Kita für unseren Sohn Jonas Ausschau zu halten. Kurz nach der Landung brach der Konflikt wieder einmal aus. Raketenalarm in Tel Aviv. Das war für mich zwar nichts Neues, doch diesmal fühlte es sich anders an. Schließlich sollte meine Familie ja schon bald mit hierherkommen.

Ich hatte zehn Tage Zeit, um alles vorzubereiten. An den Vormitta-gen besichtigte ich Wohnungen, und die zentrale Frage lautete plötz-lich: *Effo ze mamad?* Wo befindet sich der Schutzraum in der Woh-nung? Ließe sich der vielleicht zum Kinderzimmer umfunktionieren, so dass wir bei Alarm mitten in der Nacht unseren Sohn nicht wecken müssen? Die Maklerin zeigte mir in dieser Zeit 30 Wohnungen. Jeden Morgen holte sie mich um neun Uhr vor meinem Hotel mitten in Tel Aviv ab und fuhr dann kreuz und quer mit mir durch die Stadt. Ich erinnere mich noch gut an ein schönes Garten-Apartment im Stadt-teil Neve Tzedek, das allerdings schon von einer Vielzahl von Mücken bewohnt wurde, an eine Wohnung in einem Hochhaus mit tollem Blick über die ganze Stadt, von wo aus ich die Raketen fliegen sehen konnte, und an eine kleine, gewölbeartige Behausung in der historischen Alt-stadt von Jaffa, ohne Parkplatz und ohne Schutzraum, dafür aber mit einem Zugang über hundert Treppenstufen – nicht gerade ideal, wenn man mit einem Buggy unterwegs ist. Unser Sohn war gerade erst ein Jahr alt geworden.

Mittags setzte mich die Maklerin dann immer vor dem ZDF-Stu-dio ab, denn die politische Lage spitzte sich wieder einmal zu, und der damalige Korrespondent, mein Vorgänger Christian Sievers, musste täglich für diverse Sendungen berichten und Schaltgespräche führen. Ich war also eine willkommene Verstärkung und wurde gleich in die Berichterstattung eingebunden. Das Team im Studio war mir vertraut.

In den Jahren 2010 und 2011 hatte ich ein paar Wochen lang mit den Kollegen zusammengearbeitet, auch in Gaza war ich bereits mehrfach gewesen.

Doch was am 8. Juli 2014 geschah, hat mich so erschüttert, dass ich es wohl nie vergessen werde – auch weil es beinah surreale Züge hatte. Diese Ereignisse haben mir wieder einmal vor Augen geführt, dass auf unserer Welt so unfassbar vieles gleichzeitig geschieht. Selbst für uns Reporter, die wir zwischen den Realitäten pendeln, wird es da manchmal schwierig: nämlich wenn wir Tod und Zerstörung zu einem Fernsehpublikum transportieren sollen, das an diesem Tag ausgelassen vor der Flimmerkiste sitzt und sich fast im Minutentakt freut, weil das Runde ins Eckige geschossen wird. Es war Fußball-WM, Deutschland stand im Halbfinale. Mein Mann Telis meldete sich aus China und fragte, ob alles o. k. sei. »Alles bestens«, antwortete ich, aber natürlich wusste er: Das sage ich auch, wenn es vielleicht nicht ganz der Wahrheit entspricht ... Er wollte wegen der Zeitverschiebung nachts aufstehen, um das Spiel gegen Brasilien live im deutschen Fernsehen sehen zu können. »Mach das«, sagte ich ihm, »ich schaue wohl mit den Kollegen im Studio, wir müssen vermutlich arbeiten und lassen das Spiel nebenher laufen.« Und dann rollte die Militäroperation »Protective Edge« an, hierzulande besser bekannt als Gaza-Krieg von 2014. Radikale Palästinenser feuerten Dutzende Raketen aus dem Gazastreifen auf Tel Aviv ab. Alle paar Minuten rannten wir in den Schutzraum in unserem Bürogebäude, bis wir beschlossen, beim nächsten Alarm aufs Dach zu gehen und zu filmen, wie die Raketen vom israelischen Abwehrsystem abgefangen werden. Unser Kamerateam war in Tel Aviv unterwegs, unsere palästinensischen Kollegen in Gaza berichteten von dort. Die israelische Armee flog Luftangriffe, bald war klar, dass eine Bodenoffensive vorbereitet wurde. Wir teilten uns auf: Christian Sievers analysierte in den Schaltgesprächen die Lage, ich führte Interviews und machte die Berichte. So ging das fast im Stundentakt. Dann begann das Halbfinale. Das ZDF übertrug das Spiel, und für die Halbzeitpause war eine Ausgabe des »heute journal« vorgesehen. Dafür sollte ich einen Bericht machen und die Lage erklären, und Christian würde anschließend ein Live-Gespräch mit Claus Kleber führen.

In unserem Schneideraum standen mehrere Monitore. Auf dem einen sahen Cutter Tim und ich uns an, was wir geschnitten hatten, auf dem anderen traf laufend neues Material von unseren Teams und den Nachrichtenagenturen ein, auf dem dritten lief das Halbfinale. Es fiel ein Tor nach dem anderen, Tim und ich kamen aus dem Staunen nicht mehr heraus. Manchmal wussten wir nicht, was wir da gerade hörten: Torjubel, Explosionsgeräusche der Bomben auf Gaza oder den Raketenalarm – und war der gerade live oder kam das Getöse aus dem Lautsprecher? Unser Beitrag über den Beginn des Gaza-Kriegs war kurz vor der Halbzeitpause fertig. Es stand unglaubliche 6:0 für Deutschland, und Christian steckte seinen Kopf durch die Tür: »So viele Zuschauer hatten wir noch nie und werden wir wohl auch nie wieder haben«, bemerkte er und spielte darauf an, dass an diesem Tag die Einschaltquote wohl extrem hoch sein dürfte. »Nee, den Krieg schaut sich keiner an«, rief ich zurück, »du weißt doch, in der Halbzeitpause gehen alle auf die Toilette oder holen sich ein Bier.« In Extremsituationen neige ich manchmal dazu, mein eigenes Entsetzen mit einer blöden Bemerkung zu kaschieren.

Tatsächlich gab es an diesem Abend einen Quotenrekord: 32,57 Millionen Zuschauer hatten das Halbfinale im ZDF verfolgt. Wie viele davon nach dem Torhagel auch die Zusammenfassung über den Raketen- und Bombenhagel im Nahen Osten gesehen haben, ist nicht dokumentiert. Einer jedoch hatte sich auch unseren Bericht angeschaut: mein Mann Telis. Unser Sohn hatte sich pünktlich zur Halbzeitpause mit dem Wunsch nach seiner nächtlichen Flasche Milch gemeldet. Die bekam er, während das »heute journal« lief und mein Mann von den schlechten Neuigkeiten aus Israel und Gaza erfuhr. »Sieht ja nicht sehr einladend aus bei euch«, lautete seine Nachricht. »Ich hoffe, ihr seid an sicheren Orten.«

Die darauffolgenden Tage verliefen auf ähnliche Weise, nur ohne Fußball: Es war Krieg, und ich suchte immer noch eine Wohnung und eine Kita. Letztere fand ich immerhin recht schnell, in einer kleinen Straße in Jaffa. Sie wirkte etwas heruntergekommen, aber die Erzieherin begrüßte mich so herzlich, dass ich mich auf der Stelle in sie verliebte. Und einen Schutzraum gab es dort auch. Darüber war ich besonders froh, denn am Vortag meines Besuchs waren Raketenteile über der Kita niedergegangen. Glücklicherweise war niemand zu Schaden gekommen. Die Trümmer waren in den Garten gefallen, während die Kinder mit ihren Betreuern sicher im Schutzraum saßen.

Nach zehn erlebnisreichen und denkwürdigen Tagen stieg ich wieder in den Flieger, es ging zurück nach China. Der Gaza-Krieg dauerte noch an. Einen Kitaplatz hatte ich, eine Wohnung allerdings nicht. Und es blieb das mulmige Gefühl bei dem Gedanken, mit der Familie bald dauerhaft nach Tel Aviv zu ziehen.

Plötzlich mit der Familie mitten im (heiligen) Krisengebiet

Im Oktober 2014 landeten wir drei in Tel Aviv und machten uns als Erstes auf die Suche nach einer Wohnung.

Der Gaza-Krieg war zwar vorbei, und es herrschte Waffenstillstand, doch die Lage war noch immer angespannt. Die Stimmung auch. Irgendwie wirkte selbst das sonst so fröhliche Tel Aviv deprimiert. Vor allem die jungen Israelis bezweifelten, dass die Zukunft besser und sicherer werden würde.

Wir kamen vorerst in einer Ferienwohnung unter, während unsere Möbel irgendwo zwischen Peking und Tel Aviv auf einem Containerschiff über die verschiedenen Ozeane schipperten. Die Maklerin war nun jeden Morgen mit der ganzen Familie auf Besichtigungstour. Für uns stand fest, dass unser Sohn Jonas möglichst in einem ortsüblichen Umfeld aufwachsen sollte: keine internationalen Einrichtungen, keine Expat-Blase, sondern ein Viertel, in dem jüdische und arabische Israelis Seite an Seite lebten. Schließlich wurden wir fündig und zogen nach Jaffa. Uns war klar, dass auch hier nicht nur Friede, Freude, Eierkuchen herrschte, dass der Gentrifizierungsprozess in vollem Gange war und alteingesessene Bewohner verdrängt wurden. Aber wir wussten auch, dass hier Menschen lebten, die an die Möglichkeit einer friedlichen

Koexistenz glaubten, und das gab für uns den Ausschlag. Wir zogen dann auch gleich mitten hinein in das berühmt-berüchtigte Viertel Ajami, dem immer noch das Stigma der einstigen No-go-Area anhaftete, in der Drogen, Clan-Kriege und Polizeigewalt den Alltag bestimmt hatten. Für uns war es eine fast normale Wohnstraße, wo wir in ein fast ganz gewöhnliches Mehrfamilienhaus zogen. Dort lebten bereits Juden, Muslime und Christen unter einem Dach, alle mit israelischem Pass. Es versprach bunt und interessant zu werden.

Der Umzug im November gestaltete sich allerdings erst einmal ziemlich turbulent. Es regnete und stürmte, die Ferienwohnung stand ständig unter Wasser, denn kein Fenster war dicht. Und auch in unserer neuen Wohnung lief das Wasser nur so an den Wänden herunter. Täglich schauten wir also in unserem zukünftigen Zuhause vorbei, nur einmal kamen wir gar nicht erst so weit: Ein Polizist sperrte just vor unserem Auto die Straße und forderte mich auf zu wenden. »Warum, wir wohnen doch gleich da vorne, nur 20 Meter sind es noch?«, zeigte auf das Haus und bat, noch schnell an der Absperrung vorbei zu dürfen. »Wenn du unbedingt willst«, sagte er trocken. »Meine Kollegen entschärfen gerade eine Autobombe vor eurem Haus.« Damit hatte er das bessere Argument, und ich fuhr in einer großen Schleife wieder zur Ferienwohnung zurück.

Als wir dann doch endlich einziehen konnten, stellten wir verwundert fest, dass die Vormieterin sämtliche Schalter und die meisten Steckdosen ausgebaut hatte, so dass überall lose Kabel aus den Wänden hingen und wir unseren 14 Monate alten Sohn nicht frei durch die Wohnung laufen lassen konnten. Letztlich dauerte es mehr als einen

Fahrradtour auf Tel Avivs Stadtautobahn

Monat, bis alles einigermaßen an seinem Platz war und wir auch Lichtschalter hatten.

Die Nachbarn hingegen machten es uns leicht, in unserem neuen Domizil anzukommen. »Kommt, trinkt einen Kaffee mit uns!«, wurden wir meistens eingeladen, wenn wir aus der Tür traten. Kaffee, Kekse und Shisha standen fast rund um die Uhr bereit, und zwar meist auf dem Gehweg vor dem Haus. Viele unserer Nachbarn, vor allem die Älteren, pflegten ihre arabischen Traditionen, und dazu gehört, bei gutem Wetter auf Plastikstühlen vor dem Haus zu sitzen.

Jonas, hebräisch Yonah und arabisch Younis, wurde für die Familie zum Türöffner. Es dauerte nicht lang, und mein Mann war in halb Jaffa als Abu Younis, also als der Vater von Jonas, bekannt. Die Mühe, seinen richtigen Namen zu nennen, sparte er sich schnell, denn dafür interessierte sich ohnehin niemand. Bis man mich im Viertel erkannte, verging mehr Zeit. Umm Younis, also die Mutter von Jonas, sei ja viel weg, erzählte man sich, und so nannten sie mich mit Zweitnamen »die Journalistin«.

In seiner Kita fand sich Jonas auf Anhieb gut zurecht, schon bald plapperte er gleich gut auf Deutsch und Hebräisch und später auch ein paar Sätze auf Arabisch. Es war eine gemischt-konfessionelle Einrichtung, liberal und weltoffen. Dort lernten wir viele nette Familien kennen, mit denen wir noch heute befreundet sind. Oft wurden wir zum Schabbat-Essen eingeladen und zu den jüdischen Feiertagen wie Pessach oder Rosh ha-Shana. Mit drei Jahren wechselte Jonas von der Kita in einen Kindergarten. Auch der befand sich in Jaffa und war ein ganz außergewöhnlicher Ort. Geleitet wurde er von der zauberhaften Ora, einer jüdischen Israelin, und ihrem wunderbaren Ehemann Ihab, einem muslimischen arabisch-stämmigen Israeli, beide gläubig. Geheiratet haben sie gegen den Widerstand in ihren Familien und in Nichtachtung sämtlicher gesellschaftlicher Vorurteile. Den Kindergarten haben sie gemeinsam eingerichtet, in einem alten, typisch arabischen Haus mit hohen Decken, Pfeilern und Bögen und mit einem riesigen Garten. Dort gab es Hühner und Ziegen, und ab und zu mussten auch die Kinder dabei helfen, eine entlaufene Ziege wieder einzufangen. Auch dort ging es herzlich und liberal zu. Die Kindergärtnerinnen waren teils jüdisch, teils muslimisch, manche im Minirock, andere mit Hijab. Den Kindern war das völlig egal, sie liebten Ella und Ghada gleichermaßen. Ihre Zuneigung machten sie weder vom Aussehen, der Religionszugehörigkeit oder der Herkunft abhängig. Konsequenterweise wurden dann auch einfach alle Feiertage zelebriert, ganz gleich ob Pessach, Weihnachten oder Ramadan. Zum Fastenbrechen traf sich manchmal der ganze Kindergarten im Park. Daran erinnern wir uns besonders gern zurück.

Und so wurde Israel für Jonas zur Heimat, während Deutschland bloß das Land war, in dem Oma und Opa wohnten und wo es meistens regnete. In seinen ersten Lebensjahren war das noch keine große Herausforderung für uns. Jonas wuchs mit *Hummus* und *Falafel* auf, zog *Schawarma* einer Bratwurst vor und nennt *Mujaddara*, ein arabisches Reis-Linsen-Gericht, bis heute sein Lieblingsessen. Er lernte Bethlehem und die Geburtskirche mit knapp zwei Jahren kennen, erfuhr später aber auch, dass er die Mauer um Bethlehem zwar bei unseren Besuchen mit Graffiti besprühen darf, sie aber auch bedeutet, dass die meisten Palästinenser aus Bethlehem in ihrer eigenen Stadt gefangen sind. Er hatte viele Freunde, verbrachte viel Zeit draußen in den Parks, am Strand, auf Spielplätzen. Und selbst zur Zeit der sogenannten Messer-Intifada, als es viele Attentate im ganzen Land gab und auch bei uns in der Nachbarschaft Menschen erstochen wurden, Jaffa plötzlich wieder als sehr gefährliche Gegend galt, konnten wir all das gut von ihm fernhalten.

Doch je älter Jonas wurde, desto komplizierter wurde es. Wie sollte man einem Fünfjährigen, der gerade in die Vorschule gekommen ist, den Nahostkonflikt erklären? Denn natürlich gab es auch nach 2014 wieder Raketenalarm. Auch in Tel Aviv und auch mal später am Abend. Das bedeutete, das schlaftrunkene Kind aus dem Bett in den Schutzraum zu tragen und zwei Fragen gleichzeitig zu beantworten. Die der Redaktion in Mainz: »Kannst du ins Büro fahren und ein Schaltgespräch führen?« und die meines Sohnes: »Mama, warum weckst du mich, wenn du arbeiten musst?« Manchmal schrillten die Sirenen morgens beim Frühstück, kurz vor Schulbeginn. Auch dann ging es schnell in den Schutzraum, wieder nicht ohne eine Frage meines Sohnes: »Warum schießt die Hamas Raketen auf uns, wenn sie doch sauer auf die israelische Regierung ist? Können die das nicht untereinander klären?« Jonas hat während unserer Zeit in Israel und auf unseren Reisen vor Ort mit seinen kindlichen Aussagen oft den Nagel auf den Kopf getroffen und uns ganz schön um Erklärungen ringen lassen. Mit drei Jahren erklärte er, Mauern seien doof, weil man nie mit eigenen Augen sehen könne, was auf der anderen Seite sei. Mit vier begann er, Checkpoints zu hassen, wollte nicht aus dem Auto aussteigen, wenn ein Soldat dies verlangte, und wenn ein Hund an seinem Kindersitz schnüffelte, fing er aus Protest an zu schreien und schickte den Hund resolut weg. Soldaten sollten am Checkpoint lieber Eis verkaufen, lautete sein Lösungsvorschlag, den er auch gleich unüberhörbar kundtat. Wir haben ihn überallhin mitgenommen: zum Wandern in den Wadis ebenso wie zum Zelten bei den Beduinen und zu den Delfinen im Roten Meer. Gemeinsam erkundeten wir jeden Winkel im Heiligen Land. Ein Navigationssystem brauchte ich nach einiger Zeit höchstens noch, um einen Stau angezeigt zu bekommen. Nach sechs Jahren in Israel sind aus Bekannten Freunde geworden, und das ungeachtet ihrer Herkunft oder Religion. Auch heute noch lässt mich der Konflikt nicht selten verzweifeln.

Rückblickend war es eine intensive Zeit, auch in emotionaler Hinsicht. Oft haben uns Freunde aus Deutschland oder aus anderen Gegenden der Welt besucht. Ihnen haben wir gerne unsere Lieblingsplätze im ganzen Land gezeigt, haben versucht zu vermitteln, warum hier alles so wunderschön ist, gleichzeitig aber auch kompliziert und aggressionsgeladen oder eben sehr bedrückend sein kann. Vermutlich waren wir hin und wieder ziemlich anstrengende Gastgeber, die ihren Freunden viel zugemutet haben, frei nach dem Motto: Mehr als ein Tag am Strand ist nicht drin, dann geht es mindestens einmal nach Hebron, und zwar in beide Teile der Stadt, den palästinensischen und den von israelischen Siedlern besetzten. Ein Versuch, per Druckbetankung das schwer Verständliche etwas fassbarer zu machen. Dabei haben auch wir nach Jahren vor Ort immer wieder neue Aspekte der politischen Situation kennengelernt. Verständigt habe ich mich übrigens meistens auf Englisch, das klappt in Israel und in den Palästinensischen Gebieten in der Regel recht gut. Im Gegensatz zu Jonas habe ich nicht gelernt, fließend Hebräisch zu sprechen, aber für etwas Small Talk, eine nette Begrüßung und ein paar Fragen haben meine Kenntnisse gereicht. Erst in Deutschland, als ich immer mal wieder eine hebräischsprachige TV-Serie im Original geschaut habe, ist mir aufgefallen, wie viel ich doch verstehe. Um mich auch auf Arabisch verständigen zu können, habe ich Unterricht genommen, mein Lehrer Ali aus Jaffa hat mir vor allem das gesprochene palästinensische Arabisch beigebracht. Davon habe ich sehr profitiert, denn über die Sprache erreicht man die Menschen ganz unmittelbar, und manchmal ist es auch hilfreich, wenn man als Frau an einem Hamas-Checkpoint den unfreundlichen Kontrolleur in seiner Muttersprache wissen lassen kann, dass man die Chefin des Teams ist. Auf meinen Dienstreisen waren allerdings immer auch Dolmetscher dabei, denn nicht nur die Verständigung ist das A und O in meinem Job, sondern auch das akkurate Übersetzen von Interviews.

Und dann gab es da noch diese eine Reise, die mich Israel und Palästina auf eine andere, angenehm leichte, aber keineswegs oberflächliche Art entdecken und vielleicht auch ein bisschen besser verstehen ließ. Ich wählte eine Route, die in keinem Reiseführer steht. Sie führt durch Orte jenseits der Metropolen, ist deswegen aber nicht weniger spektakulär. Und: Jeder kann sie in einer Woche oder auch einem Monat selbst er-fahren, je nachdem wie viel Zeit zur Verfügung steht. Vielleicht machen Sie sich selbst einmal auf den Weg? Vorher aber möchte ich Sie gern auf meine Reise mitnehmen: auf die Road 90!

Auf der Road 90 durch den Hinterhof des Heiligen Landes

Die Road 90 ist mit ihren 480 Kilometern nicht nur die längste Straße Israels, sondern auch die Lebensader des Landes. Die Landschaft ist atemberaubend und abwechslungsreich, und die Lebenswelten der Menschen ändern sich ständig.

Die Road 90 ganz im Norden

Wer sich darauf einlässt, kann hier, im Hinterhof des Heiligen Landes, wohl am besten erfahren, worin die tiefe Verbundenheit der Menschen zu ihrer Heimat besteht. Die Road 90 beginnt bei Metulla im Norden Israels, direkt an der Grenze zum Libanon, folgt dem Verlauf des Jordans und endet schließlich ganz im Süden am Roten Meer. Für einen Film sind mein Team und ich sie einmal der Länge nach abgefahren. Etliche weitere Reisen – privat wie dienstlich – führten mich immer wieder an einzelne Orte entlang der Strecke. Einige von ihnen, wie der Kibbuz Ein Gedi am Toten Meer und die Festung von Masada, sind auch hierzulande bekannt, andere weniger, wie Bardala im palästinensischen Jordantal oder der Kibbuz Ktora in der Wüste Arava im Süden des Landes. Aber es sind gar nicht nur die wunderschönen Orte, die mich immer wieder auf die 90 gezogen haben, sondern vor allem die Menschen, von denen ich stets willkommen geheißen wurde, mal mit »Shalom«, dann wieder mit »Salam«.

Oft werde ich gefragt: Kann ich denn in dieser Region überhaupt selbst mit dem Auto fahren? Die Antwort lautet: Ja, unbedingt! Und wenn Sie die folgenden Tipps beherzigen, steht einem erfolgreichen Road-Trip nichts mehr im Wege.

Autovermietung

Da die Route durch das von Israel besetzte Westjordanland führt, sollten Sie darauf achten, dass die Versicherung des Mietwagens auch diese Region einschließt. Die gängigen internationalen und israelischen Mietwagenfirmen werden Ihnen einen solchen Versicherungsschutz jedoch nicht anbieten. Deshalb empfehle ich Ihnen, ein Auto bei »Dallah Rent A Car« zu mieten: www.dallahrentacar.com. Leider ist die Homepage immer mal wieder offline. In dem Fall können Sie einfach eine E-Mail an den Manager Mohammed Dahoud schicken (dallah-info@dallahrentacar.com) oder ihn direkt anrufen: +972–54–477 21 18. Das palästinensische Unternehmen mit Niederlassungen in Ostjerusalem und Ramallah bietet umfassende Versicherungspakete zu normalen Preisen. Einer der freundlichen Mitarbeiter bringt Ihnen das Auto gegen eine Gebühr auch zum gewünschten Startort, z.B. zum Flughafen nach Tel Aviv oder zum Hotel, und holt es dort später auch wieder ab. Es empfiehlt sich, rechtzeitig vor Reiseantritt zu buchen: Die Anzahl der verfügbaren Autos ist begrenzt, Sonderwünsche wie Geländewagen oder Ähnliches sollten direkt angefragt werden. Sitzerhöhungen für Kinder bringt man lieber selbst mit – alle Fluggesellschaften transportieren sie kostenlos.

Tipp!

DER NORDEN

METULLA

Metulla ist der nördlichste Ort Israels, und für gewöhnlich geht es hier ziemlich beschaulich zu. In der Grenzregion liegen gleich mehrere Naturschutzgebiete.

Der Norden des Landes ist eine bei den Israelis beliebte Reiseregion. Die Natur ist vielfältig und idyllisch, es gibt unzählige Wanderwege entlang kleiner Flüsse mit Wasserfällen. Allerdings sind in Metulla durch die unmittelbare Nähe zum Libanon auch immer wieder die politischen Spannungen spürbar. Ein Blick auf die Karte zeigt: Die Grenze zum Libanon schlängelt sich an drei Seiten um den Ort, der geradezu in das Nachbarland hineinragt. Offiziell befinden sich die beiden Staaten im Kriegszustand, im Süden des Libanons hat die terroristische Hisbollah-Miliz laut Schätzungen von Militärexperten Tausende von Raketen stationiert. Immer mal wieder kommt es zu Beschuss, und auch wenn die Lage seit dem Krieg 2006 stabil geblieben ist, sind die Menschen in Metulla stets auf eine weitere Eskalation gefasst. Die israelische Armee schickt ihnen Nachrichten aufs Handy, wenn es ein Manöver gibt oder sich die Lage zuspitzt. Darauf können sie sich verlassen – ebenso wie auf ihr eigenes Gespür und ihre Resilienz.

Zu Gast auf Avis Apfelplantage

»*Shalom*, was machst du da?«, schallt es aus der Apfelplantage. »Ich bin auf der Road 90 unterwegs, möchte sie einmal ganz abfahren, und hier fängt sie doch an, oder?«, antworte ich. So lerne ich Avraham Rosenfeld kennen, oder Avi, wie er sich nennt. Seine Plantage liegt unmittelbar an der Sperranlage, die Israels Grenze zum Libanon sichert. Fünf Meter hohe Betonwände und Stacheldraht begrenzen das Areal und markieren zugleich den Beginn der Road 90. Auch an diesem Tag liegt Anspannung in der Luft. Die libanesische Hisbollah-Miliz hat kurz zuvor eine israelische Drohne abgeschossen. Avi schaut trotzdem täglich nach der Apfelplantage seiner Familie, ganz egal wie die Sicherheitslage gerade ist. Das sei er seinem Vater schuldig, erklärt er mir. Ein Militärfahrzeug kommt vorbei: »Verschwindet lieber von hier!«, ruft uns ein Soldat zu. Avi lacht

Avi erzählt von seinem Leben an der Grenze zum Libanon.

nur. Er habe sein ganzes Leben hier verbracht und würde sicher niemals von hier verschwinden, ruft er zurück und beißt seelenruhig in einen Apfel.

Gemeinsam schlendern wir über die Plantage. Die hügelige Landschaft ist malerisch und von zahlreichen Wanderwegen durchzogen. Etwas abseits der 90 liegen mehrere Naturschutzgebiete, wie das »Iyon Stream Nature Reserve« mit seinen beeindruckenden Wasserfällen. Wer hier wandern geht, dürfte kaum auf Militär stoßen. Avi führt mich zu einem Aussichtspunkt. Sein Vater habe Metulla geliebt, erzählt er mir, genauso wie er es heute tut. »Hier auf der 90 starb er, geriet in den Hinterhalt eines palästinensischen Attentäters. Er war der Sicherheitsbeauftragte für die Region.« Doch auch nach dem Tod seines Vaters hat Avi nicht einen Moment darüber nachgedacht, Metulla zu verlassen. Heute sei es ohnehin viel sicherer hier, findet er.

Avi möchte mir zeigen, dass sein Zuhause nicht nur aus Stacheldraht und Mauer besteht. Er führt in der Nähe von Metulla ein kleines Restaurant. Es liege »irgendwo im Nirgendwo«, scherzt Avi. Und tatsächlich ist das Lokal nicht ohne Weiteres zu finden, es versteckt sich inmitten von Apfelbäumen und Hügeln. Ein Hinweisschild und feste Öffnungszeiten gibt es nicht. Nicht einmal eine Speisekarte hat Avi.

Wer bei ihm essen möchte, ruft einfach vorher an, und Avi entscheidet spontan, ob er Lust hat zu kochen.

An diesem Abend erwartet er Gäste, und auch ich darf zum Essen bleiben. »Ich denke, mein Name ist mein Schicksal. Vermutlich wurde ich Avraham genannt, weil ich ein guter Gastgeber werden sollte. Der biblische Abraham war doch der Vater von uns allen und auch ein guter Gastgeber. Seine Tür stand immer offen, damit jeder reinkommen konnte. So soll es auch bei mir sein«, sagt Avi, während er die Tische zusammenrückt und flink eindeckt. Das Kochen hat er sich selbst beigebracht – mit Leidenschaft und viel Rotwein. Es gibt immer ein Gericht für alle. Avi schwört dabei auf Produkte aus der Region: Fleisch natürlich, am liebsten von Rindern, die auf den saftigen Wiesen in Israels Norden gegrast haben, dazu ein paar Salate und Gemüse. Im Augenblick leben, Menschen verwöhnen, das macht Avi glücklich. »Knaipe«, abgeleitet vom deutschen Wort Kneipe, nennt er seinen Gastraum, denn in einer echten Kneipe sitze niemand allein.

Und schon treffen die ersten Gäste ein: Amir, Nofar, Alon und die anderen. Acht Personen werden es insgesamt. Alle kommen aus Metulla, alle kennen Avi natürlich schon. Es ist wie ein Treffen unter Freunden, aber auch ich werde sofort herzlichst aufgenommen. Was mich an diesen Ort verschlagen habe, wollen sie wissen, und ob es mir gefalle, trotz der ganzen Tragödien hier. Ja, mir gefällt der Norden Israels tatsächlich sehr. Es gibt so viele ursprüngliche Ecken, die noch nicht touristisch erschlossen sind, und die Menschen sind authentisch. Hier geht es ruhiger zu als in Tel Aviv oder Jerusalem, und jedem Einzelnen merkt man an, dass er seine Heimat liebt. Einfach ist das Leben hier nicht, aber sie seien Lokalpatrioten, scherzt Amir, der früher einmal einige Jahre im Süden Israels gelebt hat, um dann festzustellen, dass nur dieses Fleckchen Land hier oben ihn wirklich glücklich macht. Die Zeit vergeht wie im Flug. Avis Steaks sind köstlich, jeder fühlt sich wohl, es ist tatsächlich wie in einer echten Kneipe. Gezahlt wird ein Festpreis. Reich wird Avi auf diese Weise nicht, aber dafür genießt er auch zu später Stunde noch die Gesellschaft seiner Gäste und isst und trinkt mit ihnen. Anekdoten aus der »Knaipe« machen die Runde. »Einmal war sogar Benjamin Netanjahu hier. Er hatte wohl auch von meinen Qualitäten als Gastgeber gehört«, erzählt Avi. Gut gegessen habe er, aber ans Zahlen habe er nicht gedacht. Die anderen Gäste lachen. »Was hast du erwartet, Avi?«, fragt Nofar, »der bedient sich doch überall. Kein Wunder, dass er wegen Korruption angeklagt ist.« Israel, das sei eben schon speziell, sagen sie und lachen wieder. »Morgens Raketen, abends Wein und *Le chaim*.« *Le chaim*, das bedeutet: aufs Leben. Und darauf stoßen wir gerne an.

Essen und Trinken

Wer sich von Avi kulinarisch verwöhnen lassen möchte, kann ihn unter folgender Telefonnummer erreichen: +972 54 218 55 30. Seine »Knaipe« befindet sich zwischen der Ha-Golan-Straße und der Ha-Duvdevan-Straße. In dieser Schreibweise weist mittlerweile auch Google Maps den Weg zu Avi.

Tipp!

DAS HULA-TAL

Es ist nur eine kurze Fahrt von Metulla ins 30 Kilometer südlicher gelegene Hula-Tal. Die Strecke führt durch Israels grünen Norden, und schon bald breitet sich das Hula-Tal als fruchtbares Tiefland vor einem aus.

Östlich davon liegen die von Israel besetzten Golanhöhen, im Westen befindet sich das 900 Meter hohe Menara-Kliff, und im Süden ist schon der See Genezareth zu sehen. Die gesamte Fläche umfasst ungefähr 180 Quadratkilometer. Bereits in der Antike gab es in den Randgebieten einzelne Siedlungen, die Ebene selbst war dafür zu sumpfig. Erst Anfang der Fünfzigerjahre gelang es, den Großteil der Sümpfe trockenzulegen. Für Israel war es so wenige Jahre nach der Staatsgründung 1948 ein großes zionistisches Projekt. Die Böden wurden für die Landwirtschaft nutzbar gemacht, und das restliche Sumpfgebiet wurde später

Regenbogen über dem Hula-Tal

unter Naturschutz gestellt. Rund um das fruchtbare Hula-Tal entstanden mehrere großflächige landwirtschaftliche Betriebe.

Unterkunft

Ganz in der Nähe befindet sich das Hotel Galilion (www.galilion.co.il), zahlreiche Privatvermieter bieten ebenfalls Zimmer an: www.zimmeril.com – übrigens auch eine gute Adresse für die anderen Landesteile.

Tipp!

In der Einflugschneise oder:
Ein ungewöhnliches Road-Motel

Für viele Israelis ist die Region ein beliebtes Naherholungsgebiet. Hier finden sie Natur pur und für hiesige Verhältnisse eine unglaubliche Ruhe – es sei denn, man gerät in ungewöhnlichen Reiseverkehr mit ziemlich seltsamem Fluglärm, wie es mir an einem Tag im Herbst widerfahren ist. Als ich aus dem Auto aussteige, dröhnt mir ein unerklärliches Crescendo in den Ohren. Und dann entdecke ich sie am Rande eines Sees mitten im Nationalpark: Tausende Zugvögel, die ein Geschrei machen wie Fußballfans, wenn ein Tor fällt. »Da staunst du, was?«, fragt Nir Aspis und grinst mich aus seinem Jeep heraus an. »Tja, wir haben hier ganz zufällig das beste Road-Motel für Kraniche auf ihrer Route zwischen Europa und Afrika geschaffen. Sie finden hier alles, was sie brauchen: ein einladendes Restaurant, Gastfreundschaft und tolle Übernachtungsmöglichkeiten.« Nir ist Ranger, und das Hula-Tal bezeichnet er als sein »Wohnzimmer«, weil er sich hier am liebsten aufhält.

Mehr als 500 Millionen Vögel ziehen im Herbst und im Frühjahr durch das Hula-Tal. 50 000 Kraniche würden allein an diesem Tag Rast machen, erläutert Nir.

Er nimmt mich in seinem Jeep mit, will mir die schönsten Stellen zeigen. Er selbst kam vor 25 Jahren aus dem Großraum Tel Aviv hierher.

Als Fremdenführer, Wander-Guide und Spezialist für Jeep-Touren hat er angefangen und ist geblieben. Seine Begeisterung für die Vögel hat ihn seitdem nicht mehr losgelassen. Ein Leben ohne sie? Unvorstellbar. »Wir erforschen und wissen Dinge, die kannst du in keiner Universität lernen«, sagt Nir stolz. »Unglaublich, wie berühmt wir mittlerweile in der Fachwelt sind. Aber mit diesen Vögeln musst du leben, um sie wirklich zu verstehen, und zwar rund um die Uhr.« Nir freut sich über das wachsende Interesse von Ornithologen und Touristen aus aller Welt. Nur zu viele Besucher sollten es dann doch nicht werden, denn eigentlich hat er seine Vögel auch ganz gern für sich.

»Wollen wir doch mal sehen, ob wir heute eine Show erleben«, verkündet Nir und parkt seinen Jeep am Ufer des großen Sees. »Schau mal, wie elegant der Kormoran landet.« Er reicht mir sein Fernglas.

Sowohl in der Luft als auch auf dem Wasser wimmelt es nur so von Wasser- und Zugvögeln. Kraniche, Störche, Reiher und sogar Pelikane genießen ganz offensichtlich ihren Zwischenstopp auf dem Weg nach Afrika. Hin und wieder schwimmen kleine Biberratten an uns vorbei, in der Ferne stehen Wasserbüffel. Es ist ein unvergleichliches Schauspiel, an dem man sich kaum sattsehen und hören mag.

Nir Aspis liebt das Vogelgeschrei

Die Zugvögel machen hier nur kurz Station, und auch mich zieht es bald wieder weiter. Doch noch bleibe ich im nördlichen Galiläa. Forscher vermuten, dass die Road 90 vor allem hier im Norden entlang wichtiger historischer Handelsrouten verläuft, und auch die moderne Nord-Süd-Verbindung ist ähnlich bedeutsam. Ein Ort am Osthang des Berges Kanaan zieht mich magisch an.

Nationalpark

Den Nationalpark erkundet man am besten zu Fuß oder mit dem Fahrrad. Fahrräder, auch Viersitzer kann man am Parkeingang mieten. Kostenlos reservieren kann man übrigens über die Website der zentralen Verwaltung der israelischen Nationalparks: www.parks.org.il.

Tipp!

ROSH PINA

**Das kleine Dorf Rosh Pina kurz hinter dem Hula-Tal
übt eine unwiderstehliche Anziehungskraft auf mich aus.
»Interessant«, findet Sigal, »denn die meisten Reisenden
lassen uns links liegen.«**

Sigal Eshet-Shafat hat vor mehr als 20 Jahren ihre Heimatstadt Tel Aviv gegen ein Leben für die Kunst in Rosh Pina eingetauscht. Und damit ist sie hier nicht die Einzige. Rund hundert Künstler aus ganz Israel haben sich in dem kleinen Ort niedergelassen. Sie bezeichnen sich als Aussteiger im eigenen Land.

Kunst, Kabbala und Schokolade

»Es gibt hier diesen Funken, der deine Kreativität entfacht. In Rosh Pina kannst du dich konzentrieren, kannst du dich selbst besser wahrnehmen. In Großstädten wie Tel Aviv hörst du dich nicht richtig, die Hintergrundgeräusche übertönen alles. Hier aber kannst du dich hören.« Mit diesen Worten erklärt Sigal, warum Rosh Pina sich ihrer Meinung nach in eine Künstlerkolonie verwandelt hat. Kunst und Kabbala, die mystische Tradition des Judentums, halten die Gemeinschaft zusammen. Sigal ist eine zierliche Frau Ende 40. In ihrem weißen Gewand scheint sie förmlich durch die pittoresken Dorfgassen zu schweben. An den kleinen Steinhäusern ranken sich leuchtend pinke Bougainvillea-Büsche hoch, und da und dort weisen einige an die Hauswand gelehnte Leinwände darauf hin, dass sich hinter fast allen Türen ein Atelier oder eine Kunstgalerie verbirgt. Mein Besuch und meine Neugierde bringen Sigal nicht aus der Ruhe. In Rosh Pina messe man der Zeit keine so große Bedeutung zu, sagt sie und lädt mich zu einem Rundgang ein.

In Sigals Zuhause darf ich mir zuerst ihre neuesten Werke anschauen: Gefaltete Leinwände, mit Fäden und Nadeln zu ungewöhnlichen Formen zusammengefasst, sind wiederum auf Leinwand befestigt. Manche Objekte hängen in 3D-Rahmen an der Wand; sie haben etwas Leichtes, Schwebendes, ganz wie die Künstlerin. Im Nebenzimmer hingegen stapeln sich zu meiner Überraschung Hunderte von Einmachgläsern. »Ich bin sehr mit diesem Fleckchen Erde verbunden«, erklärt Sigal. »Neben der Kunst nutze ich den fruchtbaren Boden und mache Marmeladen, Chutneys oder auch Feigensenf.« Einen kleinen Teil davon vertreibt Sigal über Feinkostgeschäfte in Tel Aviv und Jerusalem, aber eben nur immer das, was sie gerade hergestellt hat. Schnell schraubt sie ein paar Gläser auf und reicht mir einen Löffel und Brotstückchen, ich soll probieren. Eine selbst gemachte Kreation ist köstlicher als die andere.

Mittlerweile hat es sich herumgesprochen, dass Sigal Besuch hat. Nachbarn kommen vorbei, jeder möchte mir ebenfalls gerne ihre oder seine Kunst zeigen, will wissen, wie mir die Motive und natürlich auch Rosh Pina gefallen. Sigal und ich ziehen von Galerie zu Galerie, halten hier und da einen kleinen Plausch. Die Stunden vergehen wie im Flug.

Aus einer Galerie dröhnt laute Reggae-Musik. »Das ist Gesher«, sagt Sigal lachend. »Du bist doch Journalistin und an Politik interessiert. Mit Gesher kannst du über Politik diskutieren. Die meisten von uns versuchen, die Politik auszublenden, denn die israelische Politik ist immer irgendwie verrückt und manchmal kaum zu begreifen. Damit zu hadern ist total zwecklos, aber

Rosh Pina, ein Idyll für kreative Aussteiger.

unterhalt dich ruhig mal mit Gesher.« Als wir eintreten, steht Gesher mitten in seiner Galerie und singt ›No woman no cry‹ von Bob Marley. Er ist vor vielen Jahren aus den USA nach Israel gekommen, hat *Alija* gemacht. Als *Alija* wurde ursprünglich eine Pilgerfahrt nach Jerusalem bezeichnet. Heute wird der Begriff allerdings meist in übertragener Bedeutung für die Einwanderung von Juden aus aller Welt nach Israel verwendet. »*Hello girls*«, begrüßt uns Gesher. Er trägt Vollbart, Jeans und Holzfällerhemd. »Schau mal, ich male gern berühmte Leute! Da oben: Nelson Mandela, siehst du? Also, er hat 27 Jahre im Gefängnis verbracht, und dann konnte er eines Tages sagen: ›In meinem Land, Südafrika, da wirst du erst ins Gefängnis gesteckt, und später wirst du Präsident.‹ In Israel ist das umgekehrt, erst wirst du Präsident oder Premierminister, und dann gehst du ins Gefängnis.« Gesher lacht und fügt hinzu, so sei das nun mal im Heiligen Land. Wir reden noch ein wenig über die am 2. März 2020 erneut anstehenden Parlamentswahlen und den Korruptionsprozess, in dem der Angeklagte der damals noch amtierende Premierminister Netanjahu ist, über die Schwierigkeiten, den sogenannten Friedensprozess mit den Palästinensern wiederzubeleben. »Weißt du«, versucht Sigal zu erklären. »*Ze Eretz shelanu*, es ist unser Land, so empfinden wir das. Wir haben alle mal woanders gewohnt, ich war in London, Gesher ist aus den USA gekommen. Aber wir haben uns alle hier gefunden. Das hat etwas mit Energie zu tun: jüdische Seelen, angezogen von jüdischem Land. Komm, ich zeige dir unsere Synagoge, sie ist wirklich schön.«

Sigal erzählt mir die Geschichte des Dorfes. Rosh Pina wurde 1882 von rumänischen Einwandererfamilien gegründet und war damit eine der ersten modernen jüdischen Siedlungen im damaligen Palästina. Der Name bedeutet wörtlich »Haupt der Ecke« oder auch »Eckstein« und stammt aus dem Psalm 118: »Der Stein, den die Bauleute verworfen haben, ist zum Eckstein geworden.« Die Synagoge, in die mich Sigal mitnimmt, stammt noch aus dieser Zeit, Baron Edmond James de Rothschild hat sie bauen lassen. Nur ein einzelner junger Mann sitzt in der Synagoge und betet, als wir den Innenraum betreten. Jeder habe seinen eigenen Draht zur Religion, seine eigene Art zu beten. Die Synagoge sei meist am Schabbat gut gefüllt, ansonsten halte das hier jeder eben ein wenig anders.

Sigal schlägt vor, ich solle unbedingt noch eine heiße Schokolade mit ihr trinken, bevor ich mich wieder aufmache, aber erst nach einem Abstecher zum Aussichtspunkt von Rosh Pina. Von dort habe man einen wunderbaren Blick über die schöne Umgebung. Wir verabreden, uns in einer Stunde in einem Café zu treffen, das passenderweise »Shokolata« heißt.

Zum Aussichtspunkt sind es nur ein paar Minuten zu Fuß.

**Und der Weg lohnt sich, denn der Blick über
die Hula-Ebene, auf die Golanhöhen und sogar
das Bergmassiv Hermon an der Grenze zwischen Israel,
Syrien und dem Libanon ist fantastisch.**

Am Aussichtspunkt steht ein Gedenkstein. Er ist mit hebräischen Schriftzeichen versehen, die ich nicht lesen kann. Suchend schaue ich mich um. Ein älterer Herr auf einer Bank spricht mich an:»Möchtest du wissen, warum dieser Aussichtspunkt ›Nimrod‹ heißt?«, fragt er und winkt mich zu sich herüber. Ich nicke und folge seiner Aufforderung, stelle mich vor und setze mich zu ihm auf die Bank.»Ich heiße Hezi Segev. Nimrod war mein Sohn, und das war sein Lieblingsort. In diesem Feigenbaum hinter uns war ein Baumhaus. Als er jung war, ritt er mit einem Pferd und seiner Gitarre hier hoch, setzte sich in das Baumhaus und komponierte Lieder oder schrieb Gedichte.«

Wie so viele Israelis erzählt auch Hezi ohne Umschweife seine Geschichte.»Jetzt ist dieser Platz hier, diese Aussichtsplattform, eine Stätte des Gedenkens an ihn. Nimrod wurde im Zweiten Libanonkrieg getötet. Als er in den Krieg zog, sagte er zu mir, er werde sicher in einem Panzer getötet und wir würden eine Beerdigung mit einem leeren Sarg machen müssen. Genauso ist es gekommen.« Ich schlucke. Als Reporterin in Krisengebieten habe ich zwar schon viel erlebt und auch mit vielen Angehörigen von Kriegsopfern gesprochen, aber es fällt mir nie leicht, die richtigen Worte für sie zu finden. Sofern es in solchen Fällen so etwas wie »richtige Worte« überhaupt gibt. Nimrod starb mit 28 Jahren. Sein Vater Hezi kommt fast jeden Tag hierher. An diesem Ort fühlt er sich seinem Sohn nahe. Wir sitzen noch eine Weile zusammen auf der Bank und sprechen über Nimrod, das Leben in Israel und den Schwarzwald, den Hezi so gerne bereist, wenn er Israel einmal verlässt.»Hast du auch Kinder?«, will Hezi wissen. Seine Frage bringt mich in Verlegenheit. Wie erzählt man einem Vater, der seinen Sohn verloren hat, vom eigenen Kind, das als Gast in einem Konfliktgebiet glücklich und meist recht sicher aufwächst und später auch nicht zum Militär gehen muss? Hezi jedoch macht es mir leicht, ich müsse kein schlechtes Gewissen haben, erklärt er mir, ich könne ja nichts für sein Schicksal. Ob ich Angst um meine Familie habe, forscht er nach. »Weißt du, von gelegentlichem Raketenalarm abgesehen, habe ich nur einmal so richtig Angst um meinen Sohn und meinen Mann gehabt. Das war, als ein Attentäter mit einem Messer durch unsere Nachbarschaft lief und zwar genau auf den Spielplatz zu, auf dem die beiden gerade mit Freunden waren. Sie hatten keine Ahnung, was sich ganz in ihrer Nähe abspielte. Die Polizei hatte die Verfolgung bereits aufgenommen. Glücklicherweise habe ich davon erfahren und konnte sie warnen.« »Unser Land ist

Hezi Segev verlor seinen Sohn Nimrod im Libanonkrieg.

schon verrückt«, sagt Hezi lächelnd. »*Baruch hashem*, gelobt sei der Herr, dass ihnen nichts passiert ist.« Zum Abschied gibt Hezi gibt mir seine Telefonnummer, auch das ist in Israel nichts Ungewöhnliches. Ich solle mich melden, wenn ich wieder in der Gegend sei.

Zurück auf der Hauptstraße sehe ich Sigal schon winken. »Na, hast du Nimrods Vater getroffen?«, will sie wissen. Ich nicke, und sie wirft mir einen verständnisvollen Blick zu. »Komm, die Schokolade wartet!« Und was für eine heiße Schokolade da wartet! Das »Shokolata« ist nämlich eigentlich eine Pralinenmanufaktur – bestellt jemand eine heiße Schokolade, werden diese schlicht in heißer Milch aufgelöst: 500 Kalorien süßes Glück in einer Tasse. Schon allein deswegen, meint Sigal, lohne sich ein Stopp in Rosh Pina, und ich kann ihr nur beipflichten.

Essen und Trinken

Wer Schokolade liebt und nach einem Bummel durch die Galerien eine Pause einlegen möchte, sollte dem »Shokolata« unbedingt einen Besuch abstatten. Hier gibt es Schokoladiges in sämtlichen Variationen, kalt und heiß, als Pralinen, Pudding oder Kuchen. Als herzhaftes Gegengewicht stehen auch kleine salzige Gerichte auf der Karte (www.chocolatte.co.il).

Tipp!

SEE GENEZARETH – TABGHA

**Einige Kilometer lang bin ich im biblischen Galiläa
allein auf der Road 90 unterwegs, es ist kaum Verkehr.
Auch hier ist die Landschaft malerisch. Einen Moment
gilt es nicht zu verpassen: wenn die Felsen den Blick
auf den See Genezareth freigeben.**

Und genau in dieser Kurve sollte man die 90 verlassen und einen kleinen Abstecher auf den Berg der Seligpreisungen machen. Nach christlicher Überlieferung soll Jesus hier seine Bergpredigt gehalten und unter den Jüngern seine Apostel ausgewählt haben. Die Kirche der Seligpreisungen wurde 1937 aus schwarzem Basalt und weißem Kalkstein gebaut – mit einem beeindruckenden Blick auf den See Genezareth. Entworfen hat diesen Kirchenbau der italienische Franziskaner-Mönch und Architekt Antonio Barluzzi (1884–1960). Er gilt als einer der bedeutendsten Architekten für kirchliche Bauten der Neuzeit. Wer die Kirche besichtigen möchte, sollte sich vorher nach den Öffnungszeiten erkundigen, denn in der Mittagszeit ist sie meist geschlossen, genauso wie das nahe gelegene »Domus Galilaeae«, ein Zentrum für Seminare, interreligiösen Dialog und Konvent. Dieser futuristische Betonbau, der sich hinter einer massiven Umzäunung verbirgt, wirkt auf den ersten Blick nicht gerade einladend. Doch ein Halt lohnt sich. Und die Inschrift in der Eingangshalle vermittelt einen ganz anderen Eindruck: »Der Herr hat auf diesem Berg auf dich gewartet.«

Sehnsuchtsort See Genezareth

Privat haben wir immer wieder Kirchen im ganzen Land besichtigt. In Jerusalem ist uns vor allem die Dormitio-Abtei ans Herz gewachsen, eine deutsche Gründung mit einer internationalen Gemeinschaft. Im Benediktinerkloster auf dem Berg Zion herrscht eine einladende Atmosphäre: Die Mönche öffnen nicht nur bereitwillig die Türen, sondern auch ihre Herzen für Besucher. Als wir zum ersten Mal dort waren, fand gerade ein Kindergottesdienst statt, für den Jonas sich zugegebenermaßen eher weniger begeistern konnte. Aber die Orgel hatte es ihm sofort angetan. »Was ist denn das für ein Geräusch, Mama? Wie geht das?« Glücklicherweise hatte der Organist, Pater Ralph aus Deutschland, die neugierigen Fragen gehört und meinen Sohn gleich mal zum Probespielen mitgenommen. Jonas war begeistert. Ob es die übrigen Besucher und die Anwohner auch waren, als eine halbe Stunde lang ziemlich schräge Orgelmusik in voller Lautstärke aus der Basilika dröhnte, entzieht sich meiner Kenntnis. Die beiden an der Orgel kümmerte es jedenfalls nicht, sie hatten ihren Spaß.

Ein offenes Haus

Nach diesem lohnenswerten kleinen Umweg geht es zurück auf die 90 und weiter zum See Genezareth. In der Bibel wird er so oft erwähnt wie kaum ein anderer Ort. Er zieht Menschen aus aller Welt an. Und so ist es auch kein Wunder, dass Touristenbusse täglich christliche Pilger genau in die Region bringen, in der Jesus Wunder vollbracht haben soll. Eines davon ist die Wundersame Brotvermehrung. Der Überlieferung nach fand sie in Tabgha statt, und hier steht auch das gleichnamige Kloster. Es gehört dem Benediktinerorden im Heiligen Land. Die kleine Gemeinschaft besteht aus derzeit 14 Brüdern. Doch die Mönche teilen sich auf, und mehr als die Hälfte von ihnen lebt in der oben erwähnten Dormitio-Abtei in Jerusalem, dem Stammkloster. Die Klosterkirche in Tabgha ist für Besucher zugänglich. Auch an den Gottesdiensten dürfen Reisende, Pilger oder Gruppen teilnehmen.

Ich habe Tabgha oft besucht, beruflich wie privat. Und jedes Mal habe ich auch ihn getroffen: Paul Nordhausen-Bezalel. Paul ist kein

Benediktinermönch, sondern Sonderpädagoge und leitet seit mehr als zehn Jahren die Begegnungsstätte des Klosters, das »Beit Noah«, »Noahs Haus« oder biblisch gesprochen: die Arche Noah.

Denn das Prinzip Arche soll auch hier gelten: viel Platz für viele. Und tatsächlich ist dieser Ort geradezu eine Oase zwischen den Konfliktzonen.

Politik spielt hier keine Rolle, das »Beit Noah« soll ein Treffpunkt für Menschen aus verschiedenen sozialen Einrichtungen in Israel und Palästina sowie aus der ganzen Welt sein. Im Vordergrund stehe hier das friedliche Miteinander von Kindern und Jugendlichen unterschiedlicher Kulturen, Religionen und Sprachen, erläutert Paul, und damit werde Tabgha ein Ort für viele Menschen: für Juden, Christen und Muslime, für Menschen mit und ohne Behinderungen.

Auf dem Klostergelände finden die Gruppen Zelte, einfache Holzhäuser, eine Gemeinschaftsküche und einen Grillplatz. Das Allerbeste jedoch ist ein Frischwasserpool mitten in einem paradiesischen Garten. Es ist einer der entspannendsten Orte im Heiligen Land. Als meine Familie und ich einmal die Ostertage mit Freunden in Tabgha verbrachten, durften wir am Nachmittag den Garten nutzen. Gleichzeitig mit uns war eine Gruppe palästinensischer Kinder mit Behinderungen angekommen. Sie waren laut und fröhlich und steckten uns und unsere Kinder sofort mit ihrer guten Laune an. Sie schwammen gemeinsam, tauschten Luftmatratzen, Schwimmbrillen

Abkühlung im Paradies

und Wasserpistolen. Am Abend fand ein Gottesdienst statt, danach wurde gemeinsam gegrillt.

Doch auch hier klappt nicht immer alles so, wie sie es sich im Kloster wünschen. Bei einem Besuch möchte ich für einen Fernsehbeitrag über das »Beit Noah« berichten. Als wir ankommen, führt Paul gerade eine Pilgergruppe aus Deutschland über das Klostergelände. Die ebenfalls erwartete Gruppe mit Jugendlichen aus der Nähe von Bethlehem im besetzten Westjordanland hat hingegen keine Einreisegenehmigung bekommen. Vergeblich hat Paul bis zur letzten Minute mit den Behörden beider Seiten verhandelt: »In so einem Moment könnten wir Wunder eben auch hier und heute gebrauchen.« Tabgha und das »Beit Noah« verstehen sich als unpolitische Orte, und doch zeigt ihnen die politische Lage hier immer wieder Grenzen auf. Paul ist niedergeschlagen. Er hat bereits alles für die Gruppen vorbereitet. »Letzten Endes ist es einfach nur traurig, dass die Kinder nicht kommen können. Sie freuen sich, sitzen auf gepackten Taschen, und dann erfahren sie in letzter Minute, dass es nicht geht. Das ist unfassbar schwierig und egal, wo man politisch steht: Wenn man eine persönliche Beziehung zu den Kindern hat, dann tut das einfach weh.«

Trotz aller Alltagsschwierigkeiten hat Paul in Tabgha eine neue Heimat gefunden, ursprünglich ist er nämlich der Liebe wegen hierhergekommen. Seine Frau Sarit ist Israelin. Die beiden haben drei Kinder und leben in einer kleinen Ortschaft ein paar Kilometer vom Klostergelände entfernt. Paul spricht fließend Hebräisch und ein wenig Arabisch. Jeden Mittag schaut er am Klosterkiosk von Moussa und Mounir vorbei. Paul hat immer ein offenes Ohr und eine Zigarette für sie. Im Kiosk werden Getränke, Sandwiches, Eis und ein paar Souvenirs für Touristen angeboten. Und weil gerade die Orangenernte läuft, gibt es an diesem Tag auch frisch gepressten Saft. Paul und Mounir machen eine Zigarettenpause. »Mounir ist einer von denen, die mich gleich wie ein Familienmitglied behandelt haben«, erzählt mir Paul und wendet sich dann seinem Freund zu: »Verstehst du, Mounir, sie hat gefragt, ob du wie Familie für mich bist.« Mounir lacht: »Als sein kleiner Sohn – der mag eigentlich keine Fremden – mich zum ersten Mal gesehen hat, ist er zu mir gelaufen und hat mich umarmt.« Paul lacht, klopft ihm auf die Schulter und sagt: »Ja, genau, und dann wollte er nicht mehr zu mir zurück.«

Mounir Youssef Sbeit, wie Mounir mit vollem Namen heißt, wurde hier geboren. Er ist Araber und gläubiger Christ. Der Kiosk ernähre seine Familie und das Kloster seine Seele, erzählt er. »Mein Arbeitsplatz ist fantastisch. Mich zieht hier nichts weg. Es wird nie langweilig, jeden Tag passiert hier etwas Interessantes, ich sehe immer neue Gesichter. Und ich gehe oft in die Kirche, das ist mir sehr wichtig. Wenn ich die Kirche mit dem Kreuz sehe, dann bin ich glücklich.« Mounir verlässt seine Heimat nur selten, er sei hier zu tief verwurzelt, erklärt er mir. Reise-Sehnsucht, die packe ihn nicht, außerdem käme ja die halbe Welt zu ihm in den Kiosk. Er zeigt mir seine Trinkgeld-Box. Darin befinden sich Münzen und Scheine in allen möglichen Währungen vom koreanischen Won bis zum chilenischen Peso.

Pater Jonas und Paul empfangen Pilger.

Wenn wenig Betrieb ist, hilft Mounir auch freiwillig im Kloster. In der Adventszeit besorgt er die Weihnachtsbäume und dekoriert sie. Es sei dann besonders festlich, beteuert er. Bereits als Kind sei er immer gut mit den Mönchen und Angestellten des Klosters ausgekommen. Damals habe es einen deutschen Koch gegeben, der ihm und seinen Geschwistern immer leckere Kekse zugesteckt habe. Heute backe Pater Jonas die herrlichsten Köstlichkeiten, ihr Duft sei unwiderstehlich, und ich müsse unbedingt zu Weihnachten wiederkommen. Oder gleich jetzt im Klosterladen nachschauen, ob frisch gebackene Kekse vorrätig seien.

**Es sind die Offenheit, die Herzlichkeit und die Wärme
der Menschen hier, die Paul so mag.**

Geboren wurde er in Norddeutschland, dort sei es deutlich kühler,
und damit meine er nicht nur das Wetter: »Ich habe gar nichts gegen
Deutschland, aber irgendwie habe ich mich dort nicht so richtig heimisch gefühlt. Daher ist es mir auch nicht so schwergefallen hierherzukommen, um hier zu leben. Für mich ist es wirklich so, dass ich
denke: Hier ist einfach ein wunderschöner Ort auf der Welt, und ich
fühle mich zu Hause.«

Da Pauls Gruppe an diesem Tag ja nicht gekommen ist, will er früher Schluss machen und nach Hause zu seiner Familie fahren. Schnell
füttert er noch die Klosterhühner, dann schwingt er sich auf sein
Rennrad. Ich darf ihn begleiten. Es sind zwar nur ein paar Kilometer, doch die führen einen steilen Berg hinauf. Das Haus der Familie liegt in einem kleinen Dorf. Von der Terrasse aus hat man einen
atemberaubenden Blick auf den See. Pauls Frau Sagit ist froh, dass Paul
in Israel heimisch geworden ist. Er sei viel anpassungsfähiger als sie
selbst, findet sie. Für sie sei es unvorstellbar, in Deutschland zu leben.
Wir trinken Kaffee auf der Terrasse, die Kinder turnen durch den
Garten, ab und zu kommen sie vorbei und stibitzen eine Weintraube
oder ein Stück Wassermelone aus der großen Obstschale, die Sagit auf
den Gartentisch gestellt hat. »Wenn ich nach Deutschland fahre, um
Pauls Familie zu besuchen, rege ich mich darüber auf, wie heiß es in
Israel ist, beschwere mich über die lästigen Fliegen, schimpfe über Bibi
[so nennen die Israelis den langjährigen Premierminister Benjamin
Netanjahu] und die unverschämten Israelis. Aber nach zwei Wochen
möchte ich wieder nach Hause, in unser Haus, ich weiß auch nicht
genau, warum.« Sagit schaut Paul an, als solle er es doch bitte erklären,
aber Paul lacht nur und sagt: »Das hängt wohl davon ab, wie man Heimat definiert oder empfindet. Für mich ist meine Familie zur Heimat
geworden. So oft, wie ich in meinem Leben umgezogen bin, bin ich
zwar sehr froh, dass wir uns ein Leben an diesem schönen Ort aufgebaut haben, aber letzten Endes kommt es darauf an, welche Menschen
um mich sind.«

Als deutsch-israelisches Paar haben Paul und Sagit kaum Schwierigkeiten. Und doch sind sie im ländlichen Norden Israels für viele Menschen eine ganz schön exotische Mischung. Über Kindererziehung würden sie sich hin und wieder streiten. In Israel dürften Kinder alles, und da käme dann doch manchmal »der Deutsche« in ihm durch, erzählt Paul. Er würde deutlich öfter Nein zu seinen Kindern sagen als seine Frau oder andere Eltern zu ihren Kindern. Und im Fußballverein würden sie ihn manchmal »Nazi« rufen. Er überhöre das immer, denn sie meinten es ja nicht so, doch manchmal sei es für die Kinder schwer hinzunehmen, dass ihr Vater Deutscher sei, vor allem am Holocaust-Gedenktag oder wenn in der Schule die Geschichte der Shoah gelehrt würde. Paul und Sagit versuchen, offen mit der Thematik umzugehen. Sie erklären ihren Kindern so viel wie möglich, so viel sie in ihrem Alter eben schon begreifen und verarbeiten können. Vor den Anfeindungen anderer können sie sie trotzdem nicht immer schützen, nur selbst etwas anderes vorleben. Und so ist Sagits und Pauls Motto: ein offenes Haus für alle – Christen, Juden und Muslime.

Wie Limoncello im Kloster heimisch wurde oder: Kleine Steine für das große Bild vom Frieden

Zurück im Kloster Tabgha treffe ich mich mit Pater Jonas. Er ist einer von nur drei Mönchen, die gerade dort leben, arbeiten und beten. Und das ist bisweilen eine ganz schöne Herausforderung. Denn an diesem Ort, der Stille am See verheißt, geht es oft ziemlich turbulent zu. Manchmal strömen hier an einem Tag mehr als 5000 Besucher durch: Die römisch-katholische Brotvermehrungskirche gilt gläubigen Christen als der Ort, an dem Jesus Christus bei der Speisung der Fünftausend eines seiner größten Wunder vollbrachte, indem er fünf Brotlaibe und zwei Fische vermehrte. Für Begegnungen mit den einzelnen Pilgern bleibt Pater Jonas da kaum Zeit. Ich habe mehr Glück, mir zeigt er nicht nur seine Kirche, sondern auch seine Küche.

Kurze Historie des Klosters Tabgha

Zu Beginn der Dreißigerjahre des 20. Jahrhunderts wurden auf dem heutigen Klostergelände erstmals systematische archäologische Grabungen vorgenommen, in deren Verlauf die Grundmauern einer byzantinischen Kirche und auch Bodenmosaike freigelegt wurden. Kurze Zeit später entdeckte man bei einer weiteren Ausgrabung auch die Grundmauern der wesentlich kleineren Vorgängerkirche aus dem 4. Jahrhundert. Um die freigelegten Mauern und Mosaike des alten Kirchengebäudes zu schützen und sie für die Pilger dennoch zugänglich zu halten, hatte man bereits damals einen provisorischen Überbau, eine Art Notkirche, errichtet. Im Jahr 1939 übertrug der Deutsche Verein vom Heiligen Lande die Betreuung Tabghas den Benediktinermönchen. 1979 beschlossen diese, den Behelfsbau durch eine neue Kirche zu ersetzen.

Zwei Kölner Architekten entwarfen die Pläne für das Gebäude, das 1982 im byzantinischen Stil fertiggestellt wurde. Die Mauern der neuen Kirche wurden zum größten Teil auf den Grundmauern aus dem 5. Jahrhundert errichtet, so dass der moderne Grundriss dem der spätantiken Basilika entspricht und die Fußbodenmosaike an ihrem ursprünglichen Platz belassen werden konnten. Nur das Mosaik der Brotvermehrung, das sich im alten Kirchengebäude hinter dem Altar befunden hatte, ziert nun den Fußboden vor dem Altar.

Ich möchte mehr erfahren: Wie lebt es sich als Mönch in Tabgha? Wie geht man mit den politischen Spannungen in der Region um? Pater Jonas nimmt sich Zeit für meine Fragen. Wir setzen uns auf die Terrasse, er bringt ein Tablett mit Gläsern und Flaschen: »Bei der Hitze brauchen wir Wasser und Limoncello!«, ruft er mir zu. »Limoncello, Zitronenlikör aus Süditalien?«, will ich wissen. »Genau, italienischer Zitronenlikör und Cantuccini, italienisches Mandelgebäck. Aber wenn du lieber Salbeilikör trinken willst – den habe ich auch!« Mit diesen Worten verschwindet er noch einmal in der Küche und holt eine Flasche Salbeilikör. »In meinem ersten Leben war ich Konditor«, beginnt Jonas zu erzählen, während er unsere Gläser füllt. »Sechs Jahre lang, drei Jahre als Lehrling, drei Jahre als Geselle. Aber im dritten Lehrjahr fing bei mir schon ein anderes Denken an. Ja, und dann habe ich über den zweiten Bildungsweg das Abitur nachgeholt. Danach habe ich Theologie studiert, in Fulda und in Freiburg. Anschließend war ich

Auf einen Limoncello mit Pater Jonas

19 Jahre lang Gemeindepfarrer in der Diözese Fulda. Nach elf Jahren Gemeindedienst in einer sehr jungen, dynamischen Pfarrei fühlte ich mich ausgepowert und habe den Bischof um ein Sabbatjahr gebeten. Er hat mir sechs Monate gewährt, und in der Zeit war ich in der Dormitio-Abtei in Jerusalem. Später habe ich dann den Entschluss gefasst, ganz hierherzukommen. Prost!« Wir stoßen an. Der Salbeilikör ist süß und intensiv, genau wie er sein soll. Doch angesichts der Temperaturen bin ich froh, dass Jonas auch die Wassergläser auffüllt. Paul setzt sich zu uns, und mein Kollege Tim legt die Kamera beiseite: Zeit für Jonas' Köstlichkeiten aus der Backstube.

Die Cantuccini kommen frisch aus dem Ofen,
sie schmecken fantastisch. »Ein Glück«, sagt Paul,
»dass er dafür immer Zeit findet.« Jonas lacht: »Na klar!
Ich bin jetzt alles drei: Konditor, Priester und Mönch.«

Und davon profitiert die Gemeinschaft. Ich denke, davon profitiert auch der Ort. Ich mache sonntags immer einen Hefezopf. So einen frischen Hefezopf, den lieben die Gäste über alles. Und in der Vorweihnachtszeit natürlich auch Stollen und Weihnachtsgebäck, Desserts zu irgendwelchen Festen, Kuchen, Torten. Und das macht mir Freude, auch wenn es nicht mehr mein Beruf ist. Aber was man mal richtig gelernt hat, das kann man ja immer wieder zutage fördern.« Mit etwas Glück hat der Souvenirshop von Tabgha ofenfrisches Gebäck von Pater Jonas im Angebot. Neben den süßen Cantuccini gibt es auch Salzcracker mit Rosmarin. Die frischen Zutaten wie Salbei, Zitronen und Rosmarin stammen natürlich aus dem Klostergarten.

Besuch des Klosters und Unterkunft

Auf der Internetseite der Benediktiner der Dormitio-Abtei (www.dormitio.net) finden Sie viele Informationen, u.a. die aktuellen Öffnungszeiten des Klostergeländes, die Zeiten der Gottesdienste und Hinweise auf Übernachtungsmöglichkeiten.

Für Alleinreisende, Familien und auch Gruppen bietet sich das »Pilgerhaus Tabgha« an. Es ist eine Einrichtung des Deutschen Vereins vom Heiligen Lande (www.dvhl.de) und liegt nur wenige Gehminuten vom Kloster und der Brotvermehrungskirche entfernt.

Auch mit dem »Beit Noah« und seiner Begegnungsstätte können Sie Kontakt aufnehmen: beit.noah@tabgha.net.

Tipp!

Wir stoßen gleich noch einmal an. »Mit diesem Salbeilikör bist du gegen alle Erkältungen gefeit, und da wagt sich doch auch der Teufel nicht hierher, oder?« »Haha, so kann man das ausdrücken, aber jetzt machen wir erst mal den Limoncello hier auf, bevor du mich weiter mit deinen Fragen löcherst. Cheers!« Ich persönlich stelle es mir nicht leicht vor, hier als Mönch zu leben, auch wenn der Ort wunderschön ist, oder besser gesagt: Gerade weil er so wunderschön ist, nimmt der Besucheransturm mit jedem Jahr zu. Wie soll man sich da noch auf Gott konzentrieren können? Doch für Pater Jonas liegt genau darin der Reiz. Es sei nicht möglich und auch nicht richtig, an diesem wichtigen Ort im Heiligen Land ausschließlich in Zurückgezogenheit zu leben.

»Der Kontakt mit Menschen aus aller Welt bereichert mein Leben ungemein, auch für mich als Mönch im Beten, im Arbeiten, in dem, was zu unserem Auftrag hier im Land gehört. Wir sind seit 80 Jahren in Tabgha. 1939 sind die ersten Mönche vom Deutschen Verein vom Heiligen Lande hierhergebeten worden, um die Pilgerseelsorge zu übernehmen. Seelsorge bedeutet, mit Menschen in Kontakt zu treten, und das fällt mir von meinem Naturell her nicht schwer.« Schwer fällt mir hingegen, einen Vorfall anzusprechen, der die Mönche tief erschüttert hat. In einer Juni-Nacht im Jahr 2015 verübten radikale, national-religiöse jüdische Jugendliche offenbar aus Hass einen Brandanschlag auf das Kloster. An einer Wand hinterließen die Täter eine Botschaft auf Hebräisch: »Falsche Götzenbilder müssen zerschlagen werden.« Pater Jonas wachte rechtzeitig auf, er bemerkte als Erster das Feuer. Sofort rief er Paul an, dann den Hausmeister, und alarmierte Polizei und Feuerwehr. Obwohl alle schnell handelten, wurde ein Mönch verletzt. Der Sachschaden belief sich auf rund 1,6 Millionen Euro. Doch es ist die Tat selbst, der Hass und die Bedrohung, die Spuren hinterlassen haben, zumal in einem Konfliktgebiet, in dem sie sich bewusst nicht als politische Akteure verstehen, sondern vielmehr als Brückenbauer. Die umfassende Solidarität habe es leichter gemacht, das alles zu schultern, betont Pater Jonas. »Schon kurz nach dem Brandanschlag kam eine Familie aus der Nachbarschaft, eine jüdische Familie, die brachten einen Rosenstrauß, Brot, Nüsse aus dem Garten, Müsli, Wein. Einfach um uns zu trösten. Und zwei ältere Ehepaare brachten ein

Olivenbäumchen, mit einer Karte: ›Dieses Bäumchen möge bei euch unbeschadet 100 Jahre wachsen.‹ Das ist doch grandios! Am Sonntag nach dem Anschlag kamen rund 4000 Christen aus den umliegenden Dörfern, sogar aus Nazareth und Shafa Ama bei Haifa, um ihre Solidarität zu bekunden. Und in Shafa Ama gibt es ein kleines Geschäft, das bedruckt T-Shirts. Jemand aus dem Geschäft hat T-Shirts verteilt, auf denen stand auf Englisch und Arabisch: ›Im Angesicht des Feuers bezeugen wir das Licht.‹ Das hilft, die Wunden zu heilen.«

Der Limoncello schmeckt frisch und zitronig. Medizin aus dem Klostergarten, denke ich, als Paul noch einmal auf die Gruppe zu sprechen kommt, die keine Einreisegenehmigung bekommen hat. »Ach weißt du, wir müssen einfach dranbleiben«, sagt Pater Jonas. »Aus jeder Gruppe, die hierherkommt und sich berühren lässt von dem, was sie hier erlebt, gehen vielleicht Multiplikatoren hervor. Du hast selbst mit deiner Familie in unserem Pool, unserer Quelle, gebadet, du hast die Kinder hier gesehen. Der Frischwasserpool ist ein Geschenk für uns. Und ich sage immer, wenn die Menschen sich dort näherkommen, sehen sie, dass der Mensch, mit dem sie einen politischen oder religiösen Konflikt haben, genauso ein Mensch ist wie sie. Ich weiß, das ist nur ein kleines Mosaiksteinchen, aber man braucht auch die kleinen Steine, wenn das große Bild vom Frieden Gestalt annehmen soll.«

Essen und Trinken – und Schwimmen

Wer nur einen kurzen Stopp macht, dem sei die Restaurantterrasse des »Pilgerhauses« empfohlen. Meist sitzen nur wenige Menschen in dem schön angelegten Garten und genießen den Ausblick auf den See. Wenn meine Familie und ich bei einem Besuch in Tabgha vor der Rückfahrt noch Zeit hatten, sind wir oft den kleinen Weg zwischen Kloster und »Pilgerhaus« zum See hinuntergelaufen und an dieser herrlich ruhigen Stelle eine Runde geschwommen.

Tipp!

SEE GENEZARETH – GINNOSSAR

**Ein paar Kilometer südlich von Tabgha liegt
im gleichnamigen Tal Ginnossar – oder auch Ginossar
beziehungsweise Ginosar, die Schreibweise variiert.**

Das kann schon einmal für Verwirrung sorgen, ist in Israel aber gang und gäbe bei fast allen lateinisch geschriebenen Namen von Orten, Städten, Straßen, Seen, Bergen oder Flüssen. Ginnossar wird daher auf dem einen Schild mit nur einem »n« stehen und auf einem anderen mit nur einem »s«. Sollte Ihr Navigationssystem also vorgeben, Ginnossar nicht zu kennen, probieren Sie es mit einer anderen Schreibweise. Wenn Sie jedoch auf der Road 90 bleiben, können Sie Ginnossar gar nicht verfehlen.

Schilderdschungel und Wörtersalat

Als wir gerade in Israel angekommen waren, hat mich dieser Buchstabenwirrwarr schier verrückt gemacht. Auf dem Weg von Tel Aviv ins knapp 20 Kilometer entfernte Herzliya wechselt die Schreibweise der Stadt auf den Autobahnschildern alle paar Kilometer. Die Straße Ibn Gabirol findet man auch als Ibn Givrol oder Even Givrol. Manchmal habe ich zehn verschiedene Schreibweisen in meinem Online-Karten-Suchsystem ausprobiert, bis ich endlich das gewünschte Ziel gefunden hatte. Um mich zu vergewissern, dass es auch wirklich der richtige Ort war, habe ich meistens noch einen ortskundigen Bekannten angerufen. In Israel stehen die Namen üblicherweise auf Hebräisch, Arabisch und eben in lateinischen Buchstaben auf den Schildern. Grund für die Varianten bei der lateinischen Schreibweise sind unterschiedliche Arten der Transliteration. Die Übertragung von Wörtern aus dem hebräischen oder arabischen Alphabet ins Lateinische folgt bislang keinen einheitlichen Regeln.

Der Wunsch, orthografisch in der Neuzeit anzukommen, wurde erstmals 2007 geäußert. Damals brachten Abgeordnete des israelischen

Parlaments einen entsprechenden Gesetzesentwurf ein. Einer der Parlamentarier schilderte die Situation aus eigenem Erleben: »Ich hatte Besuch aus dem Ausland und bin mit meinen Gästen durchs Land gereist. Plötzlich begegneten uns überall diese Schilder mit verschiedenen Schreibweisen für ein und denselben Ort.« Nathanja, Netanyya oder Netania – das sei absurd, befand der Parlamentarier und sagte dem Fehlerteufel im Land den Kampf an. Doch leider hat er sich am Ende nicht durchsetzen können, denn bis heute sind für die Kennzeichnungen unterschiedliche Behörden zuständig: die Verwaltungen der verschiedenen Straßen ebenso wie Ämter vor Ort, bisweilen sogar einzelne Beamte. Der Ruf nach Vereinheitlichung

Eines der sogenannten »Jesus-Boote«

wurde im Laufe der Jahre immer lauter. Ein Gesetz aus dem Jahr 2011 sieht vor, dass künftig nur noch eine Behörde zuständig sein soll. Doch wir wären nicht in Israel, wenn daraus nicht ein Politikum geworden wäre. Ein Minister schlug vor, alle Städte nur noch mit ihrem hebräischen Namen auszuschildern. Demnach würde in lateinischen Buchstaben *Yerushalayim* auf den Schildern stehen, die arabische Bezeichnung *Al Quds* für die Goldene Stadt würde ebenso entfallen wie der international bekannte Name *Jerusalem*. Wut und Empörung bei den arabischen Israelis waren die Folge. Aber auch jüdische Israelis regten sich auf: »Kein Besucher aus China oder Brasilien weiß, dass es sich bei *Yerushalayim* um Jerusalem handelt«, so ihr Argument. »›Willkommen in Absurdistan‹ sollte man dann vielleicht gleich am Flughafen plakatieren!« Die Emotionen kochten hoch. Irgendwann regte man sich wieder ab – und änderte nichts.

Erst Hand aufs Herz, dann Halleluja oder: Wo Pilgerträume wahr werden

Die Frage, ob es nun Ginnossar oder Ginosar oder Ginnosar heißen sollte, tritt bei der Weiterfahrt schnell in den Hintergrund: Wegen der idyllischen Landschaft und des üppigen Weidelands wird die Region auch als das Paradies Galiläas bezeichnet. Die antike Stadt Ginnossar, auf die man bei Ausgrabungen stieß, war Namensgeberin für den heutigen Kibbuz Ginnossar und das angrenzende Dorf samt Hotel und einem kleinen Hafen. In der Bibel wird der Ort Kinneret, Chinnereth oder Chinneroth genannt (so viel zum Thema Schreibweisen). Vor 3000 Jahren war die Stadt so berühmt, dass sie dem angrenzenden See ihren Namen gab: See Kinneret (See Genezareth). Im Laufe der Zeit wurde Kinneret zu Gennesaret und schließlich im 1. Jahrhundert v. Chr. zu Ginnossar. Für den See hingegen blieb es bei dem Namen Gennsaret, Genezareth oder Kinneret. Im Matthäus-Evangelium ist zu lesen, dass Jesus über den See nach Ginnossar segelte. Dort wartete schon eine Menschenmenge auf ihn. Jesus ließ die Kranken die Fransen seines Gewands berühren, und sie wurden von ihren Leiden geheilt. Für viele gläubige Christen ist Ginnossar auch heute ein wichtiger Ort, den sie auf ihrer Pilgerreise besuchen. Und vor nicht allzu langer Zeit wurde hier ein Fund gemacht, der die Pilger auch ins Museum lockt. Während der schweren Dürre im Jahr 1986 sank der Wasserstand des Sees Genezareth so extrem, dass Teile des Seebodens freilagen. Im Schlamm

Die Mission der Kapitäne: immer die passende Fahne hissen

entdeckte man den Rahmen eines Fischerbootes. Das Boot wurde geborgen, untersucht und restauriert. Die Wissenschaftler stellten fest, dass es aus dem Zeitraum 100 v. Chr. bis 70 n. Chr. stammte und damit zu Jesu Lebzeiten zum Fischen benutzt worden sein musste. Da es den Beschreibungen von Fischerbooten aus der Bibel entspricht, wird es als »das Jesus-Boot« im »Yigal Allon Museum« im Kibbuz von Ginnossar ausgestellt. Doch als meine Familie und ich mit Freunden zum ersten Mal einen Ausflug nach Ginnossar machten, steuerten wir nicht als Erstes das Museum an, sondern den kleinen Hafen. Wir hofften, eine Bootstour machen zu können.

Es ist Wochenende, aber keine Pilgersaison und nicht viel los. Vorgebucht hatten wir daher nicht und erkundigten uns direkt am Steg, ob es eine Bootstour geben werde. Wir hätten vorher anrufen sollen, sagt uns ein Skipper, nur mit zwei Familien mit Kindern führe niemand los, das lohne sich nicht. Als er die enttäuschten Kinderaugen bemerkt, setzt der Bootsführer noch einmal an: »Also, in einer halben Stunde kommt eine Gruppe. Wenn es für die Leute okay ist, könnt ihr meinetwegen mitkommen.« Und tatsächlich stehen eine knappe halbe Stunde später 20 Chinesen mit ihrem Reiseführer auf dem Steg. Der Skipper spricht mit dem Reiseführer, dann winkt er uns heran. Wir dürfen mit. Die Kinder sind glücklich und klettern auf die Holzbänke an Bord. Das Boot ist riesig und natürlich dem »Jesus-Boot« nachempfunden.

Wir legen ab, das Boot gleitet sanft über den See. Einige Chinesen aus der Pilgergruppe falten ihre Hände zum Gebet. Andere haben Tränen in den Augen. Aus meiner Zeit als Korrespondentin in China weiß ich, dass es für sie ein Höhepunkt auf ihrer Reise durchs Heilige Land ist, denn Christen gehören in China nicht nur einer Minderheit an, sondern werden noch dazu verfolgt. ›Wir wollen sie also nicht stören, sondern lassen sie den Moment genießen‹, denke ich. Doch ich habe die Rechnung ohne den Skipper gemacht. Bei den Fahrten mit dem »Jesus-Boot« hat sich nämlich seltsamerweise ein ganz und gar weltliches, patriotisches Ritual etabliert. Nach Anweisung des Bootsführers heißt es: erst Hand aufs Herz, dann Halleluja. Der Skipper schaltet die Stereoanlage an, und mit voller Lautstärke dröhnt aus den Boxen, ja genau: die chinesische Nationalhymne.

Dazu hisst er feierlich und mit einem zufriedenen Lächeln die chinesische Flagge. Ob aus spontaner Begeisterung, antrainiertem Patriotismus oder fernöstlicher Höflichkeit: Die Gruppe springt geschlossen auf, singt mit und klatscht am Ende freundlich Beifall. Unser Bootsführer grinst zufrieden, wieder hat er eine Reisegruppe glücklich gemacht.

Gegen Ende der Tour komme ich dann doch noch mit einem Teilnehmer der Pilgerreise ins Gespräch. Er sei wirklich ergriffen, berichtet mir der Chinese, der aus der Nähe von Shanghai kommt. Für ihn gehe ein Lebenstraum in Erfüllung, endlich könne er seinen religiösen Gefühlen freien Lauf lassen, könne die Energie Gottes und die Gnade Jesu spüren. Der See Genezareth ist ein magischer Ort, und zwar nicht nur für bibelfeste Pilger, sondern auch für atheistische Touristen.

Später erfahre ich, dass die Skipper die Fahnen und Nationalhymnen fast aller Länder an Bord haben und diese auch bei jeder Fahrt zum Einsatz bringen. Legen fünf Boote gleichzeitig ab und entfernen sie sich nicht schnell genug voneinander, dann scheint es, als würden die Skipper ihre Gäste in eine Art Wettbewerb schicken, um zu testen, wer den größeren Nationalstolz an den Tag legt – gemessen wird er an der Lautstärke der Gruppe, da sich deren Textsicherheit nicht überprüfen lässt. Sucht man nach einem Vergleich in biblischen Geschichten, erinnert die tosende Kakophonie auf dem See allerdings eher an den Turmbau zu Babel als an den Ort, an dem Jesus der Überlieferung nach Ruhe suchte und Wunder vollbrachte.

Bootstouren auf dem See Genezareth

Sind Sie neugierig geworden? Informationen zu den unterschiedlichen Bootstouren auf dem See Genezareth finden Sie auf dieser Website: www.eingev.co.il. Neben einer Fahrt mit dem »Jesus-Boot« gibt es unter anderem auch die Möglichkeit, sich einen Tag lang als Fischer zu versuchen.

Tipp!

SEE GENEZARETH – JARDENIT

Von Ginnossar geht es am Seeufer entlang weiter Richtung Süden. Der See Genezareth liegt übrigens 212 Meter unter dem Meeresspiegel – tiefer liegt auf der Erde kein anderer Süßwassersee.

Noch tiefer liegt mit rund 420 Metern unter dem Meeresspiegel nur das Tote Meer. Über den Jordan sind die beiden Seen miteinander verbunden, das Wasser aus dem See Genezareth fließt also auch ins Tote Meer. Umgeben ist der See von kargen Bergen, die im Sonnenlicht rötlich-braun schimmern. Im Osten sind dies die von Israel besetzten Golanhöhen, durch ihre Lage als Grenzregion zu Syrien von höchster militärischer Bedeutung. Doch das Gebiet wird auch landwirtschaftlich genutzt: Hier grasen Rinder und Schafe, und mit ihrem fruchtbaren vulkanischen Boden wurden die Golanhöhen zum wichtigsten Weinanbaugebiet Israels. Rund um den See finden sich zahllose Aussichtspunkte, von denen aus man das wunderbare Panorama genießen kann.

Taufstelle Jardenit

Eine Begegnung am Seeufer

Der Zauber, den der See Genezareth verströmt, hat viele Facetten: Für die einen liegt er in den heiligen Orten an seinen Ufern, für die anderen in dem hohen Erholungsfaktor. Sportler wiederum schätzen ihn als Kulisse auf einer herausfordernden Trainingsstrecke, allerdings keiner ungefährlichen. Denn obwohl (oder vielleicht auch gerade weil) die 90 keinen Fahrradweg und oft genug nicht einmal einen Standstreifen hat, radeln hier unzählige Gruppen, und zwar auf den beiden Nationalstraßen 90 und 92, die um den See herumführen. Wer mit dem Auto unterwegs ist, sollte also stets auf Radler gefasst sein. Als ich einmal mit meinem Filmteam dort entlangkomme, fällt uns eine Gruppe Handbiker auf, also Frauen und Männer auf Liegefahrrädern, die allein durch die Bewegung der Arme angetrieben werden. ›Die sind aber ziemlich flott‹, denke ich. Als wir bemerken, dass ein paar von ihnen eine Trinkpause einlegen, halten auch wir neugierig an und kommen schnell ins Gespräch. Die Gruppe besteht aus kriegsversehrten ehemaligen Soldatinnen und Soldaten der israelischen Armee.

Einmal im Jahr treffen sie sich hier, um den See zu umrunden. Die Strecke ist etwa 50 Kilometer lang, und weil das die topfitten Handbiker offenbar nicht auslastet, fahren sie anschließend noch auf den Golanhöhen weiter.

Kriegsversehrt und doch topfit: Handbiker auf Tour

Fünf Tage insgesamt nehmen sie sich Zeit für ihre Tour. Das tägliche Pensum beläuft sich auf gut 30 Kilometer. Sie werden von Trainern in Beiwagen begleitet, die das Gepäck und auch Flickzeug für die Räder dabei haben. »Haus der Kämpfer« nennt sich die Gruppe. 60 Mitglieder seien sie allein im Raum Tel Aviv, wo sie sich regelmäßig zum Training treffen, erzählt mir Binyamin Zalel. Gemeinsam Sport machen, sich austauschen, sie seien eine Art Reha- und Selbsthilfegruppe zugleich. »Weißt du, diese Woche hier im Norden ist immer die beste Woche im ganzen Jahr. Wir sind eine Woche zusammen in der Natur. Hier fühlen wir uns wieder frei«, sagt Binyamin, winkt und fährt los, und das mit voller Kraft aus seinen Armen, denn seine Beine sind gelähmt. »Ich muss zusehen, dass ich aufhole«, ruft er uns noch lachend aus 30 Meter Entfernung zu. Auch das ist irgendwie typisch Israel und typisch israelisch. Ganz gleich, wie hart das Schicksal einen trifft, lautet die Devise: weiterleben, weitermachen und trotz allem die Lebensfreude wiederfinden. Das ist fast schon ein nationales Mantra.

Operation Taufe

Am Südufer speist der See Genezareth den Jordan. Zusammen sind die beiden Gewässer die wichtigsten Süßwasservorkommen in Israel. Die Landschaft ist atemberaubend schön. Schon für die ersten Christen war die Stelle, an der der Jordan den See verlässt, ein wichtiger und heiliger Ort – an dem es heutzutage allerdings eher wie am Fließband zugeht. Wir sind in Jardenit.

Hier soll nach biblischer Überlieferung Johannes der Täufer Jesus getauft haben, und wer hierherkommt, kann sich ebenso an dieser Stelle taufen lassen.

Wer das nicht möchte, sollte trotzdem unbedingt anhalten, denn der Ort lässt auch Ungläubige nicht kalt – versprochen! Am Eingang kann man ein Taufhemd erwerben. Ich kann nicht widerstehen, auch wenn ich längst getauft bin. Dazu erhalte ich ein Handtuch und den Hinweis, ich solle mich bei Gidi melden, wenn ich ein Foto von meiner Taufe haben möchte. So eine Jordantaufe kann ganz unterschiedlich ausfallen: als kurzes Untertauchen ganz für sich oder aber als größere Zeremonie, Geistlicher inklusive.

Ich gehe erst einmal zu Gidi. Er hat schon unzählige Täuflinge aus aller Welt fotografiert. Seine Kameras sind gut versteckt überall rund um die Taufstelle installiert. Über ein Funkgerät steht er in ständiger Verbindung mit seinem Kollegen. Assaf ist der Chefkameramann im Kontrollzentrum, das in einer unscheinbaren winzigen Holzhütte untergebracht ist. Das perfekte Foto oder Video aufzunehmen ist seine Aufgabe. Als ich die Hütte betrete, fotografiert er gerade eine Gruppe Pilger aus Bolivien. Es ist ein schöner Moment, ein anrührender Anblick und für die weitgereisten Gläubigen vermutlich die Erfüllung eines Lebenstraums.

An der Taufstelle

Gidi und Assaf sind jüdische Israelis. Der Dienst an den christlichen Pilgern aus aller Welt sei für sie dennoch keine Geschäftemacherei, sondern eine Herzensangelegenheit, erklärt mir Assaf: »Es sind die Menschen, für die ich da sein will. Sie kommen wegen der Natur und weil sie sich hier mit Gott verbunden fühlen. Das fasziniert mich. Ich selbst führe zwar ein weltliches Leben, aber ich bin auch gläubig, und das verbindet mich mit ihnen.«

Die bolivianischen Pilger sind noch immer im Wasser. Ich darf zu ihnen waten. Ihre Reiseleiterin heißt Natalia Alcajara. Sie hat praktischerweise auch das »Taufen« übernommen und taucht die anderen kurzerhand selbst unter Wasser, das spart das Honorar für einen Geistlichen. »Dass ich hier Instrument der Hände Jesu sein darf, das liebe ich von ganzem Herzen. Jesus ist alles für mich«, sagt sie strahlend. Ihre Täuflinge pflichten ihr bei, es sei ein unbeschreibliches Erlebnis. Weniger emotional kommentiert Gidi das Geschehen. Er wolle mir ja den Spaß nicht verderben, aber hier seien alle ein bisschen verrückt, befindet er und gibt auch gleich schon wieder per Funk eine Anweisung an Assaf durch. Eine kleine Gruppe aus Polen sei im Anmarsch. »Nur Fotos!«, ruft er, »kein Video!«

Ich weiß nicht recht, ob ich auch einmal ganz in den Jordan eintauchen oder lieber ein Eis kaufen und mir das Schauspiel von weiter oben aus anschauen soll. Schließlich ziehe ich doch das Taufhemd über und gehe nochmals die Stufen zur Taufstelle hinunter. Und ich muss zugeben:

Es ist schön, auf Augenhöhe mit den Täuflingen zu sein, ihre Ergriffenheit aus nächster Nähe wahrzunehmen. Da vergesse ich sogar für einen Moment, dass lauter kleine Fische mich in Beine und Füße zwicken.

Nachdem ich mich wieder abgetrocknet und umgezogen habe, suche ich nach der Stelle, wo ich mein nasses Handtuch abgeben kann. »Da drüben, bei Shaul«, ruft Gidi mir zu und zeigt auf einen kleinen älteren Herrn mit weißen Haaren und einem riesigen Wäschekorb. Shaul Kolet ist vor mehr als 30 Jahren aus Indien nach Israel gekommen und sammelt seit ebenso vielen Jahren hier an der Taufstelle die nassen Handtücher der Pilger ein. Er lebt in einem nahe gelegenen Kibbuz. »Ich mache das gerne, der Ort ist ja so wichtig für Christen, obwohl Jesus hier doch gar nicht getauft wurde«, erzählt er mir. »Er ist hier über den See gelaufen, also über das Wasser, so 100 Meter entfernt von hier und hat all diese Wunder vollbracht, aber getauft wurde er woanders, irgendwo an der jordanischen Grenze!« Shaul hat recht, also in gewisser Weise jedenfalls, denn historisch belegt ist es nicht, wo Jesus getauft wurde, und so behaupten gleich mehrere Orte im Heiligen Land: Hier war es!

Wer sich wie ich fürs Untertauchen oder sogar eine Taufe im Jordan entscheidet, sollte wissen: Einen festen Preis für die Fotos gibt es nicht. Die Preise legt Gidi nach Herkunft und seiner eigenen Einschätzung, vielleicht auch nach Sympathie fest. Jedenfalls, erklärt er, hätten manche vermutlich ihr ganzes Leben lang für diese Pilgerreise gespart, und denen dürfe man die Fotos nicht zu teuer verkaufen. An seiner Bretterbude hängen übrigens – höchst werbewirksam – mehrere Hundert Fotos von Pilgern und zeigen den Moment, auf den sie alle so lange gewartet haben. Mit verklärten Gesichtern stehen Männer und Frauen in den langen weißen Taufhemden im Jordan, tauchen unter oder gießen sich Wasser über das Gesicht.

Ein See ohne Wasser?

Dass der Jordan im Vergleich zur Zeit von Jesu Wirken nur noch rund ein Zwanzigstel der ursprünglichen Wassermenge mit sich führt und dass der See Genezareth, aus dem der südliche Jordan nur wenige 100 Meter entfernt herausfließt, ums Überleben kämpft, kümmert die Weltgemeinschaft kaum. Die Menschen, die am und vom See leben, sorgen sich allerdings umso mehr. Immer wieder machen Dürreperioden dem See zu schaffen, und dabei hängt das Wohlergehen der ganzen Region von ihm ab. Rund 1,4 Milliarden Kubikmeter fehlen Schätzungen zufolge, erst dann wäre sein einstiger Wasserstand wieder erreicht. Wasser wird abgepumpt, um die Felder zu bewässern, außerdem wird Trinkwasser aus dem See gewonnen, und auch der Tourismus rund um den See lebt von ihm. Mit jeder Dürre steigt der Salzgehalt des Sees und erschwert die Trinkwassergewinnung. Hochmoderne Entsalzungsanlagen sind nötig, um das Wasser für Mensch und Landwirtschaft weiterhin nutzbar zu machen. Im Frühjahr 2020 sorgten Wettereskapaden dann plötzlich für Fülle nach der Dauerdürre. Außergewöhnlich starke Regenfälle führten dazu, dass das Wasserreservoir auf einen Schlag voll war. Eine glückliche Fügung, auf deren Wiederholung die Menschen im Norden Israels sich allerdings nicht verlassen können.

Und noch ein Faktor spielt eine wesentliche Rolle: Das Nachbarland Jordanien erhält jedes Jahr eine festgelegte Menge Wasser aus Israel. Das wurde im Friedensvertrag zwischen den beiden Ländern vereinbart. Jordanien ist eines der wasserärmsten Länder der Welt, und Israel wiederum ist auf die Sicherheitskooperation des Nachbarn angewiesen. Das Verhältnis soll auf keinen Fall beschädigt werden, schon gar nicht durch ausbleibende Wasserlieferungen. Im Juli 2021, während einer der schwersten Dürren, die Jordanien je erlebt hat, verkaufte Israel dem Königreich sogar die Rekordmenge von 50 Milliarden Litern Wasser aus dem See Genezareth.

Unterkunft

In unmittelbarer Nähe der Taufstelle gibt es eine ganze Reihe von Hotels, aber ich ziehe es für gewöhnlich vor, die Nacht im Kibbuz zu verbringen, wann immer es möglich ist. Gleich an der Nationalstraße liegen mehrere Kibbuzim, und die meisten bieten Gästezimmer an. So auch Degania Bet (oder B), der an den ältesten Kibbuz Israels grenzt: Degania Alef (oder A). Wer dort übernachtet, sollte bei der Ankunft fragen, ob man sich mit einem »Original Kibbuznik«, wie sich die im Kibbuz geborenen Bewohner nennen, auf einen Plausch und/oder ein Bier treffen könne. Die meisten sind dazu gern bereit und erzählen den Besuchern voller Stolz Begebenheiten aus der Geschichte des Kibbuz und den guten alten Zeiten. Ich übernachte gerne in den Kibbuzim, ganz gleich ob sie noch sozialistisch organisiert sind oder bereits privatisiert wurden. Immer habe ich das Gefühl, auf interessante, entspannte, kluge Menschen zu treffen, mit denen man herrlich diskutieren kann.

Weitere Informationen und die Möglichkeit, ein Zimmer zu buchen, bietet die folgende Website:
www.dganit.co.il/welcome-to-the-degania-bet-resort.

Tipp!

LEBEN IN DEN KIBBUZIM – DEGANIA UND AFIKIM

Aus dem Gründungsmythos Israels sind die Kibbuzim nicht wegzudenken, jene Dörfer mit sozialistischen Strukturen, die beim Aufbau des Landes eine wichtige Rolle spielten.

Heute leben nur noch vergleichsweise wenige Bürger in den Kibbuzim, von denen viele privatisiert sind. Doch einige Kibbuzim wachsen auch wieder. Und noch immer stehen sie für die einstigen Träume der Staatsgründer, auch wenn sich einer der sehnlichsten Wünsche, der nach Frieden im Nahen Osten, bisher nicht erfüllt hat. Insgesamt gibt es in Israel mehr als 250 Kibbuzim, die über das ganze Land verteilt sind. Nicht weit vom See Genezareth liegen zwei, die ich besonders spannend finde: Degania, der älteste Kibbuz Israels, und Afikim, wo noch heute eine ganz spezielle Tradition höchst lebendig ist.

Degania: Wo alles begann

Im Jahr 1908 machten sich zwölf junge Juden aus Osteuropa auf den Weg in das damalige Palästina. Die Gruppe einte der Traum von einem gerechten Dasein: Niemand sollte ausgebeutet werden, und auch sie wollten niemanden ausbeuten. Sie hatten ehrgeizige Pläne, angespornt durch die Worte des Zionisten Theodor Herzl, der seinem Roman »Altneuland« das Motto »Wenn ihr wollt, ist es kein Märchen« vorangestellt hatte. Der 1901 auf Herzls Initiative hin in Basel gegründete Jüdische Nationalfonds unterstützte Unternehmungen wie dieses mit dem Kauf von Ackerland in Palästina. Das Land am Südufer des Kinneret erwarb der Fonds 1909 und übergab es den jungen jüdischen Siedlern. Am 28. Oktober 1910 konnten die zwölf Gründungsmitglieder von Degania Erfreuliches vermelden: »Wir lassen Euer Ehren hiermit wissen, dass wir unsere neue Siedlung ›Degania‹ genannt haben, nach den fünf verschiedenen Getreidesorten, die hier gedeihen.«

Das Zusammenleben im Kibbuz war für lange Zeit von den Idealen des Zionismus und des Sozialismus geprägt. Inzwischen geht es in den meisten Kibbuzim pragmatischer zu, so auch in Degania. Doch auf ihre Geschichte sind die Kibbuzniks hier besonders stolz. Als ich mich mit meinem Jeep dem Zufahrtstor nähere, fällt mir ein kleiner Panzer auf. Er ist vielleicht zwei Meter hoch. Dass er im Mai 1948 für die Bewohner von Degania Alef eine existenzielle Bedrohung darstellte, erfahre ich von Galit Lev Alpert, Gründerin der Schokoladenmanufaktur »Galita«: »Der Staat Israel war gerade einen Tag alt, als syrische Militärfahrzeuge von den Golanhöhen auf den Kibbuz zurollten. Die damaligen Bewohner baten das Militärkommando sofort um Verstärkung, aber sie wurden abgewiesen und waren völlig auf sich allein gestellt. Sie bauten schnell ein paar Molotow-Cocktails und konnten so die syrischen Soldaten aufhalten. Das musst du dir mal vorstellen! Und genau deswegen steht der Panzer immer noch genau dort, wo er am 20. Mai 1948 ausgebrannt ist.« Galit erzählt mir diese Geschichte bei einem eiskalten Schoko-Shake in ihrem Pralinengeschäft im Kibbuz Degania Bet, dem Nachbarkibbuz von Degania Alef. Beide Kibbuzim sind eng miteinander verbunden, und ihre Bewohner lieben es, ihr Durchhaltevermögen, wie sie es nennen, mit vielen Geschichten zu illustrieren. Galit Lev Alpert ist zwar nicht in Degania geboren, wuchs aber auch in einem Kibbuz auf und ist dadurch mit der Lebensweise von klein auf vertraut. Nach etlichen Jahren im Ausland, genauer gesagt in Belgien, kreuzte sie hier mit der Idee auf, Schokolade zu produzieren. Denn ohne gute Schokolade wollte sie nach ihrer Rückkehr aus dem Pralinenland nicht mehr leben. Ihre Annahme: Nur Kibbuzniks seien verrückt genug, um sie bei der Umsetzung zu unterstützen – an einem Ort, an dem die Temperaturen monatelang über 40 Grad liegen. Und tatsächlich, der Kibbuz nahm sie auf. Heute ist sie mit ihrem ungewöhnlichen Unternehmen sehr erfolgreich.

Wer im Kibbuz übernachtet und etwas Zeit mitbringt, kann sogar in einem Workshop von Galit lernen, wie man Pralinen selbst herstellt. Galit schätzt das Leben in der modernisierten Kommune. Dem jahrzehntelangen Credo, dass kein Bewohner Privateigentum besitzen sollte, trauert sie jedoch nicht nach. »Damals haben wir alle gemeinsam im Speisesaal gegessen, und das schmale Taschengeld konnte lediglich in Form von Gutscheinen im kibbuzeigenen Laden ausgegeben werden. Ich bin aufgewachsen, ohne jemals einen einzigen Schekel in der Hand gehalten zu haben.«

Doch wie in so vielen Kibbuzim änderte sich das auch in Degania. Heute folgt die älteste Kommune Israels dem sozialistischen Ideal nicht mehr. Fast hundert Jahre nach der Gründung haben die Bewohner für einen Plan gestimmt, den sie selbst *schinui*, Veränderung, nennen. Und so erhalten die 300 Bewohner nicht mehr länger ein einheitliches Arbeitsentgelt, sondern werden nach Qualifikation und Leistung entlohnt. Selbst im riesigen Speisesaal steht nun eine Kasse. Bezahlen müssen nicht nur die Gäste, sondern auch die Kibbuzniks.

Ist die Privatisierung ein Erfolg? An dieser Frage scheiden sich in Degania die Geister. Längst überfällig, meinen die einen. Verrat am Traum der sozialistisch-zionistischen Gründerväter, halten die anderen dagegen. »Die Veränderungen in unserem Land machen auch vor den Kibbuzim nicht halt«, resümiert Galit. »Die Kibbuzim sind bürgerlich geworden. Junge Familien aus Tel Aviv ziehen hierher, weil sie das ruhigere Leben auf dem Land bevorzugen und die Vorteile der Gemeinschaft schätzen. Aber sie wollen auch ihr Privatleben behalten und sich ihre Individualität bewahren.« Wer in einem Kibbuz übernachtet, sollte auf einige Überraschungen gefasst sein: Die Häuser sind zwar meist klein und eher einfach, aber dafür gibt es oft einen Swimmingpool, einen Basketball-Court, einen Fußballplatz und sogar Tennisplätze.

Afikim: Tanzen im Speisesaal

Nach dem Taufbad entscheide ich mich allerdings für eine Übernachtung im Kibbuz Afikim. Er liegt nur ein paar Kilometer von Degania entfernt, dennoch halten Touristen dort viel seltener. Dabei findet hier einmal pro Woche eine Veranstaltung statt, an der auch jeder Gast teilnehmen darf – es sei denn er ist ein Tanzmuffel.

Als ich ankomme, sind die Tische im Speisesaal schon weggeräumt. Es ist Zeit für *Rikudei Am* – traditionelle israelische Volkstänze. Getanzt wird in Israel gern und viel, und da die Tänze stets auch ein Ausdruck der gesellschaftlichen Entwicklungen waren (und es bis heute sind), entwickeln sie sich ständig weiter: Es gibt eine Fülle an Melodien, Tanzformen, Rhythmen und Schwierigkeitsgraden mit festen Schritt-folgen, deren Choreografen in den meisten Fällen bekannt sind. Häufig basieren sie auf Psalmentexten oder Gebeten, sind aber keine religiösen Tänze im eigent-lichen Sinne. Die Tradition ist noch jung: Wie im bibli-schen Israel getanzt wurde, ist nicht überliefert. Der erste Tanz stammt aus dem Jahr 1924, es ist eine Hora, die in einem großen Kreis getanzt wird. 1948, im Gründungs-jahr des Staates Israel, gab es schon 75 Tänze. Heute sind mehr als 5000 unterschiedli-che Tänze bekannt, und jedes Jahr kommen 50 bis 100 neue

Hier gibt es nur eine Regel: tanzen, tanzen, tanzen!

hinzu. Die Choreografen vermitteln ihre Schrittfolgen im Rahmen von internationalen Tanz-Workshops und Festivals weiter. In Israel geht die Tanzbegeisterung übrigens quer durch alle Generationen und ist nicht auf die Kibbuzim beschränkt: Getanzt wird beispielsweise auch auf der Strandpromenade von Tel Aviv.

In Afikim kommen Woche für Woche Menschen aus der gesamten Gegend zum Tanzen zusammen.

Tanzlehrer und DJ Dror Davidi studiert dann immer einen neuen Tanz mit der Gruppe ein. Binnen 15 Minuten füllt sich der Saal, und schon drehen sich 50 Menschen allein oder paarweise zur Musik im Kreis.

Dror muss gar nicht viel tun, um die Stimmung anzuheizen, die Tänzerinnen und Tänzer scheinen sich wie im Glückstaumel zu bewegen. Ich beherrsche die Schritte natürlich noch nicht, aber das lässt Dror nicht gelten. »*Kadima*, mach schnell!«, ruft er mir zu und fordert mich auf, ihm in die Mitte des Kreises zu folgen. Für ihn sind die Volkstänze mehr als ein Hobby. Gleich nach dem Militärdienst hat er sich für ein Leben als Tanzprofi entschieden. »*Rikudei Am* ist das Leben selbst, mein Leben und die Seele Israels. Ich wurde da hineingeboren. In meiner Heimatstadt waren die Volkstänze Teil der Jugendbewegung. Ich tanze, seit ich denken kann. Meine Freunde habe ich beim Tanzen gefunden und auch mein Selbstbewusstsein. So, der nächste Tanz ist ein bisschen schneller.« Mir ist schon ein wenig schwindelig, und es fällt mir im wahrsten Sinne des Wortes schwer, Schritt zu halten, doch Dror hat mich fest im Griff, und es gibt kein Entrinnen. Nach drei weiteren schweißtreibenden Tänzen hat er schließlich ein Einsehen, ich darf Pause machen. Und so stelle ich mich an den Rand, dorthin, wo die Klimaanlage und eine Flasche Wasser Abkühlung versprechen. Kaum habe ich ein wenig durchgeatmet, als schon einer der unermüdlichsten Tänzer von ganz Afikim auf mich zukommt. Er lacht mich fröhlich an, stellt sich als Amotz Bronfman vor und bittet um den nächsten Tanz. »Gern, aber gönne mir bitte noch fünf Minuten Pause!«, lautet meine Antwort. Amotz amüsiert sich über meine Erschöpfung und erzählt mir, dass er erst mit 65 Jahren tanzen gelernt habe. Jetzt sei er 70 und *Rikudei Am* halte ihn fit. »Viermal in der Woche tanze ich, immer in einem anderen Kibbuz.«

Weiterleben und tanzen – egal was kommt.

»Diese Tanzveranstaltung bei uns verbindet die Menschen aus dem Norden und dem Süden, entlang der 90.«

»Sie kommen alle hier zusammen. Und es kommen mehr als noch vor fünf Jahren. *Rikudei Am* erlebt eine Renaissance«, erklärt er mir. »Es gibt natürlich viele Tänze, die aus der Zeit des frühen Zionismus stammen, als *Rikudei Am* noch eine Art Ausdruck der jüdischen Identität in Israel war. Aber es gibt auch ganz aktuelle Lieder und Tänze. Das heißt, unsere Abende sind keine reinen Nostalgie-Veranstaltungen für alte Leute wie mich. Dann findet er, dass ich genug Pause gemacht hätte, und nimmt sich geduldig meiner unbeholfenen Schritte an. Ich versuche, ihn mit Fragen nach der politischen Einstellung der Tanzenden abzulenken, doch Amotz beherrscht das Multitasking, seine Füße scheinen all diese Schrittkombinationen ganz von selbst zu machen, während er mir freundlich, aber bestimmt erklärt: »Hier im Saal gilt die unausgesprochene Regel: *no politics*. Wahrscheinlich sind hier ziemlich viele Menschen, die sehr konservativ sind, mit denen ich mich als alter Linker in der Kneipe vielleicht streiten würde. Aber der Tanz bringt uns alle zusammen, Politik hat da keinen Raum. Es geht darum, gemeinsam die Musik und die Bewegung zu genießen.«

Ich drehe ein paar Runden mit Amotz, dann liefert er mich wieder bei Dror ab, der von seinem Podest aus die Tänzer gut im Blick hat. Ihm entgeht nichts, weder die Schrittfehler mancher Tänzer noch die Fragezeichen in meinem Gesicht. »Na, schieß los, was möchtest du wissen?« »Na ja, wie bist du Tanzprofi und Lehrer für Volkstänze geworden?« Dror schaut mich an, als hätte er diese Frage erwartet, die zugegebenermaßen nicht wahnsinnig originell ist, aber ich interessiere mich wirklich für seine Beweggründe. »Ich bin froh, dass du danach fragst. Meine Antwort ist: Weil wir ein sehr komplexes Land sind. In Konfliktsituationen oder wenn Krieg ist, fragen wir uns immer: Sollen wir tanzen, wenn zur selben Zeit Menschen sterben und Soldaten kämpfen? Und immer lautet unsere Antwort: Wir müssen weiterleben. So zeigen wir, dass wir gewinnen. Wir veranstalten diese Abende also auch dann, und die Leute kommen und tanzen. Sie wollen damit sagen: Wir sind hier, um zu bleiben, und wir werden gewinnen.«

DAS WESTJORDANLAND

DAS JORDANTAL

In den Jahren, in denen ich im Nahen Osten gelebt und gearbeitet habe, ist mir aufgefallen, dass deutsche Touristen, die zum ersten Mal in das Heilige Land reisen, sich entweder sehr viele oder aber gar keine Gedanken über die politische Lage vor Ort machen.

Manche fühlen sich angezogen vom hedonistischen Partyleben in der Mittelmeermetropole Tel Aviv, die jedwede Lebensform zulässt und absorbiert und vor allem den Eskapisten auf dieser Welt die perfekte Umgebung bietet. Andere sind auf historischen oder biblischen Pfaden unterwegs und machen sich nicht einmal bewusst, dass sie sich im Palästinensischen Autonomiegebiet befinden, wenn sie in Bethlehem vor der Geburtskirche stehen. Wieder anderen erscheint es als viel zu gefährlich, nach Ramallah zu fahren, denn dort herrsche ja praktisch Krieg. So heterogen wie die israelische und die palästinensische Gesellschaft und so verschiedenartig wie die Orte und Landschaften, so unterschiedlich sind auch die Meinungen der Reisenden im Vorfeld ihres Besuchs. Das Nahost-Bild ist geprägt von dem sehr polarisierten Diskurs in der deutschen Gesellschaft und der Berichterstattung in den Medien, bei der oft, zumindest in den Nachrichten, der Konflikt im Vordergrund steht. Und natürlich spielt auch das historische Verhältnis Deutschlands zu Israel, der Blick auf den Zweiten Weltkrieg und den Holocaust eine maßgebliche Rolle.

Als Korrespondentin habe ich unzählige Gespräche mit Menschen geführt, die zum ersten Mal nach Israel gereist sind. Eine Meinung zum

Land hatten sie fast immer, dazu sogar oft sehr konkrete Vorstellungen von den politischen Verhältnissen vor Ort, und meistens vertraten sie auch eine klare Position, wer die Schuld am nicht enden wollenden Konflikt trägt. Doch ich brauchte nur zu fragen, zwischen welchen Parteien eigentlich dieser Konflikt ausgetragen werde – zwischen Israelis und Palästinensern? Zwischen Juden und Muslimen? Oder zwischen europäischen Einwanderern und Arabern? – und ob er religiös oder territorial begründet sei, und schon kamen die meisten Gesprächspartner ins Grübeln. Oft habe ich zu meinen Kollegen in den Nachrichtenredaktionen scherzhaft gesagt: »Okay, wie viel Zeit habe ich für den Beitrag? Ach, eine Minute und 30 Sekunden? Das reicht ja dicke, um wieder einmal den Nahostkonflikt zu erklären.«

Der Nahe Osten ist kompliziert. Der Konflikt ist ebenfalls kompliziert, und wenn eines definitiv unangebracht ist, dann ist es Schwarz-Weiß-Denken.

Ich erinnere mich noch gut an den 13. Januar 2015. Ich war erst seit Kurzem als Korrespondentin in Tel Aviv und hatte für den Vormittag ein Interview mit Yehuda Bacon in Jerusalem vereinbart. Der 86-Jährige hat Auschwitz und zwei Todesmärsche überlebt. Er hat ein besonderes Zeichentalent und hielt auf Papier fest, was er im Vernichtungslager gesehen hatte. Die Zeichnungen haben überlebt, so wie er selbst, und dienten später gar als Beweismittel im Eichmann-Prozess. »Wenn man so alt ist wie ich, wird man geizig mit seiner Zeit«, begrüßte mich Yehuda Bacon mit einem verschmitzten, großväterlichen Lächeln. Und dann nahm er sich Zeit, viel Zeit, um seine Geschichte wieder einmal zu erzählen. Für mich war es ein Privileg, ihm zuhören zu dürfen, für ihn die Wiederbelebung eines Traumas. Allerdings sollten an diesem Tag auch die Opfer eines Attentats auf einen jüdischen Supermarkt in Paris hier in Jerusalem beigesetzt werden. Und das brachte mich nach zwei Stunden Interview in die ausgesprochen unangenehme Situation, dem Holocaust-Überlebenden Yehuda Bacon sagen zu müssen, dass ich nun leider keine Zeit mehr hätte, weil ich live von der Beerdigung der Terroropfer berichten müsse. Mein Magen hatte sich bei den Wor-

Ein stiller Morgen im Jordantal.

ten zusammengekrampft, doch wieder lächelte er nur und sagte auf Deutsch: »Ach, Mädchen, Sie haben es auch nicht leicht, von hier zu berichten, wo es so viel Sonnenschein gibt. Denn wo viel Sonne ist, da ist auch viel Schatten. Versuchen Sie, den Menschen zu sehen. Ich wünsche Ihnen viel Glück.«

Diese Worte begleiten mich seit dem 13. Januar 2015 Tag für Tag, sie sollten zu meinem Leitgedanken werden. Und ich kann nur jedem Israel-Reisenden raten – sei es bei der ersten Begegnung mit dem Land oder bei der Wiederkehr: Sehen Sie die Menschen hier!

Und mit diesem Gedanken reist es sich auch ganz wunderbar weiter Richtung Süden, weiter auf der Road 90.

Keine Angst vor dem Checkpoint

Das Jordantal erstreckt sich genau genommen vom Südende des Sees Genezareth bis zum Nordufer des Toten Meeres. Doch wenn die Menschen über das Jordantal sprechen, meinen sie meistens den Teil, der im Palästinensischen Autonomiegebiet liegt, also die Region, die kurz hinter Bet-Schean beginnt und sich über Jericho bis zum Toten Meer zieht und die in jüngster Vergangenheit vor allem durch die Annexionspläne der israelischen Regierung in die Schlagzeilen geriet. Dieser friedlich wirkende Landstrich wird gerne als Israels Sicherheitsgürtel bezeichnet, da er sich an der Außengrenze zu Jordanien befindet. Südlich von Bet Schean, auf der 90, markiert ein Checkpoint den Übergang in das von Israel besetzte palästinensische Jordantal. Hier leben rund 65 000 Palästinenser, die meisten von ihnen in der Stadt Jericho, und rund 11 000 Israelis in international als völkerrechtswidrig geltenden Siedlungen. Einen großen Teil des Jordantals hat die israelische Armee zudem zu militärischem Sperrgebiet erklärt. Touristisch ist die Region nicht sehr gut erschlossen, und nur die wenigsten Reisenden verirren sich hierher. Dabei lohnt es sich durchaus. Manchen Reisenden graut es davor, einen Checkpoint passieren zu müssen, obwohl sie in der Regel nichts zu befürchten haben. Wer von Norden kommt, wird vermutlich von bewaffnetem Sicherheitspersonal oder einem israelischen Soldaten angehalten. Dann muss man die Scheibe runterkurbeln, den Reisepass vorzeigen und meist noch zwei, drei Fragen auf Englisch beantworten: woher man gerade komme, wohin man möchte und ob man irgendwelche Kontakte zu Palästinensern habe. Manchmal weist einen der Soldat noch darauf hin, dass man sich in gefährliches Gebiet begebe. Es empfiehlt sich, alle Fragen wahrheitsgemäß zu beantworten.

Als ich das erste Mal diesen Checkpoint passiere, habe ich das Gefühl, in eine andere Welt zu geraten. Heißer Wüstenwind weht mir ins Gesicht. 31 Grad im Schatten zeigt das Thermometer bereits am frühen Morgen, doch es scheint nirgendwo ein schattiges Plätzchen zu geben. In der Ferne liegen ein paar Dörfer, das ein oder andere Minarett einer Moschee ragt in den Himmel empor. Ringsumher ist Stille. Eine karge Hügellandschaft erstreckt sich auf der einen Seite, auf der anderen leuchten die jordanischen Berge in den schönsten Rottönen. Alle paar Kilometer bemerke ich neben der Straße einige ärmlich wirkende Zelte oder Blechhütten: Dort leben Beduinen.

Khirbet Tell el Himma: Zu Besuch bei Beduinen

Von einer »angespannten politischen Lage« ist nichts zu bemerken, als ich Khalid Ayoub zum ersten Mal begegne. Es ist fünf Uhr morgens, und Khalid tränkt seine Ziegen und Schafe auf einem weiten Feld in der Nähe des kleinen Dorfes Bardala. »*Sabah al khair*«, begrüße ich ihn, und auch er wünscht mir einen guten Morgen. »*Koulo tamam*, alles in Ordnung?«, will ich wissen. »*Tamam, tamam, il Hamdulilah*, alles gut, Gott sei Dank«, antwortet er. Wie überall auf der Welt werden auch hier höfliche Begrüßungsfloskeln ausgetauscht.

Khalid kennt keinen festen Wohnsitz.

Khalid ist Beduine. Seine Familie lebt seit Jahrzehnten in diesem Teil des Jordantals. Khalid ist 30 Jahre alt und hier aufgewachsen: ohne festen Wohnsitz, ohne Schulbildung. Er kann kaum lesen und schreiben, kümmert sich ausschließlich um die Tiere. Doch so traditionell zu leben, sei im Laufe der Jahre immer schwieriger geworden, erzählt er mir. »Die israelische Besatzung und die Siedler machen es uns nicht leicht. Die Weideflächen werden immer mehr eingeschränkt, wir haben nicht mehr die Möglichkeit, das Tal in seiner ganzen Weite zu nutzen. Wenn ich in die Nähe der Siedler da hinten komme, dann bekomme ich Ärger.« Khalid zeigt mit seinem Finger Richtung Hügelspitze. Dort stehen zwei wohnwagenähnliche Container, die Behausung der Siedler. Mit ihnen Freundschaft zu schließen sei unmöglich, erklärt er. Sie wollten das Land für sich allein, und manchmal würden sie auf seine Tiere schießen. Es sei wirklich am besten, ihnen aus dem Weg zu gehen. Als Kind habe er hier die Weite des Landes gespürt. Nun gebe es nur noch Grenzen.

Teestunde beim Sheikh – eine Frage der Ehre

Zweimal täglich müssen Khalid und sein Bruder ihre 300 Schafe und Ziegen über die Road 90 treiben, das ist nicht ganz ungefährlich für die Tiere. Die Weideflächen auf seiner Straßenseite, wie er sich ausdrückt, reichen nicht. Er bittet mich, ebenfalls nicht in die Nähe der Siedler zu gehen. Das würde sonst sicher als Provokation aufgefasst, und wenn die Siedler die Soldaten riefen, bekämen sie am Abend von denen Besuch. Khalid ist spürbar eingeschüchtert. Und trotzdem nimmt er mich auf meinen Wunsch hin mit in das Beduinenlager. Geduldig warte ich, bis Khalid und sein Bruder alle Tiere in einen abgezäunten Teil der kärglich bewachsenen Weide getrieben und hinter ihnen das Gatter verschlossen haben. Khalid führt mich zu einer Blechhütte. Mit Rufen kündigt er den Besuch an. Der Sheikh, also das Oberhaupt der Großfamilie, tritt heraus: Abu Mahyoub Qabaha.

Freundlich empfängt er mich. Ich bekomme Tee und selbst gedrehte Zigaretten angeboten, Letztere muss ich ablehnen. Bei mittlerweile 36 Grad Hitze und immer stärker werdendem Wüstenwind würde mein Kreislauf wohl in die Knie gehen.

Seit den Morgenstunden habe ich bereits vier Liter Wasser getrunken, ohne dass ich nach einer Toilette fragen musste. Abu Mahyoub will mir sein Land zeigen. Als Sheikh trägt er eine strahlend weiße

Aba'a, eine Art Kaftan oder mantelartiger Überwurf. Die Aba'a ist keine Arbeitskleidung und auch kein volkstümliches Kleidungsstück, sondern wird zu besonderen Anlässen sowie von Männern in gehobenen gesellschaftlichen Positionen getragen. Sie ist in allen Ländern des arabischen Ostens verbreitet. Auf dem Kopf trägt er eine ebenso weiße Kufiya, die mit schwarzen Kordeln gebunden ist. »*Ta'ali*, komm«, fordert er mich auf. Ich verstehe gar nicht so recht, was genau er mir zeigen will, denn um uns herum sieht für mich alles nur nach spärlich mit Gras bewachsenen Hügeln aus. Trotzdem folge ich ihm natürlich. Wir gehen etwa 100 Meter weit den Hügel hinauf, dann zeigt er auf ein paar große Steine am Boden. »Das hier ist ein alter muslimischer Friedhof. Diese beiden Steine markieren das Grab meiner Großeltern. Die Namen sind in die Steine geritzt, aber schon sehr verwittert. Die Gräber sind nach Mekka ausgerichtet. So machen wir es auch heute noch.« Abu Mahyoub hat weder Pass noch Adresse, diese Gräber sind für ihn Beleg genug dafür, dass er und seine Familie hierher gehören. Im heißen Wüstenwind raucht Abu Mahyoub seine selbst gedrehten Zigaretten, während er mir vom Beduinenleben, seinen Vorfahren und den Problemen mit den Siedlern auf der Hügelspitze erzählt. Irgendwann nähert sich uns ein junger Mann. Er führt einen Esel am Strick und versucht ganz offensichtlich, seine Kühe auf eine andere Weide zu treiben. »Na«, ruft er uns zu, »verkauf ja nicht dein Land, Abu Mahyoub!« »Keine Sorge, sie ist nicht von hier, sie will nur wissen, wie wir leben«, erklärt der Sheikh. »Wie wir leben? Wir leben als Beduinen, wie sonst? Nur fehlt uns dazu die Freiheit in unserem Land.« Nach mehr Konversation steht dem Hirten offenbar nicht der Sinn, und er läuft weiter mit seinen Tieren den Hügel hinab.

Beduinen-Romantik Fehlanzeige: Wohnzimmer unter der Plastikplane

Mit dem Traktor zur Moschee

Als wir wieder zur Blechhütte des Sheikh kommen, wartet Khalid bereits ungeduldig. Es ist Freitag, und er möchte zum Mittagsgebet in die Moschee. Die nächstgelegene Moschee befindet sich in Bardala, etwa fünf Kilometer entfernt. Khalid und sein Bruder sind spät dran und beschließen deswegen, den Traktor zu nehmen. Er ist das einzige Gefährt, das die Großfamilie besitzt. Einen Führerschein, um damit auf der Straße zu fahren, hat Khalid nicht, aber eben auch keinen Briefkasten, in den ein Strafzettel eingeworfen werden könnte, sagt er verschmitzt. Sie seien gute Muslime, beteuert Khalid, aber die Moschee sei nun einmal weit weg, und so müsse Allah zufrieden sein, dass sie nur zum Freitagsgebet dorthin führen. »Wir beten für Frieden und unsere Freiheit, aber wir fahren auch immer freitags hin, um den Kontakt zu den Menschen im Dorf zu pflegen. Es ist schön, wenn alle zusammenkommen und sich austauschen.«

Als Khalid und sein Bruder zurückkehren, empfängt der Sheikh gerade zum »Herrentee«, wie an jedem Freitag. Für mich machen sie eine Ausnahme, ich darf mich zu den Männern setzen. Es ist immer noch heiß und windig, aber auch gemütlich unter dem schattenspendenden Zeltdach. Ein paar Kinder kommen vorbei, sie bringen der Runde Süßigkeiten. Wir unterhalten uns. Die Männer wollen ihren Zusammenhalt demonstrieren, schwärmen trotz der schwierigen politischen Lage von den Vorzügen des klassischen Beduinendaseins. »Wenn ich in die Stadt fahre«, erklärt Khalid, »dann fühle ich mich wie in einem großen Gefängnis. Hier kann ich die Berge betrachten. Wenn ich

Das geht auch ohne Führerschein.

unsere Tiere sehe, die Schafe, die Hunde, die Hühner, rund um unsere Zelte, fühle ich mich wie neugeboren. Wenn wir nachts unter freiem Himmel schlafen, dann zählen unsere Kinder die Sterne: eins, zwei, drei und wieder von vorne.«

Doch sie geben auch zu, dass mehr als die Hälfte der Familienmitglieder inzwischen in die Stadt gezogen sind, und das nicht nur wegen der ständigen Streitereien mit den jüdischen Siedlern.

Unter Frauen oder: Warum es manchmal gut ist, Reporterin zu sein

Rasha ist Khalids Tante. Schon von Weitem winkt sie, als sie sich dem Zelt des Sheikh nähert. Ich solle mit ihr kommen, ruft sie: »Ta'ali, habibti!, komm, meine Liebe!« Sie lächelt mir verschwörerisch zu. Ich bedanke mich also für den Tee und folge Rasha. Die Männer würden mir bestimmt nicht die ganze Wahrheit erzählen, ist sie sich sicher. Rasha vertraut mir, das lese ich in ihrem Blick, und ich kann ihr vertrauen. Diesen kulturell begründeten Vertrauensbonus bekomme ich einzig und allein, weil ich eine Frau bin.

Rasha mit ihrer Tochter

Rasha und die anderen Frauen bereiten gerade das Essen zu. Die Rollenverteilung bei den Beduinen ist konservativ: Die Männer kümmern sich um die Tiere und den Verdienst, die Frauen um die Kinder und das Essen. Wir setzen uns alle zusammen auf den Boden des Zeltes und hacken Kräuter. Das große Wiegemesser in Rashas Händen wirbelt

Haarewaschen in der Tränke

in rasanter Geschwindigkeit durch Petersilie, Minze und Thymian. Fliegen umsurren uns. Nicht ausgeschlossen, dass die eine oder andere Rashas Wiegemesser zum Opfer fällt.

Der *Taboun*, ein klassischer Erdofen, steht außerhalb des Zeltes. Darin gare bereits seit ein paar Stunden das Fleisch, sagt Amira, Rashas Schwester. Lamm oder Hühnchen aus dem *Taboun* seien einfach köstlich, fügt sie begeistert hinzu. Auch Amira liebt das traditionelle Beduinenleben. Doch über eine technische Errungenschaft ist sie dennoch froh: den solarbetriebenen Kühlschrank. Stolz zeigt mir Amira das Solarpanel auf dem Blechdach der kleinen Hütte, die als Küche und Vorratsraum dient. »Früher haben wir alle Reste weggeworfen, weil es hier so heiß ist! Dieser Solarstrom hilft uns wirklich sehr. Das Leben ist dadurch so viel einfacher. Ich kann nur sagen, Strom ist ein wahrer Schatz.« Der Kühlschrank ist schon ziemlich alt und ächzt vor sich hin, aber er hat auch ein Gefrierfach, und als Amira es öffnet, schreien fünf Kinder gleichzeitig vor Freude auf, denn darin verbirgt sich ein ganzer Karton voller Wassereis.

Die Kinder sind außer Rand und Band und reißen Amira die Erfrischung aus den Händen.

Nach dem Eis sei es an der Zeit, die Kinder zu duschen, beschließt Rasha. Fließendes Wasser haben die Beduinen nicht. Natürlich auch kein Badezimmer oder Ähnliches. Sie benutzen den Wassertank und die Tränke für die Tiere. Kurzerhand schnappt sich Rasha ihre Tochter, ein Handtuch und ein Stück Seife. Sie dreht den Hahn über der Tränke auf und wäscht der Zweijährigen die Haare. Später zeige ich meinem Sohn Fotos von diesem Erlebnis. Beeindruckt meint er, dass die Kinder wohl ganz schön abgehärtet seien. In der Tat, zimperlich darf man als Beduine nicht sein. »Weißt du«, sagt Rasha, »es ist zwar toll, dass es hier so ruhig ist, dass wir mitten in der Natur sind, aber romantisch ist unser Leben nicht. Es ist wahnsinnig heiß, unsere Lebensverhältnisse sind ärmlich, und die meisten Menschen mögen unseren Lebensstil nicht. Sie schauen auf uns herab, nicht nur die Israelis, auch die Palästinenser. Wenn unser Sohn groß ist und heiraten will, wird er wohl kaum eine Frau finden, die hierherkommen will. Schau dir Khalid an, er findet auch keine Frau.«

Als die Sonne langsam hinter den jordanischen Bergen jenseits der Grenze versinkt, ist das Essen fertig. Es gibt *Mansaf*, das jordanische Nationalgericht beduinischen Ursprungs. Der Name des Gerichts bedeutet »großes Tablett« oder »großes Gericht«. Und auf einem solchen großen Tablett wird es auch serviert. Es besteht aus Lammfleisch mit Jameed, einem fermentierten Trockenjoghurt. Dazu gibt es Reis mit gerösteten Mandelsplittern und Saj-Brot, dünnes, ungesäuertes Fladenbrot, außerdem Salat, der hauptsächlich aus den gehackten Kräutern besteht. Ich bin zum Essen eingeladen. Die Großfamilie sitzt nicht zusammen, an diesem Tag isst jedes Ehepaar für sich mit seinen Kindern. Wir sitzen auf einem bunten Teppich im Kreis, in der Mitte steht das Essen. Es schmeckt großartig, die Stimmung ist gelöst. In der Hütte machen wir anschließend den Abwasch. Erst als es längst dunkel ist, verabschiede ich mich. »*Ma salama!*, lebt wohl!«

Mit *Mansaf* können Sie sich den Duft des Orients in die eigene Küche holen, das Gericht gelingt auch ohne Erdofen. Probieren Sie es aus! Ich habe das Rezept so angepasst, dass es nahe am Original bleibt, aber problemlos mit hiesigen Zutaten nachgekocht werden kann. Falls Sie Schwierigkeiten haben, Jameed zu bekommen, verwenden Sie Naturjoghurt. Das Fladenbrot können Sie selbst backen oder fertig kaufen.

REZEPT FÜR *MANSAF*

Für 6 Personen:

300 Gramm Jameed (statt Jameed können auch insgesamt 500 g Naturjoghurt verwendet werden)
200 Gramm Joghurt
2 Kilogramm Lammfleisch (mit Knochen)
2 Esslöffel Pflanzenöl
1 große Zwiebel
200 Milliliter Lammbrühe
2 Kardamomkapseln (gemahlen)
3 Lorbeerblätter
2 Zimtstangen
1 Teelöffel schwarzer Pfeffer
Salz (nach Geschmack)
700 Gramm Reis (am besten passen persischer Sadri-Reis oder Basmati-Reis dazu)
3–4 Stängel Petersilie
100 Gramm Pinienkerne
100 Gramm Mandeln

Zubereitung:

1. Den Jameed, eine Kugel aus fermentiertem und getrocknetem Schaf- oder Ziegenjoghurt, über Nacht einweichen. Anschließend in eine hohe Schüssel geben, mit dem Handmixer oder in der Küchenmaschine glatt rühren und durch ein feines Sieb in einen Topf streichen. Joghurt hinzugeben und die Masse unter ständigem Rühren erhitzen, bis sie köchelt. Vom Herd nehmen und beiseitestellen.
2. Das Lammfleisch parieren, in grobe Stücke zerteilen und im Topf in heißem Öl anbraten. Die Zwiebel grob gehackt dazugeben und anbräunen. Mit Brühe aufgießen. Kardamom, Lorbeerblätter, Zimtstangen, einen Teelöffel schwarzen Pfeffer sowie Salz hinzufügen, kurz aufkochen, vom Herd nehmen und mindestens drei Stunden ziehen lassen.
3. Die Joghurtmischung zum Fleisch in den Topf geben. Umrühren und alles bei geringer Hitze rund zwei Stunden köcheln lassen.
4. Den Reis für mindestens 30 Minuten in Wasser einweichen und gut abspülen. Etwas Pflanzenöl in einem Topf erhitzen, den Reis dazugeben und mit Wasser aufgießen. Salzen und gar kochen.
5. Petersilie abspülen, trocken schütteln und grob hacken. Pinienkerne und Mandeln ohne Öl in einer Pfanne anrösten. Den Reis in tiefe Teller geben. Die Fleischstücke darauf anrichten, Joghurtsauce darüber geben und mit Pinienkernen und Mandeln garnieren. Zum Schluss mit der gehackten Petersilie garnieren.
6. Lassen Sie es sich schmecken!

SIEDLUNGSPOLITIK – KAMPF UM JEDEN ZENTIMETER LAND

Eine Devise gilt für Journalisten grundsätzlich – und in Konfliktgebieten ganz besonders: immer beide Seiten hören! Also versuche ich nach dem Besuch bei den Beduinen, Kontakt mit den israelischen Siedlern aufzunehmen, mit denen sie nach eigenem Bekunden so viele Probleme haben. Schon das Wort »Siedler« lässt im Kontext des Nahostkonflikts die Emotionen oft überschäumen, in einer politischen Diskussion gibt es wohl kaum ein größeres Reizwort. Für die einen ist die israelische Siedlungspolitik das Haupthindernis im sogenannten Friedensprozess (der ehrlich gesagt schon seit Jahren diesen Namen nicht mehr verdient, weil er komplett brachliegt), für die anderen ist sie das wahrgenommene Recht jüdischer Israelis, überall im Heiligen Land zu leben. Als Korrespondentin wurde ich oft gebeten, das Thema zu beleuchten, Hintergründe zu erklären, Stellung zu beziehen. Auf dieser Reise möchte ich Sie jedoch nicht zu lange in die Abgründe des Nahostkonflikts entführen. Daher im Folgenden nur ein knapper Überblick über die Gemengelage, bevor einige Siedler an der Road 90 selbst zu Wort kommen werden.

Ihren Ursprung hat die Siedlerbewegung im sogenannten Sechstagekrieg, der sich im Juni 1967 ereignete. Im Verlauf des Krieges erlangte Israel die Kontrolle über den Gazastreifen, die Sinai-Halbinsel, die Golanhöhen, das Westjordanland und Ostjerusalem. Damals entstanden die ersten Siedlungen in den besetzten Gebieten. Heute versteht man unter den Siedlern die jüdischen Israelis, die jenseits der Grünen Linie leben, also der Waffenstillstandslinie von 1949. Ihre Siedlungen werden von den Vereinten Nationen und vom Internationalen Gerichtshof als völkerrechtlich illegal eingestuft. Die israelische Regierung vertritt den gegenteiligen Standpunkt und erklärt sie immer wieder für rechtmäßig. Allerdings gibt es auch Siedlungen, die selbst nach israelischem Recht illegal sind. Diese sogenannten Außenposten setzen sich häufig aus nur wenigen Familien zusammen, die sich auf palästinensischen Privatgrundstücken niedergelassen haben. Doch auch diese Siedler stehen unter dem Schutz der israelischen Armee.

Prinzipiell gilt: Israel hält am Siedlungsbau in den besetzten Gebieten fest. Begründet wird dies oftmals damit, dass die Grundstücke zum Zeitpunkt des Baus einer Siedlung niemandem gehört hätten. Dabei ist das oft nur zur Hälfte richtig, denn viele Palästinenser stützen sich mit ihren Besitzansprüchen einzig auf das Gewohnheitsrecht. Gemeinschaftlich genutztes Land wurde selten in einem Grundbuchamt eingetragen.

Wer sind die heutigen Siedler eigentlich? Sind das nicht diese bewaffneten Fanatiker, die die Olivenbäume der Palästinenser ausreißen? Solche Siedler gibt es tatsächlich. Aber die Realität ist nicht so holzschnittartig.

Will man hinter die Kulissen schauen, muss man sich zunächst klarmachen, wie komplex die israelische Gesellschaft eigentlich ist.

Natürlich kann man sie grob in Säkulare, Liberale, Orthodoxe und Ultra-Orthodoxe unterteilen. Doch innerhalb dieser Gruppen gibt es zahllose Färbungen und gegenläufige Strömungen, die nicht zuletzt in ihrer Haltung zum Staat zum Ausdruck kommen. Manche Ultra-Orthodoxe betrachten die Gründung des Staates Israel als Gotteslästerung und lehnen ihn daher ab. Doch so paradox das klingen mag, auch sie leben zum Teil in Siedlungen und profitieren davon, dass diese vom Staat finanziell gefördert werden. Und genau aus diesem profanen Grund haben sich viele Israelis für ein Leben in einer Siedlung entschieden: staatliche Subventionen. Es ist günstig, in einer Siedlung zu wohnen, die Infrastruktur ist oft gut, Schulen und Kindergärten sind vor Ort. Manche Siedlungen sind bereits zu Städten angewachsen, verfügen über Krankenhäuser und Universitäten. Im Jordantal hingegen bestehen die Siedlungen überwiegend aus eingezäunten und bewachten Dörfern, in denen nur wenige Familien leben. Und dann gibt es noch die einzelnen Wohnwagen auf den Hügelspitzen, die zu den illegalen Außenposten gezählt werden.

Eine Stippvisite auf dem Hügel

Mein Jeep ächzt. Die Strecke hinauf von Khirbet Tell el Himma zur namenlosen Hügelspitze ist steil. Den Weg kann ich nur erahnen, er verschwindet in den Staubwolken, die ich produziere. Wie mühsam, denke ich. Warum lebt hier oben jemand als illegaler Dauercamper? Ich möchte gern mehr über die Siedler erfahren, die Khalid so viele Sorgen machen. Oben angekommen, sehe ich, wie eine Frau die Wohnwagentür abschließt und auf ein kleines Auto zugeht. Das ist also auch ein Außenposten. Keine feste Adresse, nur ein Wohnwagen mitten im Nichts, ohne befestigte Zufahrtsstraße, ohne Wasserleitung, ohne Stromversorgung. Wo sie wohl gemeldet sind?, frage ich mich, steige schnell aus und laufe winkend auf die Frau zu. Sie trägt einen knöchellangen Rock, Nylonstrümpfe und ein Kopftuch, wie es typisch ist für orthodoxe Jüdinnen. Überrascht schaut sie mich an. Dass ich keine Palästinenserin bin, hat sie schon von Weitem erkannt. Ich stelle mich kurz vor und sage, dass es mich interessiert zu erfahren, wie und warum sie hier lebt. Doch sie ist kurz angebunden. Ich solle später wiederkommen, wenn ihr Mann zurück sei, der sich gerade um die Tiere kümmere. Sie seien nur eine kleine Familie mit zwei Kindern und Tieren, lebten hier für sich. Sie wollten ungestört bleiben und störten niemanden, erklärt sie. Ihren Namen will sie mir nicht nennen. Ich frage nach den palästinensischen Beduinen, sie tut so, als verstünde sie mich nicht, dann sagt sie: »Die westliche Presse hat doch sowieso Vorurteile uns gegenüber. Schreib, was du willst. Oder frag meinen Mann.« Dann steigt sie ins Auto und fährt weg.

Ich fahre den Hügel also wieder hinunter, als ich einen Verschlag mit Tieren bemerke, der offenbar nicht den Beduinen gehört. Gleich neben dem Gatter steht ein Mann, vermutlich der Ehemann der Siedlerin. Schon kommt er auf das Auto zu. Nicht sehr freundlich sagt er: »Meine Frau hat mir schon gesagt, dass du hier rumfährst und Fragen stellst. Verschwinde von hier, du hast hier nichts verloren. Du gehörst hier ebenso wenig hin wie die Palästinenser. Das ist jüdisches Land.« Und so fahre ich also unverrichteter Dinge den Hügel wieder hinunter.

Lesley, Kuki und Ada:
Menschen und Meinungen

Mitten auf einer Reise durchs Jordantal erreicht mich plötzlich eine überraschende Nachricht: Die US-Regierung arbeite an einem Friedensplan und sehe in der Siedlungspolitik im Westjordanland keinen Bruch mehr mit dem Völkerrecht. Diese Meldung schlägt hohe Wellen, darüber soll natürlich auch ich berichten. Mein Fernsehteam und ich versuchen zunächst einmal, mit David Elhayani, dem Sprecher der Siedler im Jordantal, ins Gespräch zu kommen. Er ist überglücklich angesichts der offiziellen Anerkennung aus Washington und lädt uns nach Mesu'a ein, eine Siedlung gleich an der Road 90. Für diese Akzeptanz hätten sie schon immer gekämpft, endlich würde auch in der amerikanischen Administration erkannt, dass sie es seien, die hier rechtmäßig lebten und nicht die Palästinenser. Wir sollten Lesley und Yakov Elbaz treffen, die könnten uns am besten erklären, wie die Lage hier zu bewerten sei. Gemeinsam fahren wir also dorthin.

Die Familie lebt auf einem großen Grundstück mit Dattelpalmen und allerlei anderen Obstbäumen. Die Tür zum Haus steht weit offen.

Ob sie immer so furchtlos seien und nie abschließen würden, will ich wissen. Yakov lacht nur und deutet auf seine Pistole, die er lässig am Hosenbund trägt. Wir sollen Kuki zu ihm sagen, das sei sein Spitzname, so würden ihn alle Freunde nennen. Kuki ist Chef einer großen Dattelfarm, die 1967, gleich nach dem Sechstagekrieg, gegründet wurde. Er kocht Kaffee, und wir setzen uns ins klimatisierte Wohnzimmer. Seine Frau Lesley, eine gebürtige Engländerin, gesellt sich zu uns. Die beiden haben vier Kinder.

»Wir sind nicht sehr religiös, aber wir verstehen uns als Zionisten. Deswegen sind wir damals hierhergekommen«, erzählt Lesley. Für die Kinder sei es sehr schön, hier aufzuwachsen, und die Lebenshaltungskosten seien viel erschwinglicher als in Israels Großstädten. Ob sie kein schlechtes Gewissen hätten, auf palästinensischem Gebiet zu leben, will ich wissen. »Wir sind der festen Überzeugung, dass dies unser Land ist, aber wir wollen die Palästinenser nicht verdrängen, wir persönlich leben ja schon lange in guter Nachbarschaft miteinander, deswegen schließen wir ja auch die Tür nicht ab«, erläutert Kuki. »Aber du trägst eine Pistole, und ein hoher Zaun ist um eure Siedlung gezogen«, wende ich ein. Es sei eben kompliziert, entgegnet er. »Wir wollen ein friedliches Miteinander. Seit Jahren beschäftige ich Palästinenser auf unserer Dattelfarm, ja, ich kann sagen, dass einige meiner besten Freunde Palästinenser sind. Aber gleichzeitig steht der Konflikt um Land im Raum und es gibt immer wieder einen unter ihnen, der ausrastet. Da will ich mich verteidigen können.« Was denkt er über den neuen Kurs der US-Politik und den Vorschlag des israelischen Premierministers, das Jordantal zu annektieren? »Na ja«, meint Kuki, »die Idee einer politischen Annexion des Jordantals ist doch nicht neu. Seit 1967 hat die Regierung das immer wieder

Lesley und Kuki

versprochen. Wir leben ja hier in einer wichtigen Pufferzone zu Jordanien, da wäre es wohl nicht sinnvoll, die Gegend den Palästinensern zu überlassen. In gewisser Weise bilden wir ein Bollwerk gegen mögliche Feinde unseres Staates. Aber letztlich würde die Annexion auch nichts ändern. Wir Juden können nirgendwo anders hin. Die Palästinenser sind Araber, und es gibt so viel Platz in den arabischen Ländern. Ich möchte niemanden aus seinem Haus vertreiben, aber für solche Menschen, die nicht friedlich mit uns leben wollen, gibt es eine Menge Orte, an die sie gehen können. Wir leben hier, und wir leben gut hier.« Kuki und Lesley nehmen uns mit in ihren Garten, wir sollen von den Früchten probieren. In dem Moment kommt ein palästinensischer Angestellter von Kuki vorbei. »Salam, Mohammed«, ruft Kuki. »Hier ist das deutsche Fernsehen, vielleicht magst du ihnen erzählen, wie gut wir befreundet sind.« Doch Mohammed möchte nicht, schüchtern winkt er ab. Nein, nein, ins Fernsehen wolle er nicht.

Wir machen uns wieder auf den Weg. Im palästinensischen Dorf Al Auja, ebenfalls an der 90, treffen wir Ada Bilu. Die 57-jährige Israelin lebt in Jerusalem und arbeitet als freiwillige Aktivistin für die Organisation »Ta'ayush«, was so viel bedeutet wie Zusammenleben. Gegründet wurde die Gruppe in Kfar Kassem, einer arabischen Stadt in Israel, um Rassismus und sozialer Segregation entgegenzuwirken. Sie folgt keiner speziellen Ideologie, wendet sich aber klar gegen die Besatzung. Ada zum Beispiel trifft sich hier im Jordantal regelmäßig mit anderen Aktivisten. Sie setzen sich für die Rechte der Beduinen ein, versuchen, sie gegen Siedler und Militär zu verteidigen, stellen sich im Zweifelsfall schützend vor sie. Sie schaut besorgt hinüber zu den Tälern und den Beduinen, die mit ihren Herden hier durchziehen, von einer spärlich mit Gras bewachsenen Stelle zur nächsten. »Ich finde, dass ich als israelische Staatsbürgerin die Pflicht habe, etwas gegen die Ungerechtigkeit zu tun. Ich könnte nicht einfach in Israel leben und zuschauen, wie die Besatzung weiter voranschreitet. Die Regierung trägt eine riesige moralische Verantwortung, doch wir Bürger und damit auch ich haben dazu eine Meinung. Aber es reicht nicht, eine Meinung zu haben und dann nichts zu tun. Wenn du in einem Land leben willst, in dem es eine so große moralische Frage gibt, musst du aktiv werden«, sagt Ada. »Wir helfen zum Beispiel den Beduinen dabei, ihr Land zu betreten. Ist es nicht verrückt, dass Menschen Hilfe benötigen, wenn sie ihr Land betreten wollen? Das ist mein bescheidener Beitrag zu mehr Gerechtigkeit hier vor Ort. Pass auf, es ist immer dasselbe, gleich werden die Soldaten hier sein.« Kaum hat sie den Satz beendet, nähert sich auch schon ein Jeep der israelischen Armee und hält auf einem Hügel in der Nähe der Beduinen. »Das ist nicht meine Armee, das ist die Privatarmee der Siedler vom Hügel. Sie rufen die Soldaten. Sie haben beste Verbindungen, und die Soldaten sollen ihnen dabei helfen, den Beduinen das Leben hier so schwer zu machen, dass sie schließlich gehen.« Ada und zwei weitere Aktivisten gehen auf den Hügel zu, wo der Jeep steht. Offenbar haben die Soldaten die Weidefläche kurzerhand zu militärischem Sperrgebiet erklärt. Einer steigt aus, das Maschinengewehr in der Hand. Er fordert die Beduinen auf, mit ihrer Herde woandershin zu ziehen.

Ada mischt sich ein, ruft dem Soldaten zu:»Euer Vorgehen ist illegal, ihr könnt nicht jeden Tag ein neues Gelände zu einer geschlossenen militärischen Zone erklären, und zwar immer das Gelände, wo die Beduinen gerade sind.« In dem Jeep sitzen noch zwei weitere Soldaten. Sie sind höchstens Anfang 20. Ihre Maschinengewehre haben sie auf dem Schoß. Der Soldat, der die Beduinen angeschrien hat, wendet sich erst an Ada und die anderen Aktivisten:»Das Land ist militärische Zone, verschwindet von hier. Und ihr macht gefälligst die Kamera aus«, brüllt er dann mein Team und mich an.»Was ihr macht, ist illegal!«, ruft ein Aktivist noch einmal zur Verteidigung des eingeschüchterten palästinensischen Schafhirten.»Wieso illegal?«, ruft der Soldat zurück:»Das ist israelisches Land.«

Wem gehört das Land und wer hat welche Rechte? Es bleibt kompliziert. Ada Bilu hat eine einfache Antwort auf die politischen Vorstöße der israelischen Regierung:»Ich sage den Politikern und den Leuten hier: Annektiert doch das Land, dann müsst ihr den Palästinensern wenigstens dieselben Rechte geben. Das Recht auf israelische Staatsbürgerschaft, auf Zugang zu Wasser und so weiter!« Tatsache ist, die jüdischen Siedler hier haben einen israelischen Pass und unterstehen israelischem Zivilrecht, während auf die Palästinenser in den besetzten C-Gebieten (eine Übersicht über die politischen Zonen im Westjordanland befindet sich im Anhang) israelisches Militärrecht angewendet wird.

»Die Siedler lebten hier, als sei das Land bereits annektiert«, fügt Ada hinzu und schließt:»Die meisten Palästinenser im Jordantal leben in traditionellen Gemeinschaften. Kaum jemand ist offiziell registriert, genauso wenig wie ihr Land. Es wird schwer für sie zu beweisen, dass das Land, auf dem sie leben und arbeiten, ihr Land ist.« Die Soldaten verschwinden. Staubwolken hüllen den Jeep ein. Sofort senkt sich wieder Stille über das Land. Doch sie ist trügerisch.

Givat Sal'it: Die Bibel als Katasteramt

Ich unternehme einen weiteren Versuch, mit Siedlern ins Gespräch zu kommen, und probiere es in Givat Sal'it, einer kleinen Siedlung ganz in der Nähe. Diesmal habe ich Glück. Ein hoher Zaun umgibt das Areal, doch das Zufahrtstor steht offen, und kein Wachmann hält mich an. Es ist Freitagmittag, also nur noch wenige Stunden bis zum Beginn des Schabbat und damit nicht eben der günstigste Zeitpunkt, hier als Fremde unangekündigt aufzukreuzen. Ich parke meinen Jeep ein wenig abseits der Wohncontainer. Ein Mann kommt auf mich zu. »*Shabbat shalom!*«, begrüßt er mich. »*Shabbat shalom!*«, erwidere ich. Der Mann ist groß und schlank und lächelt mich freundlich an. Israel Chen ist sein Name, und er wirkt irgendwie amüsiert darüber, dass ich mich für ihr Leben hier interessiere. Er lädt mich gleich ein, sein Zuhause kennenzulernen. Als ich den Wohncontainer betrete, trifft mich erst einmal ein Kälteschock. Die Klimaanlage läuft auf Hochtouren und scheint uns Wind direkt aus Sibirien ins Gesicht zu blasen. ›Das sind doch mindestens 15 Grad weniger als die 30 Grad da draußen‹, denke ich. Der Wohncontainer ist geräumig, in der Küche steht Israels Tochter und knetet den Teig für die *Challah*, das traditionelle Schabbat-Brot. Sie ist 18 und leistet gerade ihren Wehrdienst. Den muss in Israel jeder absolvieren, Frauen zwei Jahre lang und Männer drei. Aus religiösen Gründen sind nur die ultraorthodoxen Juden davon ausgenommen. An diesem Wochenende hat sie frei und freut sich, den Schabbat mit ihrer Familie zu verbringen. Für ein paar Minuten setzen wir uns in den kalten Zug der Klimaanlage und trinken zusammen Cola. Sie erzählt mir davon, wie es beim Militär ist und dass sie sich am wohlsten fühle, wenn sie hier in der Gemeinschaft sein kann. Hier habe sie keine Angst vor den Palästinensern, der Zaun um die Siedlung, das Militär in der Gegend und sie selbst wüssten sich zu schützen. »In der Bibel steht, das sei unser Land. Aber wir wollen die Palästinenser nicht vertreiben, Wir kommen sehr gut mit ihnen aus. Wir leben in Frieden, es gibt keine Probleme. Wir respektieren sie, sie respektieren uns. Ich lebe seit mehr als 15 Jahren in dieser Gegend, ich kann mich nicht daran erinnern, dass wir Probleme mit unseren Nachbarn gehabt hätten, abgesehen von ein paar kriminellen Vorfällen«, fügt Israel schnell hinzu. Dann schlägt er mir vor, mit ihm einen Rundgang durch die Siedlung zu machen. Er scheint ein wenig misstrauisch zu sein, gibt sich aber betont locker und offen. Ich möchte von ihm wissen, warum er hierhergezogen ist, obwohl er damit gegen internationales Recht verstößt. Israel antwortet ausweichend, es ist offensichtlich, dass er nur ungern darüber sprechen möchte.

> **»Sieh dich um: Hier Kinder großzuziehen ist fantastisch. Es ist eine andere Welt, hier ist der Zusammenhalt unter den Familien sehr, sehr stark.«**

»Es sind alles tolle Familien. Und jeder von uns will etwas dazu beitragen, damit dieser Ort sich weiterentwickelt. Also leben wir hier.« Doch viel zu sehen gibt es in meinen Augen eigentlich nicht. 15 Familien lebten hier, erzählt er. Ihre Wohncontainer ähneln sich. Sie sind gekommen, um zu bleiben. Ich versuche einen anderen Ansatz, um an ihn heranzukommen. »Vom rechtlichen Status mal abgesehen, ist es nicht mühsam, hier zu leben?« Schnell wiegelt Israel ab. Sie fänden alles, was man zum Leben brauche, in der nahe gelegenen Siedlung Mehola. Es sei alles andere als mühsam, es sei unglaublich schön, in der Gemeinschaft hier zu leben, beteuert er. Mittlerweile stehen wir am Rand der Siedlung, lassen unsere Blicke über den Zaun hinweg über die Landschaft schweifen. Es sieht fast so aus wie bei Khalid ein paar Kilometer weiter nördlich. Auf der 90 rauscht der Verkehr vorbei, und in der Ferne leuchten die jordanischen Berge im Sonnenschein. Israel gerät ins Schwärmen und verwendet dabei die gleichen Worte und Argumente wie zuvor Khalid und der Sheikh, nur eben auf Hebräisch und nicht auf Arabisch. Es sei die Ruhe, das einfache und schöne Leben, das ihn glücklich mache. Gerne möchte ich ihn verstehen. Ist er wirklich überzeugt von dem, was er sagt? »Und was ist der Hauptgrund, warum seid ihr eigentlich hier? Ist es der Glaube? Oder sind es ideologische, politische, wirtschaftliche Gründe?« Israel seufzt und ich weiß genau, was er denkt: Ich sei voreingenommen, weil ich insistiere. Dennoch antwortet er geduldig: »Wir sind alle religiös und deswegen hier. Der

Glaube hält uns zusammen. Hier in der Nähe gibt es eine Quelle, die in der Bibel erwähnt wird. Es ist unsere Bestimmung, hier zu sein. Auf diesem Boden ist über Jahre, Jahrzehnte hinweg nichts gewachsen. Für jeden, der es versucht hat, war es schwer, etwas anzubauen. Es war so, als hätte der Boden niemand anderen als uns akzeptieren wollen. Denn als das jüdische Volk hierherkam, hat der Boden seinen Widerstand aufgegeben, und die Erde erblühte. Du siehst ja, wie alles in Blüte steht. Die Gegend blüht dank unserer schweren Arbeit, deshalb sind wir hier, das ist unsere Aufgabe. Ich komme eigentlich aus Jerusalem und da ist auch mein Herz, aber hier sehe ich meine Aufgabe. Hinzu kommt noch, dass diese Gegend auch für die Sicherheit des Staates Israel wichtig ist, so dicht an der Grenze zu Jordanien.«

Die Bibel als Katasteramt – dagegen lässt sich nur schwer argumentieren. Ich möchte ihm aber gern glauben, dass sein Wunsch nach einem friedlichen Miteinander kein Lippenbekenntnis ist, obwohl ich weiß, dass es auch in dieser Gegend zu Spannungen und Zusammenstößen zwischen Siedlern und Palästinensern kommt. Allzu oft war ich andernorts Zeugin von gewaltsamen Auseinandersetzungen. Allzu oft habe ich mit eigenen Augen gesehen, mit welcher Härte und auch Brutalität das israelische Militär gegen Palästinenser in den besetzten Gebieten vorgeht, wie es Häuser zerstört, wie es das Leben der Siedler schützt und das der Palästinenser zur Hölle macht.

Am späten Nachmittag verlasse ich den Außenposten. Israel Chen hat zum Abschied einen Tipp für mich: Wenn ich einmal sehen wolle, wie ein gutes Miteinander gelingt, solle ich zur Oase Ayn al Sakut oder Ein Sukot fahren. In dem Moment fällt mir ein, dass auch Khalid diesen Ort erwähnt hat.

Eintritt frei in Ein Sukot oder: Eine Oase für alle

Eine Oase mitten im Jordantal, das will ich mir schon allein wegen der Aussicht auf eine Abkühlung nicht entgehen lassen. Ich fahre also zurück auf die 90, passiere die Siedlung Mehola, und dann geht es nur ein paar Kilometer Richtung Süden, bis ich links in einen Feldweg einbiege, so wie es mir Israel Chen beschrieben hat. Damals wies sogar ein Schild den Weg, aber ob es heute noch da steht? Davon sollte man sich aber nicht entmutigen lassen, denn am Ziel wartet kühles Nass.

Wieder staubt es ordentlich, als ich den Feldweg entlangfahre und versuche, um die zahllosen Schlaglöcher herum zu manövrieren. Nach zehn Minuten beschleicht mich der Gedanke, mich verfahren zu haben. Ein Schild kündigt militärisches Sperrgebiet an, von einer Oase ist allerdings weit und breit nichts zu sehen. Ein Palästinenser nähert sich auf seinem Pferd. Aus dem offenen Autofenster rufe ich ihm fragend zu, ob er die Oase kenne. Klar, ich sei auf dem richtigen Weg, an der nächsten T-Kreuzung rechts und dann einfach nur noch geradeaus, lautet seine Antwort. Sein Pferd steckt zur Begrüßung neugierig den Kopf durch das Autofenster. »Willst du baden

Er zeigt mir den richtigen Weg.

gehen, *Habibti*?«, fragt er mich. »Wenn das Wasser klar ist und die Gesellschaft nett«, antworte ich. Sein Gesicht hat er zum Schutz gegen Sonne und Staub halb in ein Tuch gehüllt, doch an seinen Augen sehe ich, dass er lächelt. »*Inshallah*«, sagt er und wünscht mir viel Spaß. Nach weiteren fünf rumpeligen Minuten im Auto liegt die Oase vor mir, genauer gesagt der hohe Schilfgürtel, der sie umgibt. Drei Autos parken bereits davor. Aus einem dröhnt die Musik der Band »47Soul«, einer palästinensisch-jordanischen Elektronikgruppe.

Mein Sohn wollte schon im Alter von fünf Jahren, dass ich ihre Musik ganz laut aufdrehe, und auch heute noch hört er die Songs von »47Soul« gern. Die Band, die im Nahen Osten eine eigene Tanzbewegung namens *Shamstep* ausgelöst hat, blickt auf eine interessante Entstehungsgeschichte zurück.

Wie im Backofen: Wind bei 35 Grad

Die Bandmitglieder Tareq (El Far3i), Waala, Hamza (El Jehaz) und Ramzi (Z The People) wuchsen als palästinensische Flüchtlingskinder in Haifa, Ramallah und Washington auf. Sie lernten sich über Facebook kennen und trafen sich dann im jordanischen Amman, um gemeinsam musikalisch durchzustarten. In ihrer Musik finden sich die unterschiedlichsten Einflüsse, vom Alternative Rock über Sozialkritik à la Marvin Gaye bis hin zur traditionellen palästinensischen Musik – und in erster Linie der Dabke-Tanz. Den übertragen sie auf ihre Musik, halbieren den Rhythmus zu ihrer eigenen Kreation namens *Shamstep*, fügen weitere Rhythmen hinzu und mischen traditionelle Blasinstrumente mit Synthesizer-Klängen. Gesungen wird auf Arabisch und Englisch. Ihre Texte sind politisch, sie polarisieren. Kein Wunder: Sie erzählen vom Nahen Osten.

Als ich mich dem Ufer nähere, sehe ich, wie ein paar palästinensische Jugendliche sich ausgelassen zu den Rhythmen bewegen, andere springen ins Wasser und lassen sich treiben. Groß ist die Oase nicht gerade, eher ein größeres Wasserloch. Aber lieblich ist sie und lockt vor allem mit einer Erfrischung.

Im Schatten eines Baumes ziehen sich währenddessen zwei junge Männer zum Baden um. Sorgfältig legen sie ihren *Tallit Katan* ab, eine Unterbekleidung für Männer in Form eines Leibchens, die von gläubigen Juden getragen wird. Ein wenig schüchtern gehen sie an der

Gruppe Palästinenser vorbei, beide versichern sich noch einmal mit einem Handgriff, dass die Kippa, die Kopfbedeckung jüdischer Männer, auch fest auf dem Kopf sitzt, dann gehen sie ebenfalls ins Wasser. In diesem Moment nähert sich noch ein Auto, ein junger Vater mit seinen drei Kindern. Sie kommen offenbar aus einer Siedlung in der Nähe. Die Kinder laufen sofort zum Ufer, während der Vater erst einmal selbstbewusst zu den Palästinensern geht und sie bittet, die Musik leiser zu stellen. Er spricht sie auf Hebräisch an, sie antworten auf Arabisch. Die Diskussion läuft ins Leere. Obwohl die Palästinenser sein Ansinnen vermutlich auch ohne Hebräisch-Kenntnisse verstehen würden, ignorieren sie seine Bitte. Maulend und zeternd wendet er sich seinen Kindern zu. Annäherung Fehlanzeige. Israelische Siedler und Palästinenser treffen hier zusammen und bleiben doch getrennt. Als die beiden jungen Israelis aus dem Wasser kommen, spreche ich sie an. Sie heißen Eitan und Ori und sind Jeschiwa-Studenten, studieren also Tora und Talmud. Erst später wollen sie auch zur Armee gehen. »Durch das Bibelstudium werden wir zu besseren Menschen. Das ist gut für unser Volk und unser Land«, erklärt Eitan. »Hierher, an diesen wunderbaren Ort, kommen wir jeden Freitag vor Schabbat-Beginn. Es ist herrlich, hier zu baden, Freunde zu treffen und sich in dieser natürlichen Umgebung vor dem Schabbat zu reinigen.« Als ich nach den Palästinensern frage, werden sie unsicher. »Angst haben wir nicht«, meint Ori, »aber echter Frieden sieht natürlich anders aus. Es ist unser Zuhause, unser Land, mehr als ihres, aber wenn sie herkommen und schwimmen wollen, ist das okay. Wenn es ein Problem gibt, nun, das Militär ist nicht weit weg. Ein Anruf, und die Soldaten kommen. Sie passen auf uns auf.« Auf Jiddisch wünschen sie mir zum Abschied einen *Git Shabbes*, also einen schönen Schabbat, und trocknen sich ab.

Mittlerweile qualmen mir die Füße. Es ist wahnsinnig heiß. Ich entferne mich von der ersten Badestelle und gehe ein paar Schritte am Ufer entlang. Dort ist ein zweiter Zugang zum Wasser, es ist wie ein separates natürliches Schwimmbecken. Eine palästinensische Familie badet dort mit ihren Kindern.

Ich setze mich in die Nähe, ziehe meine Schuhe aus und tauche die Füße ins Wasser. Plötzlich hält mir ein Mann eine kleine Kanne mit dampfendem Kaffee unter die Nase. »Möchtest du Kaffee?«

Wo kommt der denn jetzt her, kann er Gedanken lesen? Ja, und ob ich möchte! Kühle Füße und ein heißer Kaffee sind genau das Richtige, um mich wieder auf die Beine zu bringen. »Hey, wir brauchen noch ein paar Becher!«, ruft er einem Freund zu, der gleich mit einer ganzen Batterie kleiner Pappbecher herbeirennt. Ibrahim schenkt ein, mir, der Familie mit den Kindern, seinem Freund und sich selbst, und schon stehen wir alle gemeinsam mit heißem arabischen Kaffee in der Hand im Wasser. »Wir sind aus Jenin hierhergekommen«, erzählt Ibrahim al Najjar freimütig. »Das sind schon ein paar Kilometer, aber wir haben kein Meer und kein Schwimmbad in der Nähe. Dies ist der einzige Ort, den ich kenne, wo wir baden und picknicken können und dafür nicht einmal Eintritt bezahlen müssen.« Auch Familie Wahdan hat eine weite Strecke auf sich genommen. Es ist ihr freier Tag, und sie wollten den Kindern etwas Besonderes bieten. »Heute ist Freitag, und wir müssen nicht arbeiten, der perfekte Tag, um mit den Kindern schwimmen zu gehen. Wir machen das so ein, zweimal im Jahr«, erklärt Vater Yasser. »Wir haben zwar kaum Wasser, aber mir ist es wichtig, dass die Kinder schwimmen lernen«, fügt seine Frau Mariam hinzu. Ibrahims Freund bringt Kekse, Chips und Cracker, die Unterhaltung wird immer angeregter. »Es ist einfach wunderbar. Hier können wir all

Ein Platz für alle – die Oase Ein Sukot

unsere Alltagssorgen wegspülen.« Ibrahim strahlt. Manchmal kämen auch die Siedler hierher, erwähnt er dann unvermittelt. »Hast du sie da drüben an dem anderen Uferstück gesehen?«, will er von mir wissen. »Ja, ich habe sogar mit ihnen gesprochen«, erwidere ich. »Heute«, sagt er, »bleibt hier jeder lieber für sich. Keiner sucht Streit, aber einen von ihnen stört die Musik, habe ich mitbekommen. Gestern war es besser! Da habe ich hier, wo du jetzt stehst, mit einem Juden, einem Siedler, gestanden und mit ihm Kaffee getrunken. Kaffee kann alle verbinden. Ich habe ihn eingeladen, wie dich, und er hat gesehen, dass wir auch nur ganz normale Menschen sind. Es ist die Politik, die alles kaputt macht. Gestern waren wir einfach nur Menschen, die zusammen Kaffee trinken.«

Ausflug in die Oase

Wenn Sie einen Mietwagen mit Vierradantrieb haben, ein wenig abenteuerlustig sind und einen echten Geheimtipp erleben wollen, dann wagen Sie sich wenige Kilometer südlich von Mehola auf den Feldweg und legen einen Zwischenstopp in der Oase ein. Da Ein Sukot in den Navigationssystemen nicht verzeichnet ist, versuchen Sie es mit folgenden Kartenkoordinaten: 32.365, 35.546. Wenn möglich, sollten Sie die Oase lieber im Frühling oder Herbst aufsuchen und nicht wie ich im Hochsommer.

Tipp!

JERICHO –
DIE ÄLTESTE STADT DER WELT

**Das nächste Ziel ist nur 60 Kilometer entfernt: Jericho.
Die Stadt liegt isoliert im Westjordanland und damit
gewissermaßen im toten Winkel vieler Reisender –
dabei sind es von Jerusalem aus keine 30 Kilometer.
Doch die Stadt hat einiges zu bieten.**

Die Rose von Jericho – Palast des Hischam

Am Berg der Versuchung soll Jesus vom Teufel auf die Probe gestellt worden sein. Und selbst weniger Bibelfeste denken vermutlich gleich an die Trompeten, die die Stadtmauern zum Einsturz gebracht haben sollen. Der palästinensische Tourismusverband bewirbt Jericho als älteste Stadt der Welt und lockt mit Bibelgeschichte, Altertümern und Palästen. Heute hat Jericho rund 27 000 Einwohner und gehört nach derzeitiger Definition zur Zone A der Palästinensischen Autonomiegebiete.

Für Autofahrer hält das Reisen in diese Region eine spezielle Herausforderung bereit, denn Sie werden höchstwahrscheinlich Probleme mit Ihrem Navigationssystem bekommen.

**»Es wurde keine Route gefunden«, plärrt
die Computerstimme bei meinem ersten Versuch,
von Tel Aviv nach Jericho zu fahren.**

Mit dem Auto nach Jericho

Schauen Sie sich Ihre Route vor Fahrtantritt auf der Karte an und lassen Sie einfach den GPS-Tracker Ihres Navigationssystems laufen, während Sie der Beschilderung Richtung Jericho folgen, denn die ist durchaus gut. Ihr Auto leuchtet dann beispielsweise als blauer Punkt auf. So haben Sie immer im Blick, ob Sie noch richtig fahren. Ganz nebenbei profitiert auch Ihr Orientierungsvermögen. Der Obststand mit den aufgetürmten Wassermelonen, an dem Sie links abgebogen sind, oder das hohe Minarett, das rechts von Ihnen lag, werden Ihnen sicher im Gedächtnis bleiben.

Nach Jericho hineinzukommen ist ein Kinderspiel. Die Zufahrtsstraße erinnert an einen amerikanischen Highway. Kurz vor der Stadtgrenze passiert man dann wieder einen israelischen Checkpoint, der allerdings oft gar nicht besetzt ist. Das rote Schild neben dem Kontrollposten ziert statt eines Willkommensgrußes eine Warnung: »Diese Straße führt in die Zone A unter palästinensischer Kontrolle. (Jüdisch-)israelischen Bürgern ist der Zutritt untersagt. Es besteht Lebensgefahr.« Davon sollten Sie sich allerdings genauso wenig beeindrucken lassen wie von kooperationsunwilligen Navigationssystemen.

Das »hängende Kloster« Qarantal

Bis dahin war ich der Meinung, dass Online-Karten und Navis unpolitisch sind. Im Heiligen Land ist das leider nicht immer der Fall. Die Navis scheitern regelmäßig an der Berechnung von Routen im von Israel besetzten Westjordanland, von Verbindungen zu oder zwischen israelischen Siedlungen einmal abgesehen. Wenn ich als Startpunkt »Tel Aviv« und als Ziel »Mitzpe Yeriho«, eine Siedlung in der Nähe von Jericho, eingebe, bekomme ich einen Routenvorschlag. Mit anderen Worten: Die Navis haben offenbar die Haltung der israelischen Regierung abgespeichert, ohne dass dabei an Reisende gedacht wurde, die unparteiisch unterwegs sind. Lokale Apps sind da nicht besser. Mit der israelischen Navigations-App »Waze«, die zu Google gehört, kommt man zwar seinem Ziel näher, wird aber ständig davor gewarnt, in eine palästinensisch kontrollierte Zone wie Jericho zu fahren: »Sie betreten ein Gebiet mit erhöhter Kriminalität«, heißt es dann. Leider gibt es bislang auch keine gute palästinensische Online-Karte. Doch diese Schwierigkeiten sollten Sie nicht dazu verleiten, einen Bogen um Jericho zu machen.

Von Casino Royale bis »Rien ne va plus«

In Jericho hatten die Menschen lange Zeit das Gefühl, von der Welt vergessen worden zu sein. Jassir Arafat wollte das ändern. 1994 gründete er ausgerechnet im ziemlich verschlafenen Ariha, wie Jericho auf Arabisch heißt, das erste Büro der Palästinensischen Autonomiebehörde. Und damit kam plötzlich Schwung in das große Wüstendorf. Die Zeichen standen günstig. Der Frieden schien in greifbare Nähe zu rücken, und mit dem Friedensprozess wollte Arafat unbedingt Geld in die verarmte Stadt bringen. Luxushotels wurden hochgezogen, wie das Fünf-Sterne-Haus »Oasis«. Aber das große Geld floss damals nicht an der Rezeption, sondern im Gebäude nebenan. Im September 1998 machte dort ein Spielcasino auf. Wie eine glitzernde Fata Morgana habe es bei seiner Eröffnung gewirkt, schrieben die Zeitungen damals. Drahtzieher war der österreichische Unternehmer Martin Schlaff. Er setzte auf die Spiellust der Israelis, denen im eigenen Land das Glücksspiel verboten war. Und die investitionshungrige Palästinensische Autonomie-behörde schien nur auf ihn gewartet zu haben. Der Geschäftsmann nutzte die Gunst der Stunde. Seine hervorragenden Kontakte sowohl in die israelische als auch in die palästinensische Politik zahlten sich aus, Geschäftspartner waren schnell gefunden.

Mit diesem Projekt schuf Schlaff viele Arbeitsplätze: Fast 2000 Mit-arbeiter zählte das Casino, 2000 bis 3000 Gäste kamen täglich und ließen die Kasse klingeln. Die Tagesumsätze sollen bei 700 000 Dollar gelegen haben. Und ganz Jericho profitierte von dem Hype. Denn vor allem für die Jerusalemer wurde Jericho zu einem beliebten Ausflugsziel, nicht nur wegen des Casinos. Arafats Plan schien aufzugehen. Doch die Glückssträhne riss bereits nach zwei Jahren. Als im September 2000 die zweite Intifada ausbrach, war es vorbei mit dem gewinnbringenden Roulette, palästinensische Milizen feuerten aus dem Casino heraus auf israelische Soldaten. Seitdem heißt es an den Spieltischen dauerhaft: »*Rien ne va plus.*« Übernachten können Sie hingegen auch heute noch im Hotel – und zwar sehr gut. (www.oasis-jericho.ps)

Seit Kurzem macht ein neues Infrastruktur- und Tourismusprojekt von sich reden: »Jericho Gate«. Gleich am südlichen Stadtrand soll eine riesige, luxuriöse Neubausiedlung entstehen, Hotels und Shopping-malls inklusive. Jericho gibt nicht auf. Die Stadt soll Zukunft haben.

Zwischen Kalifenpalast und Flüchtlingslager

Es lässt sich nicht leugnen: Die Schönheit Jerichos erschließt sich der-zeit eher auf den zweiten Blick. Im Sommer lastet eine bleierne Hitze auf der Jordansenke und damit auch auf Jericho, mit 250 Metern unter dem Meeresspiegel übrigens die tiefstgelegene Stadt der Welt. Dann scheint sich jeder nur noch in Zeitlupe durch die Straßen zu bewegen. Im Winter allerdings ist das Klima in Jericho sehr angenehm. Deshalb lassen sich auch heute noch wohlhabende Palästinenser hier ihre Win-terresidenzen errichten.

Die bewegte Geschichte der Stadt hat überall ihre Spuren hinter-lassen. Und es lohnt sich, die verschiedenen Orte anzusteuern. Zugegeben, sie sind oft nicht so gut erschlossen wie anderswo auf der Welt, dafür darf man sich aber ein bisschen wie Indiana Jones fühlen und muss nirgends mit langen Schlangen rechnen.

Jerichos Ursprünge reichen möglicherweise bis in das 10. Jahrtausend v. Chr. zurück. Am Grabungshügel Tell es-Sultan stießen Archäologen auf entsprechende Spuren einer Siedlung, in der Ackerbau und Viehzucht betrieben wurde. Wer sich für Archäologie interessiert, der sollte den dortigen Rundweg ebenso in seinen Reiseplan aufnehmen wie den fünf Kilometer nördlich von Jericho gelegenen Palast des Hischam (arabisch: *Khirbet al Mafjar*). Einen halben Quadratkilometer groß ist diese Palastanlage. Sie wurde, so vermuten es Archäologen und Historiker, unter der Regentschaft von Kalif Hischam Ibn Abd al-Malik, der von 724 bis 743 in Damaskus regierte, in Auftrag gegeben, allerdings nie ganz vollendet. Die Anlage wurde bereits kurz nach ihrer Entstehung durch ein Erdbeben wieder zerstört. Zunächst nutzten die Einheimischen sie als Karawanserei oder auch zu landwirtschaftlichen Zwecken, später einfach als Steinbruch.

Heute sind dort noch die Überreste des prächtigen Winterpalastes, einer Moschee und eines Springbrunnens sowie eindrucksvolle Mosaikböden zu sehen. Der größte Mosaikboden des Palastes wurde erst im Jahr 2018 restauriert. Er besteht aus 38 Teppichen mit mehr als 21 Farben. Die Fläche entspricht fast zwei Basketballfeldern. Die Restaurierung lag in den Händen eines italienisch-palästinensischen Expertenteams. Das Ergebnis ist spektakulär. Mein persönliches Highlight ist das sogenannte Rosenfenster. Es hat sich inoffiziell auch als Symbol für Jericho etabliert und findet sich in palästinensischen Schmuckläden als Kettenanhänger oder Ringmotiv wieder.

An einem heißen Sommertag im August will ich eine andere Seite von Jericho entdecken, die in keinem Reiseführer als lohnendes Ziel steht: das Flüchtlingslager Aqabat Jaber, südwestlich vom Stadtzentrum. 1948 haben es die Vereinten Nationen als erstes palästinensisches Flüchtlingslager gegründet, das Land wurde damals von Jordanien gepachtet. Rund 30 000 vertriebene und geflüchtete Palästinenser wurden bis 1967 in Aqabat Jaber registriert. Heute leben nach Angaben der palästinensischen Behörden dort noch immer rund 8000 Menschen.

Nakba

Am 15. Mai 1948 griffen die Streitkräfte der umliegenden arabischen Länder, also Jordanien, Ägypten, Syrien, Libanon, Irak und Saudi Arabien, Israel an. Der Staat war gerade einmal einen Tag alt, keine 24 Stunden zuvor hatte David Ben-Gurion, später Israels erster Premierminister, in Tel Aviv die Unabhängigkeit proklamiert. Israel musste sich verteidigen, es galt das Territorium zu sichern, das die Vereinten Nationen Israel zugesprochen hatten. Aber auch jenseits der von den Vereinten Nationen definierten Grenzen gab es bereits jüdische Siedlungen, die ebenfalls mit aller Kraft verteidigt werden mussten. Schließlich eroberten die israelischen Streitkräfte sogar rund 40 Prozent des Gebiets, das im sogenannten Teilungsplan eigentlich für einen zukünftigen palästinensischen Staat vorgesehen war. Mit dem Waffenstillstand von 1949 vergrößerte Israel sein Territorium von 14 100 auf 20 700 Quadratkilometer. Heute gilt diese Fläche als israelisches Kernland. Doch damals wurde die Hälfte der arabisch-palästinensischen Bevölkerung gewaltsam vertrieben. Es gab Massaker, bei denen die Bewohner ganzer Dörfer ihr Leben verloren. Mehr als 500 Dörfer wurden vollständig zerstört. Insgesamt 750 000 Palästinenser flüchteten vor dem Krieg und der Gewalt in das damals von Jordanien kontrollierte Westjordanland, aber auch nach Jordanien selbst, in den von Ägypten annektierten Gazastreifen und in den Libanon. Bereits 1948 verlangten die Vereinten Nationen von Israel, den Palästinensern die Rückkehr zu ermöglichen oder sie zu entschädigen. Bis heute ist Israel dieser Forderung nicht nachgekommen. Am sogenannten *Nakba*-Tag (Tag der Katastrophe) machen Palästinenser alljährlich am 15. Mai mit Demonstrationen auf ihr Schicksal aufmerksam. Das Symbol der Vertriebenen ist ein Schlüssel, denn viele Familien hatten damals die Schlüssel ihrer Häuser mitgenommen. Der Schlüssel steht inzwischen symbolisch für die Hoffnung der Palästinenser auf Rückkehr. Palästinensische Flüchtlingslager erkennt man daher auch heute noch am Zufahrtstor, meist ein offener Bogen über der Hauptstraße, auf dem ein großer Schlüssel prangt.

Ich fahre am Hotel »Oasis« vorbei und verlasse den ersten Verkehrskreisel an der dritten Ausfahrt. Auch das Tor von Aqab Jaber ist mit dem symbolträchtigen Schlüssel verziert. Ich bin mit Ahmad Abu Assal verabredet. Es ist noch früh am Morgen, gegen 7 Uhr 30, und schon ziemlich heiß. Ahmad steht bereits wie verabredet an der Hauptstraße, der Schlüssel über dem Tor spendet ihm Schatten. Ahmad ist 23 Jahre alt und in Aqab Jaber geboren und aufgewachsen. Er hat offensichtlich glänzende Laune, wir begrüßen uns in einem Mix aus Arabisch und Englisch. Er habe damit gerechnet, dass ich als Deutsche pünktlich sein würde, ruft er mir zu. Ahmad trägt Jeans und einen stylischen Hut – bei den Palästinensern sind nur Kinder im Sommer in Shorts auf der Straße zu sehen. Aus wachen grünen Augen blickt er mich freundlich an. Ob ich das erste Mal in Jericho sei? Nein, aber das erste Mal in Aqab Jaber, sage ich. »Aqab Jaber ist nicht wirklich sehenswert, aber mein Arbeitsplatz ist es. Wenn du willst, kannst du mitkommen. Ich habe den coolsten Job von ganz Jericho. Weißt du, Aqab Jaber ist wirklich nicht der schönste Ort. Mein tägliches Glück liegt dort drüben auf der anderen Straßenseite.« Ahmad deutet mit dem Finger auf ein großes Gebäude gleich neben einer Moschee, das wie ein buntes Zirkuszelt aussieht. »Das ist das ›Wasserland‹, dort bin ich Bademeister. Komm schon«, drängt er mich, »bei dem Wetter wird viel los sein.«

Shisha und Wasserrutsche: Familientag im palästinensischen Spaßbad

Das »Wasserland« ist das größte Spaßbad im Westjordanland. Ja, Sie haben richtig gelesen, es gibt hier tatsächlich ein Spaßbad. Damit hatte auch ich nicht gerechnet. Vor der Kasse bildet sich bereits um diese Uhrzeit eine Schlange. Ahmad und ich werden mit einem freundlichen »*Yallah, yallah, imshi, imshi!*« von der Kassiererin vorbeigewunken. Wir sollen uns beeilen, die ersten Badegäste seien bereits im Wasser. Und schon sind wir mittendrin in Ahmads moderner Traumfabrik. Zwischen mehreren Schwimmbecken, Wasserrutschen und Springbrunnen befindet sich eine riesige Fläche mit Kunstrasen, auf der Tische und Stühle stehen. An den Pfeilern, an denen die Schatten spendenden Planen befestigt sind, hängen Lautsprecher, arabische Popmusik dröhnt heraus. Ein Geschäft verkauft Wasserspielzeug und Badehosen. Ein Kollege von Ahmad pumpt gerade eine ganze Batterie von Schwimmringen im Quietscheenten-Look auf. Dann gibt es natürlich noch ein Restaurant und ein Café, in dem man Shisha rauchen kann.

Lebensfreude pur: Jugendliche beim Sprungwettbewerb

Ahmad muss sich umziehen. »Da drüben kommt der

Chef, mit dem kannst du dich solange unterhalten«, ruft er mir zu und verschwindet Richtung Herrenumkleide. »Der Chef« ist Wadieh Saadeh, der Besitzer des »Wasserlandes«. Zum eleganten Businessanzug trägt er eine modische Sonnenbrille.

Wasser hat, wie bereits erwähnt, in Palästina einen sehr hohen Stellenwert. Das Land hat keinen Zugang zum Meer, Süßwasserquellen sind knapp und werden von Israel kontrolliert. Für den Geschäftsmann Saadeh ist das »Wasserland« ein Mammutprojekt auch gegen die Widerstände der eigenen Behörden, die ihm vorwerfen, zu sehr mit Israel zu kooperieren. »Wir kaufen das Wasser von Israel und zahlen pro Jahr 30 000 bis 40 000 Dollar dafür. Das geht nicht anders. Trotzdem ist es eine gute Investition. Außerdem habe ich rund 75 Angestellte, ich habe also Arbeitsplätze geschaffen.« Das könne doch nur im Interesse aller sein, und dass er dabei Gewinn mache, sei dann auch fair, findet Wadieh Saadeh. Umgerechnet 13 Euro kostet die Tageskarte, viel Geld für eine palästinensische Großfamilie. Dem trägt Wadieh Saadeh Rechnung, indem er den Besuchern Selbstversorgung gestattet. Stolz führt er mich herum.

Neben dem überdachten Areal gibt es auch einen Freiluftbereich mit weiteren Spaßpools, Kinderpools und einem Trainingsbecken für Sportschwimmer.

Den Frauenbereich mit eigenem Pool und Sauna solle ich mir allein anschauen, da dürfe er ja nicht hinein. Alle anderen Becken dürfen von Frauen und Männern gleichermaßen genutzt werden. Ich habe noch etliche Fragen an Wadieh Saadeh, so dass wir uns an einem der vielen Tische zu einem Gespräch zusammensetzen. Wie er auf die Idee gekommen sei, in die palästinensische Wüstenstadt ein Spaßbad zu setzen, möchte ich von ihm wissen. Wadieh nimmt seine Sonnenbrille ab, schaut mich ernst an und holt aus: »Die Idee entstand aus der Frage: Was fehlt den Menschen hier? Und die Antwort lautete: Wasser. Es gibt in Palästina keine Küste, kein Meer, keinen See. Die meisten Menschen dürfen nicht reisen. Ihre Sehnsucht nach Wasser ist groß. Viele Kinder träumen davon, schwimmen gehen zu dürfen. Da habe ich mir gedacht, in einem Spaßbad könnten die Familien diesen Traum Wirklichkeit werden lassen.« Dann setzt er seine Sonnenbrille wieder auf, es hält ihn nicht länger auf dem Stuhl. »Komm, wir sprechen dort drüben weiter«, fordert Wadieh mich auf und zeigt auf den Kinderpool nah beim Eingang. Der Ruf des Muezzins schallt vom Minarett der neben dem Spaßbad gelegenen Moschee. Sein »*Allahu akbar*« mischt sich wie selbstverständlich in die laute Popmusik. Ebenso selbstverständlich werden ein paar Gebetsteppiche am Rand des Schwimmbads auf den Kunstrasen gelegt. »Wir haben eine Schwimmlandschaft für alle geschaffen. Für die ganz Kleinen wie für die guten Schwimmer, die trainieren wollen, und auch für die Frauen, die aufgrund ihrer strengen religiösen Überzeugungen lieber unter sich bleiben wollen. Also haben wir aus Respekt auch für sie einen eigenen Bereich geschaffen. Wir haben dabei die wirtschaftliche Situation der Menschen hier berücksichtigt. Es soll jedem möglich sein hierherzukommen. Wer wenig Geld hat, bringt sich sein Essen selbst mit. Draußen gibt es auch eine Grillstation, da kann man mitgebrachtes Fleisch frisch zubereiten. Zu sehen, wie die Augen der Menschen hier strahlen, macht mich glücklich.« Wadieh sieht dabei aus wie ein echter Überzeugungstäter, im besten Sinne des Wortes. Doch was wie ein einfaches und cleveres Geschäftsmodell wirkt, das dem Gesetz von Angebot und Nachfrage folgt, bedeutet ein tägliches Jonglieren mit den politischen Gegebenheiten auf beiden Seiten. »Klar, einfach ist die Umsetzung nicht, ich musste das Projekt mit der Palästinensischen Autonomiebehörde abstimmen. Mit den Verantwortlichen habe ich eigentlich keine Probleme. Sie wissen, ich zahle meine Steuern und bin ein rechtschaffener Bürger. Aber wir befinden uns eben in einem Konfliktgebiet, und ich muss das wichtigste Gut für mein Unternehmen von den Israelis kaufen: das Wasser. Das bedeutet vollständige Abhängigkeit von der israelischen Seite. Die Kosten sind enorm. Die israelische Wasserfirma ›Mekarut‹ beliefert uns, aber Wasser ist knapp und damit teuer, und die Preise können jederzeit steigen, das habe ich nicht in der Hand. Diese Abhängigkeit von den Israelis stört viele Palästinenser, auch in der Regierung.« Wadieh muss immer auf der Hut sein: ein Fehler, und sein Spaßbad wird geschlossen. Täglich kontrollieren Vertreter der Behörden die hygienischen Verhältnisse und die Wasserqualität. Auch an dem Tag, als ich da bin, entnehmen sie Wasserproben, inspizieren die Küche, die Umkleidebereiche, die Duschen. Wadieh hat keine Angst vor ihnen, er sorge schon aus eigenem Interesse und im Interesse seiner Gäste dafür, dass alles sauber und hygienisch sei. Er ist stolz auf sein Spaßbad und seine Mitarbeiter.

Eine Oase des Glücks nennt er sein »Wasserland«. »Diese Oase habe ich für meine Heimat geschaffen, und meine Heimat bedeutet mir alles.«

Gute Laune in einer Zehn-Stunden-Schicht

Mit diesem etwas pathetischen, aber durchaus authentischen Fazit entlässt mich Wadieh, und so halte ich in dem Gewühl Ausschau nach Bademeister Ahmad. Er steht inzwischen in Shorts und einem neonfarbenen T-Shirt am Beckenrand und lässt seinen Blick konzentriert über das Becken und die vielen Menschen im Wasser und am Rand gleiten. »Eigentlich bräuchte ich noch ein Augenpaar mehr! Heute kommen wahrscheinlich 2000 Besucher hierher. Und die meisten können nicht schwimmen. Ich habe eine Ausbildung zum Rettungsschwimmer gemacht, kenne mich aus, aber hier ist die Verantwortung echt groß. Für mich ist es allerdings auch eine Ehre und Berufung, denn du weißt ja: Wer einen Menschen rettet, rettet die ganze Welt.« Dann lässt Ahmad seine Trillerpfeife schrillen und versucht drei Jungs zu stoppen, die sich einen gefährlichen Sprungwettbewerb liefern.

Familie Jasser ist an diesem Tag mit fünf Kindern eigens aus dem 70 Kilometer entfernten Jenin ins »Wasserland« von Jericho gekommen. Schwimmen kann nur Vater Deeb. Für seine Kinder ist es dagegen der erste Vollkontakt mit dem nassen Element. Deeb hat alle Hände voll zu tun, damit ja keiner untergeht. Der elfjährige Mohammed liegt auf dem Rücken im Wasser und lässt sich mit Papas Hilfe treiben. Er strahlt vor Freude und ruft immer wieder: »Ich bin so glücklich! Heute ist der schönste Tag in meinem Leben, ich werde allen meinen Freunden davon erzählen.« Deebs ältester Sohn Hamam ist schon 24 Jahre alt. Auch er würde am liebsten die ganze Welt wissen lassen, wie er sich fühlt. »Ich bin noch nie im Leben geschwommen, ich kann gar nicht schwimmen, wie du siehst, aber ich bin so glücklich, einfach so glücklich, mir fehlen die Worte.« Sein etwas jüngerer Bruder Quassem kann auch nicht schwimmen und ist der Einzige der Familie, der eher skeptisch ist, was den Spaßfaktor angeht. Bibbernd, mit Gänsehaut am ganzen Körper steht er am Beckenrand. »Gefällt es dir denn nicht?«, will ich wissen. »Ich habe Angst, das Wasser ist so tief und kalt«, erwidert er. Seine Brüder wollen das nicht gelten lassen und überreden ihn, doch noch einmal ins Becken zu steigen. Und mit ein bisschen Unterstützung fasst er schließlich Vertrauen. Mutter Amani beobachtet vom Beckenrand aus ihre Kinder. Schließlich will auch sie sich abkühlen und gesellt sich zu ihrer Familie.

Das Spaßbad hat sich inzwischen gefüllt. Ahmad und seine Kollegen können sich keine Pause gönnen. Die meisten Tische sind besetzt. Körbe voller Obst, Sandwiches und Snacks werden ausgepackt. Manch einer wirft seinen kleinen Gaskaffeekocher an und bestellt eine Shisha dazu.

Mit meinen blonden Haaren falle ich auf. An fast jedem Tisch grüßt man mich freundlich, fragt, wo ich herkomme, oder lädt mich gleich zum Kaffee ein.

Auch Familie Jasser bittet mich an ihren Tisch. Es gibt *Falafel*-Sandwiches, *Pita* mit *Zataar* (eine Gewürzmischung mit Thymian) und Sesamkringel, Wassermelone und Weintrauben. Deeb erzählt, dass er in Jenin als Elektriker arbeite. Für den Ausflug habe er lange gespart, aber das habe sich voll und ganz gelohnt. Seine Frau Amani strahlt ebenfalls: »Eigentlich wollten wir ans Meer fahren, aber wir haben von den israelischen Behörden keine Einreisegenehmigung bekommen. So wurde aus einem traurigen Tag ein schöner Tag!« Wir sitzen noch ein wenig auf dem Kunstrasen zusammen. Mohammed erzählt mir, er wolle auch Elektriker werden, wie sein Vater, Amani wünscht sich, ihre Heimatstadt Akko einmal wiedersehen zu dürfen, und Deeb schläft vor Erschöpfung auf seinem Plastikstuhl ein.

Ahmad hat inzwischen die Aufsicht für das Sportbecken übernommen. Hier trainieren ein paar leistungsorientierte Schwimmer, und der Beckenrand ist für einen Sprungwettbewerb freigegeben. Früher habe es mehrere kleine Schwimmbäder in Jericho gegeben, erzählt er. Dort habe auch er schwimmen gelernt und seine Bademeisterausbildung gemacht. Nun gebe es kaum noch Schwimmbäder im Westjordanland. Doch er sei trotzdem zufrieden mit seiner Situation. Damit ist Ahmad eher eine Ausnahme in Jericho. Die meisten jungen Leute sehen ihre Lage nicht so positiv, und das ist kein Wunder, denn Jobs und Karrierechancen gibt es für sie kaum. Die Jugendarbeitslosigkeit liegt bei 32 Prozent. Um 18 Uhr geht Ahmads Zehn-Stunden-Schicht zu Ende. Er ist froh, dass es keine ernsten Badeunfälle gab. Auch er stellt sich oft vor, wie es wäre, einmal im Meer zu schwimmen. Aber auch er hat noch nie eine Einreisegenehmigung nach Israel bekommen. »Natürlich habe ich noch größere Träume«, gesteht er zum Abschied, »aber in meinem Land ist das hier eben das Maximum.«

Ahmad macht sich auf den Heimweg, in das Flüchtlingslager Aqab Jaber. Ich frage ihn nicht, ob ich ihn begleiten darf, denn ich weiß, dass es seinen Stolz verletzen würde. Und da ich für eine Vielzahl von Fernsehbeiträgen schon zahlreiche Flüchtlingslager besucht habe, weiß ich auch, was mich erwarten würde: dicht bebaute, enge Gassen, ärmliche kleine Wohnungen, staubige Straßen und kaputte Stromleitungen, die als zerfranste Kabelbüschel aus Hauswänden herausragen oder von Holzmasten baumeln. Alles in allem Orte, die ihren temporären Charakter nach außen kehren, obwohl sie dafür schon viel zu lange bestehen.

Mit der österreichischen Seilbahn
auf den Berg der Versuchung

Der Berg der Versuchung liegt nur wenige Kilometer außerhalb von Jericho. Hier soll Jesus nach der Taufe durch Johannes 40 Tage lang gefastet und den Versuchungen des Teufels widerstanden haben. Das Kloster Quarantal scheint hoch oben an den Fels geklebt worden zu sein. Als ich es zum ersten Mal sehe, denke ich: ›So sieht er also aus, der architektonische Kampf gegen die Schwerkraft.‹ Das heutige Kloster wurde Ende des 19. Jahrhunderts auf den Ruinen einer älteren Kirche errichtet und beheimatet seitdem griechisch-orthodoxe Mönche, meistens nicht mehr als eine Handvoll. In den Neunzigerjahren lebte dort sogar nur ein einziger: Vater Gerasimus. Bei den Einwohnern von Jericho war er nicht sehr beliebt. Sie hielten ihn für einen schlecht gelaunten Einsiedler, mit dem sie sich nicht verständigen konnten. Vater Gerasimus sprach kaum Arabisch, die Palästinenser kein Griechisch. Und so wurde der Hüter des Klosters auch nicht in die Pläne der Palästinensischen Autonomiebehörde einbezogen, als der Berg der Versuchung dazu auserkoren wurde, Jerichos Tourismusköder zu werden. Man wollte eine Art Gegenentwurf zur israelischen Festung Masada schaffen. Ein Blick auf Masada genügte, um festzustellen, was hier fehlte: eine Seilbahn zum Kloster und damit eine

Hoch hinaus, ohne zu schwitzen

bequeme Alternative zu dem beschwerlichen Fußmarsch den Berg hinauf. Ende der Neunzigerjahre war es so weit: Der palästinensische Geschäftsmann Marwan Sinokrot finanzierte sie, die österreichische Firma Girak Garaventa baute sie. Und so baumeln seit 1999 rote Kabi-

Innehalten auf dem Berg der Versuchung

nen, wie man sie aus den österreichischen Skigebieten kennt, an dicken Drahtseilen und transportieren die Ausflügler die 1330 Meter von der Tal- bis zur Bergstation. Die Seilbahn ist ein Erfolg, wenn auch ein bescheidener. Denn nach Jericho kommen längst nicht so viele Menschen, wie es sich die palästinensische Tourismusbehörde wünscht. Und doch war für Vater Gerasimus jeder Besucher, der »sein« Kloster betreten wollte, einer zu viel. Stets war gut sichtbar die griechische Flagge gehisst, jeder sollte wissen, wer hier der Hausherr war. Das Gespräch mit den Touristen vermied er, so gut es ging. Die Seilbahn behagte ihm gar nicht, schließlich brachte sie mehr Menschen zu ihm nach oben. Und so soll er einmal zu Marwan Sinokrot gesagt haben: »Pilger sollten den gleichen Weg wie Jesus nehmen, zu Fuß den Berg erklimmen und sich nicht hochkutschieren lassen, noch dazu in Kirmesgondeln.« Worauf der palästinensische Geschäftsmann geantwortet haben soll: »Wenn Jesus sich heute hier vom Teufel versuchen lassen wollte, würde auch er die Seilbahn nehmen.« Vater Gerasimus ging bis zu seinem Tod zu Fuß den Berg hinauf.

Als wir das erste Mal einen Familienausflug hierher gemacht haben, sind auch wir hochgelaufen, sehr zum Leidwesen unseres Sohnes, der die Seilbahn längst entdeckt hatte.

Beim darauffolgenden Besuch ist klar: Noch einmal wird er den steilen Pfad nicht erklimmen wollen, also steuern wir sofort die Seilbahn an. Kaum haben wir das Auto an der Talstation geparkt, winkt uns schon ein gut gelaunter Kaffeeverkäufer zu. Natürlich hat er auch Gebäck, und so gibt es erst einmal Kaffee mit Kardamom und ein paar süße Schnecken für Jonas. »Ihr seid die ersten Touristen heute«, sagt Mahmoud und schenkt noch einmal nach. »Und wahrscheinlich auch die letzten«, lacht er. Die Gondeln hängen unbeweglich an den Seilen, und als Mahmoud meinen skeptischen Blick bemerkt, fügt er schnell hinzu: »Sie stellen sie auch nur für euch an, keine Sorge!« Im Kassenhäuschen sitzt Amalia und ruft schon von Weitem: »Herzlich willkommen!« Jonas fährt kostenlos mit – typisch palästinensische Gastfreundschaft.

Die Fahrt dauert nur ein paar Minuten, der Ausblick ist wirklich toll. Bei der Bergstation gibt es ein Restaurant mit einer schönen Terrasse, auch dort wird uns wieder Kaffee angeboten, diesmal lehnen wir aus Sorge um unsere Herzfrequenz ab. Ein paar Stufen noch, dann stehen wir vor dem Klostereingang. Doch der ist verschlossen. Etwas ratlos bleiben wir stehen, dann ergreift Jonas die Initiative. »Wir müssen klopfen, dann macht sicher jemand auf«, meint er. Und tatsächlich, nach mehrfachem Klopfen öffnet ein Mönch die schwere Holztür. ›Seinem Gesichtsausdruck nach zu urteilen, hat er sich wohl den Geist und die Haltung von Gerasimus bewahrt‹, geht mir durch den Kopf. Mürrisch brummelt er etwas auf Griechisch und deutet mit einer ruppigen Geste an, dass wir eintreten dürfen. Mein Mann, dessen Muttersprache Griechisch ist, macht einen verhaltenen Versuch, mit dem Mönch ins Gespräch zu kommen – vergeblich. Immerhin entsprechen wir der Kleiderordnung, lange Hosen und lange Ärmel sind hier Pflicht. Wer im T-Shirt kommt, dem wird ein Tuch umgehängt. Wer das nicht möchte, muss gehen. »Keine Fotos in der Kapelle«, knurrt uns der Mönch, dessen Namen wir nicht erfahren, auf Englisch zu und verschwindet hinter einer Tür. Durch eine Art engen Korridor geht es vorbei am Refektorium, mehreren Zellen und Zimmern zu besagter Kapelle. Unter dem erhöht gelegenen Altar befindet sich ein Stein. Darauf soll Jesus gesessen haben, als ihn der Teufel versuchte. Und dann gibt es noch einen kleinen Austritt, einen Balkon. Von dort ist die Aus-

sicht besonders schön. Eine gute halbe Stunde genießen wir sie ganz
für uns allein. Dann werden plötzlich Stimmen laut. Eine Pilgergruppe
ist im Kloster eingetroffen: zehn Frauen und Männer aus Russland.
Ergriffen küssen sie den für sie heiligen Stein in der Kapelle. Gemeinsam beten sie das Vaterunser. Sie teilen den Glauben der Mönche, doch
die Mönche teilen nicht die Begeisterung der Besucher. Mit Argusau-
gen beobachtet ein anderer Mönch, der unbemerkt dazu gestoßen ist,
die Gruppe. Auch er knurrt: »Keine Fotos!«, während die Leiterin der
Pilgergruppe unablässig auf Russisch vom Segen für jeden spricht, der
den Stein küsst, und vom Teufel, der noch heute die Menschen in Versuchung führen wolle.

Jonas zieht an meinem Arm, er mag den dunklen Raum nicht und
drängt darauf, wieder nach draußen gehen zu dürfen, und so machen
wir uns auf den Rückweg. Vor der Eingangstür zum Kloster haben sich
inzwischen einige Souvenirverkäufer niedergelassen. Sie preisen in ein
Tuch eingenähte Holzsplitter an, eine beliebte Reliquie für Pilger. Aber
sie haben auch Ketten, Keramik, Stoffkamele und Tücher im Sortiment.
Omar ist ein Meister im Handeln, er kann Verkaufsgespräche in fünf
Sprachen führen. Jonas würde gerne mit ihm ins Geschäft kommen.

**Wie man auf dem Basar feilscht, hat er auf
unseren vielen Reisen durch die Region bereits
im Kindergartenalter gelernt.**

Ein weiteres Stoffkamel für seine Sammlung hat er ins Auge gefasst
und natürlich auch schon mal schnell in die Hand genommen, doch
diesmal ist die Mama unnachgiebig. Jonas' Souvenirsammlung ist
schon recht umfangreich, und so reiche ich Omar das Kamel unter
dem Protest meines Sohnes zurück. Der wiederum gibt sich nachsich-
tig und schenkt ihm ein kleines Holzkamel. Daraufhin interessieren
sich die russischen Pilger, die inzwischen auch den Rückweg angetre-
ten haben, für Omars Schätze. »Halleluja!«, ruft Omar, der gläubige
Muslim, in meine Richtung, als er die ersten Ketten verkauft hat: »Die
Russen haben ein weicheres Herz und mehr Geld als du, ihnen gefallen
vor allem die Ketten!« Omar zwinkert mir dabei zu, und so spare ich

mir die Erklärung, dass wir bereits so viele Souvenirs haben, dass es für einen Verkaufsstand gleich neben dem seinen reichen würde.

Dann kommen wir doch noch ins Gespräch. Omar ist wie Ahmad im Flüchtlingslager Aqab Jaber aufgewachsen. Der Berg der Versuchung sei auch ihm heilig, erzählt er, während er von Touristen weggeworfene Plastikbecher einsammelt. Bereits als Kind habe er hier gespielt.»Komm, ich zeige euch etwas«, sagt er und steckt den Müll in einen Plastiksack, die Ketten in einen anderen und stellt beide Säcke in eine Ecke. Dann geht er einen schmalen Pfad unterhalb des Klosters entlang, und wir watscheln wie die Entenkinder hinterher.»Dort ist das alte Kloster, wir können da leider nicht rein, ich habe keinen Schlüssel, den haben nur die Mönche. Und daneben, in diesen Höhlen, saß Jesus, als er dem Teufel begegnete. Nicht auf dem Stein, den die Pilger küssen.« Auch für Omar ist Jesus eine bedeutende Gestalt. »Jesus ist ein Prophet, Mohammed ist ein Prophet. Nur dass Jesus nicht der Sohn Gottes ist«, erklärt er. Von den Minaretten der im Tal liegenden Moscheen ertönt der Ruf zum Mittagsgebet. Omar möchte ihm gerne folgen und tritt den Rückweg an. Bis zum Klostereingang laufen wir zusammen, dann zieht Omar aus einer weiteren Plastiktüte einen Gebetsteppich. Wir verabschieden uns voneinander: »*Maʾa salama!*«

Einfach mal offline gehen: Wandern im Wadi

Auch wenn Wandern immer eine Art Spurensuche und noch dazu die älteste Reiseform der Welt ist, ließe sich nicht behaupten, dass es hier sehr verbreitet wäre. Ein Wanderer im Westjordanland sorgt für verwunderte Gesichter. Aber es lohnt sich, die Wanderschuhe einzupacken, und in jüngster Zeit entdecken mehr und mehr Palästinenser, dass das Wandern in der eigenen Heimat durchaus seinen Reiz hat. Inzwischen wurden einige Wandervereine gegründet, deren Mitglieder sich jedes Wochenende auf Tour begeben. Und sogar verschiedene palästinensische Reiseunternehmen haben ihn für sich entdeckt: den vielleicht ältesten Pilgerweg der Welt. Benannt wurde der Pfad, der

durchs Westjordanland führt, nach dem Stammvater der drei Weltre-
ligionen. Die Juden verehren ihn als Avraham, die Christen als Abraham und die Muslime als Ibrahim. Der biblischen Überlieferung nach
ist er vor etwa vier Jahrtausenden von Ur am Euphrat in Mesopota-
mien – dem heutigen Irak –
nach Harran in der heutigen
Türkei und anschließend nach
Kanaan gewandert. Von dort
aus zog er weiter nach Ägypten
und dann wieder zurück nach
Kanaan, wo er in Hebron sess-
haft wurde. Dort, im Grab des
Patriarchen, soll er auch beer-
digt worden sein.

In die Felswand gebaut: Kloster St. Georg

Auch Jericho lag auf Abra-
hams Route. Der Verlauf des
etwa 70 Kilometer langen
Streckenabschnitts zwischen
Nablus und Jericho ist allerdings nur als symbolisch zu
werten, weil niemand weiß, welchen Weg Abraham in grauer Vorzeit
mit seiner Sippe genommen hat. Für diese Etappe sollte man je nach
Tempo vier bis sieben Tage einplanen.

Tariq ist unser Wander-Guide auf einer zugegebenermaßen sehr
kurzen Teilstrecke des Abraham-Pfades durch das Wadi Qelt nach
Jericho. Aber wir wollen ja auch nur eine Tagestour machen und sind
mit Freunden und etlichen Kindern unterwegs. Tariq ist 23 Jahre alt,
studiert in Ramallah und jobbt an den Wochenenden als Guide. Ich
habe ihn über die Internetseite einer jungen palästinensischen Reise-
agentur gefunden. Er erwartet uns an einem Hostel in Jericho namens
»Auberg-Inn, The House of Eggplants«. Dort können wir unsere Autos
abstellen und uns auf die Wanderung vorbereiten. Tariq nimmt seine
Sache als Verantwortlicher für die Gruppe ernst und prüft, ob jeder
genug Wasser im Rucksack und ausreichend Sonnencreme im Gesicht
hat. Dann steigen wir in den Bus. Ein Freund von ihm kommt mit, um

den Bus wieder zurückzubringen, denn der Startpunkt liegt im Wadi Qelt, eine Rundwandermöglichkeit gibt es nicht. Es ist eine von Tariqs schönsten Touren: Mit knapp 15 Kilometern ist die Strecke auch in der Sommerhitze gut zu bewältigen. Sie folgt einem römischen Aquädukt, es geht vorbei an kleinen Oasen und dem in den Fels gehauenen Georgskloster. Als wir aussteigen, wirkt Tariq ein wenig nervös.

»*Yallah,* lasst uns schnell in die Schlucht hinunterlaufen!« Meistens führt er Ausländer, die in Israel wohnen und arbeiten. Viele Touristen vermieden es aus Angst oder Unkenntnis, in die Palästinensischen Gebiete zu kommen, erklärt er. Natürlich müsse man das angespannte Verhältnis zwischen Palästinensern und Israelis stets im Hinterkopf haben. »Manche Palästinenser sind misstrauisch und vermuten, dass hier eigentlich Siedler unterwegs sind, die sich als Wanderer tarnen«, sagt Tariq, »deshalb lasst uns schnell Richtung Kloster gehen, bevor ich euch verteidigen muss.« Mein Sohn Jonas mag Tariq auf Anhieb und läuft zu ihm vor. »Darf ich dein Assistent sein?«,

Jonas und Tariq geben das Tempo vor: Yallah, yallah!

fragt er ihn. Tariq lacht: »*Tamam*, in Ordnung«, und nimmt Jonas an die Hand. An Tagen wie heute ist es ungefährlich, im Wadi unterwegs zu sein. Ganz anders, wenn es regnet! Dann schießen Sturzfluten durch das Wadi, über die schroffen Hänge rauscht es nur so herunter. Drei Quellen sprudeln im Wadi: Ein Farah, Ein Fawwar und Ein Qelt. Einst bauten die Römer ein Aquädukt, um Jericho mit Wasser zu versorgen. Noch heute fließt es gluckernd hindurch, denn die antike Versorgungsleitung ist gut erhalten. Trinkbar ist das Wasser allerdings nicht. Ich laufe vor zu Tariq, weil ich hoffe, von ihm ein paar Informationen zu bekommen, doch dafür ist keine Zeit. Tariq bringt Jonas gerade die arabischen Bezeichnungen der Wildkräuter bei: »Thymian heißt *Zataar*« – »Das kenne ich, schmeckt gut auf *Pita*-Brot mit Sesam und Olivenöl.« Ich sehe ein, dass ich da jetzt nicht dazwischenkomme. Die geschichtlichen Hintergründe müssen warten. Später erzählt uns Tariq, dass Menschen viele Jahrhunderte hindurch das Wadi Qelt auf ihrem Weg vom Jordantal nach Jerusalem passiert haben.

Hier soll sich die Geschichte vom barmherzigen Samariter zugetragen haben. Und man vermutet, dass auch Jesus auf seinem Weg vom See Genezareth nach Jerusalem durch das Wadi Qelt gelaufen ist.

An seinem mutmaßlichen Übernachtungsort steht das zweite griechisch-orthodoxe Kloster in dieser Gegend: St. Georg, das wir bereits vor uns liegen sehen. Im Jahr 420 wurde es gegründet, 1871 zu seiner jetzigen Form erweitert. Blau strahlen uns die Kuppeln entgegen, unübersehbar über dem Einschnitt. Geweiht ist das Kloster übrigens nicht Georg dem Drachentöter, sondern Georg von Koziba, einem griechisch-zyprischen Mönch.

Wesentlich freundlicher als am Berg der Versuchung werden wir hier von den Mönchen des Klosters begrüßt. Einer bietet uns sogar Kaffee, Wasser und Datteln zur Stärkung an. Wir machen eine kurze Pause, und um ein paar süße Datteln zu essen, lässt Jonas sogar Tariqs Hand kurz los. Dann geht es weiter Richtung Jericho. Der Pfad ist an dieser Stelle ziemlich schmal, der Hang fällt steil ab, und ich bin ganz froh, dass Jonas wieder an Tariqs Hand geht. Aus dem trockenen Boden sprießen Dornensträucher und besagter wilder Thymian. Immer wieder kreuzen Hirten mit ihren Schafherden den Weg. »Seht mal, der Hirte hat seinen Sohn dabei, der vom Vater für die Zukunft lernen soll«, erklärt Tariq uns. Tariq ist ein sportlicher Typ, er trägt Jeans beim Wandern, auf den Rücken hat er einen Rucksack geschnallt. Das Wandern verbinde ihn auf glückliche Weise mit seiner Heimat.

**»Ich mag die Vorstellung von Wanderwegen
durch Palästina sehr, denn es zeigt ein anderes Bild
unserer Gesellschaft.«**

»Dann sehen die Menschen, dass Palästina mehr ist als der Konflikt mit Israel. Es gibt auch dieses andere Bild: unsere Natur, unsere Kultur. Hier draußen und in den kleinen Dörfern ist es möglich, mehr über uns zu erfahren. Ich wünschte mir, mehr Palästinenser würden wandern, denn auch sie würden dann mehr über sich selbst erfahren.« Einige Beduinen lebten hier in Höhlen, wie auch in der Gegend südlich von Hebron. Das fasziniere ihn sehr. Kein Haus, kein Zelt, einfach eine Höhle mitten in der Natur – fürs ganze Leben. Tariq bewundert das traditionelle Leben, auch wenn es für ihn nichts wäre, wie er zugibt. Er habe sich zu sehr an das moderne Leben mit Auto, Smartphone und Netflix gewöhnt, sagt er lachend.

Die Kinder brauchen eine Pause. Wir setzen uns alle auf den ausgedörrten Boden und packen ein paar Brote aus. »Esst nicht zu viel«, mahnt Tariq, »nachher gibt es ja noch ein großes Essen in Jericho.« Als es weitergeht, will Jonas seine Stiefel loswerden, die seien viel zu heiß zum Wandern, barfuß ginge es doch sicher auch. Barfuß sei etwas für Fakire, wende ich ein, so steinig wie der Weg sei. Er probiert es aus, schlüpft aber schnell wieder in das feste Schuhwerk. Zurück in Jericho tauschen wir dann alle erleichtert die Wanderschuhe gegen Flip-Flops, Sandalen und Turnschuhe ein. Im »Auberg-Inn« können wir uns ein wenig frisch machen. Die Kinder spielen mittlerweile barfuß im Garten, ein Esel und ein Wurf Katzenbabys sind *die* Attraktion. Tariq hatte der Köchin der Herberge unsere Ankunft avisiert, und so duftet es bereits nach Grillfleisch, Gemüse und allerlei Gewürzen. Eine große Tafel wurde für uns gedeckt, und in Windeseile stehen zig Schüsseln mit verschiedenen köstlichen Gerichten auf dem Tisch. Tariq setzt sich strahlend zu uns, es gebe auch Bier, echt palästinensisches aus der Brauerei in Taybeh. Wir sagen nicht Nein, und er stößt mit uns an. Wie viele junge Palästinenser nimmt auch er es mit dem Alkoholverbot im Islam nicht so genau. Ein Bier, dagegen könne Allah nichts einzuwenden haben.

Ein Ausflug in die palästinensische Küche

Essen Sie gern? Falls nicht, können Sie diesen Werbeblock für palästinensisches Essen überspringen. Aber lassen Sie es sich gesagt sein: Sie verpassen etwas. Habe ich bereits erwähnt, dass ich gern esse? Auch wenn ich bei meinen Kollegen in dem Ruf stehe, man solle sich darauf einstellen, dass die Mittagspause ausfällt, wenn man mit mir unterwegs ist, esse ich wirklich sehr gern. Doch dafür nehme ich mir möglichst Zeit. Mittags habe ich die oft nicht, vor allem nicht unterwegs, da muss ein Snack reichen, den auch die meisten Deutschen als arabisches Fast Food kennen: *Schawarma* oder *Falafel* auf die Hand – die orientalische Alternative zu Currywurst mit Pommes. Denn natürlich gibt es auch im Westjordanland Imbissstände für den kleinen Hunger zwischendurch. Die palästinensische Küche darauf zu reduzieren wäre allerdings nicht angemessen.

Im Nahen Osten teilen die meisten Menschen eine Leidenschaft für kulinarische Genüsse. Sowohl Israelis als auch Palästinenser sind (zu Recht) stolz auf ihre gute Küche. Die Palästinas ist eng mit der seiner Nachbarn Syrien, Jordanien und Libanon verwandt, hat jedoch auch eigene Gerichte und Zubereitungsformen hervorgebracht. Zudem gibt es regionale Unterschiede. In Nordpalästina findet man wie im Libanon und Syrien meist typisch arabische Gerichte wie *Hummus* (Kichererbsenbrei), *Falafel* (frittierte Bällchen aus Kichererbsen im Fladenbrot), *Tabouleh* (Bulgur-Salat mit Petersilie, Minze und Tomaten) und *Baba Ganoush* (Salat oder Dip aus zerdrückten Auberginen mit Knoblauch und Gewürzen). Außerdem sind *Dolmas* (gefüllte Weinblätter) außerordentlich beliebt. In der galiläischen Küche werden oft Zutaten wie Auberginen, Kichererbsen, Tomaten, Knoblauch, Zwiebeln und Lamm verwendet. Dazu kommen Kräuter und Gewürze wie beispielsweise Kreuzkümmel, Pfeffer und Safran.

Unterkunft / Essen und Trinken

Im »Auberg-Inn« kann man nicht nur gut essen, sondern auch bequem übernachten oder sogar eine Weile dort wohnen und als Freiwilliger arbeiten: www.auberginn. ps/jericho. Auch Touren können über das Hostel gebucht werden.

Tipp!

Es haben sich aber auch ganz eigenständige Gerichte entwickelt, manche davon sind ziemlich schwer und sehr sättigend, aber wahnsinnig lecker: Eines davon ist *Musakhan*. Es besteht aus einem oder zwei ganzen gebratenen Hähnchen, die auf einem großen runden *Taboun*-Brot mit gekochten süßen Zwiebeln, Sumach, Safran und Piment serviert werden. Das Lieblingsgericht meines Sohnes ist bis heute ein klassisches arabisches Familienessen: *Mujaddara* (braune Linsen mit Reis und gerösteten Zwiebeln). Er isst es am liebsten traditionell mit Joghurt. Mich hat es gefühlt unendlich viele Versuche gekostet, das eigentlich einfache Gericht so hinzubekommen, dass es annähernd so schmeckt, wie es die Kindergärtnerinnen oder eine palästinensische Freundin kochen. Immer wieder musste ich mir

Musakhan: köstlich und mächtig

anhören: »Mama, frag bitte Ghada nach dem Rezept, das ist keine *Mujaddara*, was du kochst.« Irgendwann hieß es dann: »Gar nicht so schlecht!«, und so koche ich bis heute mindestens einmal pro Woche *Mujaddara*. Das können Sie auch!

REZEPT FÜR *MUJADDARA*

Für 4 Personen:

2 Knoblauchzehen
Salz
Pfeffer
Kreuzkümmel
150 Gramm Reis
250 Gramm grüne Linsen
    oder Berglinsen
Olivenöl
1–2 Zwiebeln

OPTIONAL:

Honig
Koriander oder Blattpetersilie
Naturjoghurt

Zubereitung:

1. Den gepressten Knoblauch, Salz, Pfeffer und Kümmel in einen Topf mit wenig Wasser geben und die Mischung kurz aufkochen lassen.
2. Dann ca. 400 ml Wasser hinzugeben und zum Kochen bringen.
3. Den Reis hinzugeben und alles ca. zehn Minuten köcheln lassen.
4. Danach die gewaschenen Linsen hinzufügen und die Mischung unter regelmäßigem Rühren etwa 20 bis 25 Minuten kochen lassen, bis Reis und Linsen gar sind.
5. In der Zwischenzeit Olivenöl mit ein wenig Salz in einen breiten Topf oder eine Pfanne geben und erhitzen.
6. Die in dünne Scheiben geschnittenen Zwiebeln sollen darin bei niedriger Hitze glasig gedünstet und schließlich gebräunt werden. Wer mag, kann zum Schluss einen Löffel Honig an die karamellisierten Zwiebeln geben.
7. Die Reis-Linsen-Mischung abgießen und auf einer Platte anrichten. Je nach Gusto können nun die Zwiebeln oder klein gehackter Koriander bzw. Petersilie oder auch Knoblauch darauf gegeben werden. Sehr gut schmeckt auch Naturjoghurt dazu.
8. *Sahteen!* Guten Appetit!

Auf dem Land sind traditionell die Frauen fürs Kochen zuständig. Und damit beginnen sie nicht nur an Festtagen oft bereits gleich nach dem Aufstehen. Viele Gerichte, die einfach aussehen, sind aufwendig in der Zubereitung. So sitzen die Frauen manchmal auch gemeinsam in der Küche oder vor der Tür und rollen stundenlang *Kubbeh*-Bällchen aus Hackfleisch, Bulgur und Gewürzen, füllen sie noch mit Pinienkernen, bevor sie später frittiert werden. Oder sie bereiten *Maklubeh* vor, ein Gericht, das in wörtlicher Übersetzung »umgedreht« bedeutet. Es besteht aus gewürztem Reis, Fleisch und entweder Blumenkohl oder Auberginen. Alle Zutaten werden in einen Kochtopf geschichtet, gekocht und dann auf einem großen Tablett umgedreht servierfertig gemacht.

Auf meinen Reisen haben mir Restaurantbesitzer im Westjordanland oft berichtet, dass ausländische Touristen nur selten bei ihnen einkehren. Und tatsächlich habe auch ich immer wieder Reisegruppen beobachtet, die zum Beispiel die Geburtskirche in Bethlehem besichtigen und dann unverzüglich wieder nach Israel zurückfahren. Damit verpassen sie echte kulinarische Highlights: vom besten *Schawarma* in Shuafat (Ostjerusalem) über die berühmten *Knafeh* (eine warme Süßspeise aus speziellem Käse und überbackenen, in Sirup getränkten Teigfäden mit Pistazien) in Nablus bis hin zu einem üppigen Menü auf einem Biobauernhof in Beit Jala bei Bethlehem.

In Jericho esse ich gerne im »Limona«. Das traditionelle Lokal mit einer großen Gartenterrasse bietet nicht nur eine schöne Atmosphäre, sondern auch richtig leckeres Essen. Meistens bestellen wir dort erst einmal *Mezze*, also gemischte Vorspeisen. Das bedeutet, dass etwa zehn bis 15 Schälchen gefüllt mit Salaten, Dips, *Hummus*, *Tahini* und *Pita*-Brot auf den Tisch gestellt werden. Dann gilt es, sich zusammenzureißen, um noch Platz für ein Hauptgericht zu lassen. Schwierig angesichts so vieler Köstlichkeiten. Hauptgerichte zu teilen oder verschiedene Gerichte zu bestellen, um möglichst viel probieren zu können, ist übrigens gar kein Problem. So machen es auch oft die palästinensischen Familien, wenn sie zum Essen gehen. Kinder sind übrigens grundsätzlich willkommen. Mein Sohn hat so manches Mal am Nachbartisch einen Spielkameraden gefunden, mit dem er zwischen den einzelnen Gängen vor dem Restaurant oder im Garten toben konnte. Nicht zuletzt können sich auch die Desserts sehen lassen, allerdings sind die meisten Süßspeisen ausgesprochen süß, so dass mir manchmal ein heißer arabischer Kaffee oder Tee zum Abschluss reicht. Aber geben Sie acht bei der Bestellung! Wenn Sie Kaffee oder Tee mit Zucker und nicht Zucker in ein wenig Kaffee oder Tee aufgelöst trinken wollen, merken Sie sich folgenden Hinweis: »*Shwaya zukar*« oder »*Alqlyl min alsukar*«. Das heißt: »Nur wenig Zucker, bitte.«

Nach dem Essen muss man in Palästina nicht gleich zahlen, aufstehen und gehen. Es ist durchaus üblich, noch auf ein paar Getränke oder eine Shisha sitzen zu bleiben. Wer Alkohol trinken möchte, sollte einfach freundlich danach fragen, das ist selten ein Fauxpas. Bier gibt es in vielen Restaurants der größeren Städte und überall dort, wo man auf Touristen eingestellt ist. Die Palästinenser wissen, dass ausländische Touristen gerne mal ein Bier trinken, und haben auch gar nichts dagegen.

Essen und Trinken

In den folgenden Lokalen lassen sich die Geheimnisse der palästinensischen Küche wunderbar ergründen:

Limona Restaurant Jericho, Hisham's Palace Street, Jericho, Reservierung: +972 599 50 50 37
limonah.res@hotmail.com.
Website: www.limona-jericho.business.site.

Bio-Restaurant *Jala Jungle*, El-MaKhrur Street, Beit Jala www.facebook.com/JalaJungle/

Snow Bar, Ramallah (Essen, Trinken, Schwimmbad): www.snowbaring.com

Tipp!

QASR AL-YAHUD

Im Nahen Osten gibt es nicht die eine Wahrheit, sondern viele verschiedene. Dafür gibt es immer Nachrichten, meistens schlechte – so lautet jedenfalls ein gängiges Vorurteil.

Ich hingegen habe eine gute Nachricht von der Strecke, denn ein fantastischer Ort in der Nähe von Jericho ist seit 2020 wieder zugänglich: Qasr al-Yahud. Das 55 Hektar große Gelände war seit 1968 militärische Sperrzone und gehört zur Zone C im Westjordanland. Dort sollten Sie unbedingt einen Halt einlegen. Von Jericho aus gesehen liegt Qasr al-Yahud ein paar Kilometer südöstlich, auf der anderen Seite der Road 90. Ein Navi braucht man für diese Strecke nicht, sie ist gut ausgeschildert.

Unterwegs mit dem Minenräumkommando

Qasr al-Yahud ist eine der Taufstellen, an der Jesus getauft worden sein könnte. Der Name, der auf Arabisch »jüdische Festung« bedeutet, leitet sich vom Kloster Johannes des Täufers ab, das wie eine Festung aussieht. Andere Quellen besagen, dass hier, in Kanaan, die Landnahme der Israeliten mit der Durchschreitung des Jordans begann. Die Taufstelle liegt am Westufer des Jordans, der in diesem Gebiet Grenzfluss ist. Das gegenüberliegende Ufer gehört zum jordanischen Staatsgebiet und hat natürlich ebenfalls eine Taufstelle zu bieten. Wenn Sie sich jetzt fragen: »Wieso denn noch eine Taufstelle? Jesus wurde doch nur einmal getauft«, dann liegen Sie zwar richtig, aber über den genauen Ort streiten sich die Bibelwissenschaftler. Johannes der Täufer wirkte nicht nur im Judäischen Bergland, sondern auch östlich des Jordans in einem Gebiet, das heute zu Jordanien gehört. Im Johannes-Evangelium wird ein Ort namens Bethanien erwähnt (Johannes 1,28). Hier soll das Volk Israel 40 Jahre nach dem Auszug aus Ägypten das Gelobte Land betreten haben. Zu Beginn des modernen Pilgerwesens im 19. Jahrhundert waren die Taufstellen am Westufer des Jordans besser erreichbar als die am Ostufer. Dabei ist es dann geblieben. Heutige Pilger können daher zwischen mehreren Taufstellen wählen: Qasr al-Yahud im palästinensischen Westjordanland, Bethanien auf jordanischer Seite oder – von uns schon besucht – Jardenit am See Genezareth in Israel.

Achtung, Minen!

Auch Bethanien ist noch nicht so lange zugänglich. Seit dem Sechstagekrieg 1967 war das Areal militärisches Sperrgebiet, und noch Jahre nach dem Friedensvertrag mit Israel von 1994 benötigte man eine Sondergenehmigung für diese Region. Archäologen entdeckten 1996 zahlreiche Bauten aus römischer und byzantinischer Zeit, die auf eine frühchristliche Verehrung schließen lassen. Im März 2000 besuchte Papst Johannes Paul II. in Bethanien eine Pilgerkapelle, die aus dem 5. oder 6. Jahrhundert stammt. 2002 erklärte der jordanische König Abdullah II. schließlich 350 000 Quadratmeter Land um die Taufstelle herum zum Nationalpark und gestattete den Christen den Bau von Kirchen und Pilgerherbergen. Und zu guter Letzt beschloss die UNESCO 2015, dass die Taufstelle Jesu in Jordanien als landschaftlich und kulturell bedeutsame Stätte Teil des Weltkulturerbes werden solle. Die katholische Kirche hat sich zur Frage nach dem wahren Taufort Jesu noch nicht geäußert. Allerdings besuchten bisher drei Päpste bei ihren Reisen ins Heilige Land die Taufstelle in Jordanien, darunter Papst Franziskus, der bei seinem Besuch 2014 hier am Jordan betete.

In Israel war das Interesse an einer Öffnung des Gebietes um Qasr al-Yahud zunächst nur gering, weil es im Westjordanland liegt. Erst als immer mehr Menschen zur jordanischen Taufstelle pilgerten, wurde im August 2011 die Taufstelle auf der israelisch besetzten Seite des Jordans offiziell wiedereröffnet. Auch die israelische Tourismusbranche sollte von diesem Ansturm profitieren. Es gab jedoch ein großes Problem: Das gesamte Gelände war vermint.

Als ich 2015 das erste Mal nach Qasr Al-Yahud fuhr, ist die Taufstelle auf der von Israel kontrollierten Seite bereits wieder zugänglich, aber das umliegende Gebiet noch abgesperrt, und das aus gutem Grund: Wenn man vom Parkplatz hinunter zum Jordan geht, sollte man nicht vom Weg abkommen. Ein falscher Schritt kann lebensgefährlich sein. Zahlreiche Schilder warnen: Vorsicht, Landminen!

Trotzdem gehen in der Touristensaison jeden Tag Hunderte Menschen den schmalen Pfad hinunter zum Flussufer und steigen in das Wasser des Jordans. Die Atmosphäre ähnelt der in Jardenit.

Natürlich kann man auch hier ein Taufhemd erwerben und sich von einem Geistlichen taufen lassen – zum ersten, zum zweiten, manchmal zum fünften Mal, wie Nancy, eine junge Frau aus Köln.

»Et ist einfach janz jroßartisch!«, ruft sie mir im unnachahmlichen Kölner Dialekt zu. Lebensfreude pur, denke ich, darauf ein Kölsch wäre gar nicht so schlecht (ich bin in der Nähe von Köln aufgewachsen, Dialekt und ortsübliche Gepflogenheiten sind mir vertraut). Ganz unterzutauchen kostet aber auch hier Überwindung, na ja, mich zumindest würde es Überwindung kosten, und zwar nicht weil das Wasser so kalt ist, sondern wegen seiner grünbraunen Farbe. Viele Pilger haben Plastikflaschen mitgebracht und füllen die trübe Brühe darin ab. Einige nehmen sogar einen Schluck, die meisten aber packen die vollen Flaschen später in den Koffer, in der Hoffnung, so das Heilige Wasser aus dem Jordan unbeschadet in ihre Heimat transportieren zu können. Eine jüdische Reisegruppe beobachtet das Spektakel etwas verwundert. »Auch für uns Juden ist dies ein heiliger Ort«, sagt Yoav aus Tel Aviv. »Hier haben unsere Vorfahren nach dem Exodus zum ersten Mal den Fluss in Richtung Gelobtes Land überquert, und hier ist der Prophet Elija in den Himmel aufgestiegen.« Sehr viele jüdische Pilger sind an diesem Tag nicht gekommen, dafür verweisen die Schilder in den parkenden Reisebussen auf Touristen aus verschiedenen EU-Staaten, aus der Ukraine, aus Russland und den USA. Doch kaum jemand von ihnen weiß, dass er von einem gefährlichen Minenfeld umgeben ist.

Es sind die Überreste des Sechstagekriegs, die das Gelände rund um die aus sandfarbenen Steinen errichtete Anlage mit Holzrampen am Fluss, Umkleidemöglichkeiten und einem überdachten Rastplatz so gefährlich machen. Tausende Landminen und Sprengfallen liegen hier verstreut. Erst kurz vor meinem ersten Besuch wurden zwei israelische Soldaten durch eine Minenexplosion schwer verletzt.

Mehr als vier Jahrzehnte lang war das Gebiet militärische Sperrzone. Fünf Jahre nach der Teilöffnung, im Mai 2016, fassten dann das israelische Verteidigungsministerium, die Palästinensische Autonomiebehörde und die Kirchen den Beschluss, die Minen zu räumen. Denn auf dem angrenzenden Uferstreifen liegen acht verlassene Klöster und Kirchen. Während der britischen Mandatszeit hatten verschiedene Konfessionen südlich vom griechisch-orthodoxen Johanneskloster bis zur Einmündung des Wadi Qelt Kirchen an diesem für sie alle heiligen Ort errichtet: Syrer, Kopten, Armenier, Russisch-Orthodoxe, Griechisch-Orthodoxe, Rumänisch-Orthodoxe, Katholiken und Äthiopier. Doch betreten hat das Areal um Qasr al-Yahud seit dem Sechstagekrieg niemand mehr. Nun sollen die Kirchen und das Land von den Minen befreit und den christlichen Orden zurückgegeben werden. Die Verantwortung dafür trägt er mit seinem Team: Marcel Aviv.

Mit ihm bin ich einige Wochen nach meinem ersten Besuch verabredet. Wir treffen uns am frühen Morgen, es ist Sommer und ziemlich heiß. Marcel Aviv arbeitet für das israelische Verteidigungsministerium, er ist der Chef der Minenräumbehörde. Seine Teams sind in ganz Israel unterwegs, denn fast überall gibt es vermintes Gelände, meist sind es Überreste der Kriege von 1948 und 1967. Besonders betroffen sind der Norden Israels, die Golanhöhen, aber auch die Wüste Arava und die Region entlang der jordanischen Grenze. Und während vielerorts die alten Minen geräumt und die Bereiche in Parks oder sogar Naturschutzgebiete umgewandelt werden, legt die israelische Armee gelegentlich neue Minen aus, vor allem an der Grenze zu Syrien, auf den von Israel annektierten Golanhöhen.

Marcel erwartet mein Filmteam und mich an einem Zufahrtstor. »Meine Leute sind schon draußen«, begrüßt er uns. »Fahrt dicht hinter mir her und schert ja nicht aus. Weder nach links noch nach rechts, es sei denn, ihr wollt, dass euer Wagen hochgeht!« Ich muss unweigerlich an eine Drehreise in Afghanistan denken, wo mir ein Soldat gesagt hatte, ich solle am besten genau in seine Fußstapfen treten, womit er mich allerdings nicht rekrutieren, sondern nur vor möglichen Sprengfallen der Taliban warnen wollte. Vielleicht einen Kilometer weit fahren wir durch die staubige Landschaft, dann hält Marcel bei einem künstlich aufgeschütteten Hügel. »Da vorne ist mein Team 1, dort unter dem Zeltdach sind die Sanitäter, sie sind immer in Bereitschaft. Nehmt euch Wasser mit, sonst vertrocknet ihr schon auf den ersten Metern, es ist eigentlich viel zu heiß, um heute hier zu filmen. Und denkt dran, meine Leute riskieren hier ihr Leben, lenkt sie nicht ab.« Marcels freundlicher Kommando-Ton lässt erst einmal keinen Raum für Fragen. Eine Zeit lang beobachten wir die drei Männer in Schutzanzü-gen, wie sie langsam, Schritt für Schritt, Bahnen in einem abge-steckten Feld mit einem Me-talldetektor absuchen. Es piepst mal mehr, mal weniger, ich habe keine Ahnung, was das zu bedeuten hat. »Das ganze Areal hier ist ein ehemaliges Schlacht-feld. Hier herrschte 1967 Krieg. Die Terroristen kamen von der jordanischen Seite über die Grenze und haben sich in dem

Verlassene Kirche in vermintem Gebiet

Land der Klöster, wie man es hier auch nennt, verschanzt und gegen unsere Soldaten gekämpft. Viele Menschen sind hier gestorben.«

Die Kirchen und Klöster stehen weit verstreut auf dem trocke-nen, kargen Boden. Alles ist verdorrt, nur hier und da ist ein grüner Busch zu sehen.

Die Gebäude wirken, als hätte man sie vor ewigen Zeiten für eine Filmkulisse dort aufgebaut und vergessen, sie wieder abzubauen, es ist völlig surreal.

Mehr als 6000 Sprengfallen, Antipanzer- und Antipersonenminen konnten die Experten des Minenräumteams rund um die Sakralbauten und auch innen ausmachen. Mit Hilfe von Drohnen und Spezialkameras haben sie das Gelände kartografiert. »Die Bestandsaufnahme ist okay, aber sie ist nicht exakt. Deshalb ist es hier so gefährlich. Komm mit, ich zeige dir was.« Marcel läuft ziemlich festen Schrittes auf ein Kloster zu, ich versuche, ihm ein wenig leichtfüßiger und mit etwas Abstand zu folgen. Panzerabwehrminen lösen bei einem Gewicht ab 70 Kilo aus, schießt es mir durch den Kopf, das hatte ich irgendwo in Afghanistan mal aufgeschnappt. Vielleicht stimmt es auch gar nicht. Jedenfalls denke ich in dem Moment, dass ich weniger Gewicht auf die Waage bringe und Glück haben könnte, falls Marcel doch nicht den richtigen Weg nehmen sollte. »Das Kloster hier ist von den Äthiopiern«, erläutert er, während er die Tür öffnet. »Die Mönche haben sicher Hals über Kopf die Flucht ergriffen: Da steht das Bett eines Mönchs, das ist sein Schreibtisch. Und da ist die Granate eingeschlagen.« Ein riesiges Loch gähnt an der Kopfseite der kleinen Kammer. Wüstensand bedeckt alte Schränke und Stühle, die die Bewohner bei ihrem überstürzten Aufbruch zurückgelassen haben. Auf dem Boden liegt noch eine Zeitschrift aus dem Jahr 1967.

»Komm, ich zeige euch die Kirche.« Als wir am Gebäude des Klosters entlang auf die Kirche zugehen, ruft Marcel plötzlich: »Stopp!« Kameramann Tim und ich fahren zusammen. »Entschuldigung, ich wollte euch nicht erschrecken, aber seht her, das ist eine klassische *Booby Trap*, ein Sprengfalle, die extra so konstruiert wurde, dass sie ausgelöst wird, wenn jemand diese Tür öffnet. Sie ist verdrahtet und mit einer Granate verbunden. So etwas finden wir nicht auf den alten Karten, das kann man nur mit Metalldetektoren und viel Erfahrung erkennen. Zentimeter für Zentimeter muss man hier arbeiten, manchmal auch mit den Händen, weil die Geräte nicht fein genug messen.« Wir betreten die Kapelle. Das Steinkreuz über dem Altar ist noch intakt.

Viereckige Säulen an den gelben und blauen Wänden tragen das Kirchendach. Doch der Boden des Gotteshauses ist mit Schutt und Staub bedeckt. Schränke – oder das, was noch von ihnen übrig geblieben ist –
liegen kreuz und quer auf dem Boden. Ein großes Loch in der Wand zeugt ebenfalls von dem vergangenen Kriegsgeschehen. Die Fresken über dem Altar sind gut erhalten, die an den Seitenwänden hingegen weisen Einschusslöcher auf. Trotzdem sind viele Szenen aus dem Neuen Testament gut erkennbar.

Insgesamt vier Klöster haben Marcel und sein Team zu dem Zeitpunkt bereits von Minen befreit und rund 1500 explosive Kriegsüberreste entfernt. Fast ein wenig ergriffen betrachtet Marcel Aviv eine Bibelszene mit Maria Magdalena. »Alles hier ist so wunderschön. Ich kenne das

Mit Kameramann Tim im Minengebiet – nur keinen Fehltritt!

Neue Testament nicht gut, eigentlich gar nicht, aber wenn ich einen religiösen Ort sehe, der so verwüstet wurde, dann verlassen werden musste, und jetzt daran denke, dass er durch unsere Arbeit bald wieder mit Leben erfüllt sein wird, dann ist das ein wirklich schönes Gefühl. 800 000 Pilger kommen jedes Jahr hierher, aber es könnten drei Millionen werden, wenn wir alle Minen geräumt haben«, hofft Marcel Aviv. »Das ist meine Vision.«

2020 haben sie es tatsächlich geschafft. Qasr-al-Yehud ist minenfrei. Marcels Wunsch, dass die Klöster richtig wiederbelebt werden, könnte in Erfüllung gehen. Als Erstes hat im Herbst 2020 der Franziskanerorden sein Kloster zurückerhalten. Nun können die verschiedenen Klostergemeinschaften frei entscheiden, ob hier auch wieder Mönche leben sollen. Das Gelände ist sicher.

DER SÜDEN

DAS TOTE MEER

Von Qasr al-Yahud aus ist es nicht mehr weit bis zum Toten Meer. Etwas mehr als die Hälfte des Nordbeckens liegt auf palästinensischem Gebiet, allerdings nur das Westufer.

Etwas weiter südlich beginnt das israelische Staatsgebiet. Von Qasr al-Yahud bis Ein Gedi sind es rund 50 Kilometer, für die man rund eine Stunde Fahrt einplanen sollte. Das Ostufer wiederum gehört zu Jordanien, und die Grenze zu Israel bzw. den Palästinensischen Gebieten verläuft mitten durch das Tote Meer. Wirtschaftlich profitieren die Palästinenser allerdings kaum von den Möglichkeiten, die das Tote Meer bietet. Eine kleine Firma im Norden baut etwas Salz ab, wenig erfolgreich. Auch den Tourismussektor bespielen allein die Israelis, Hotels und Übernachtungsmöglichkeiten findet man in Ein Gedi und weiter südlich in Ein Bokek. Die jordanische Seite ist touristisch ebenfalls gut erschlossen, viele Fünf-Sterne-Hotels stehen gleich am Ufer.

Forscher Eli Raz auf einer Salzsäule mitten auf dem Toten Meer.

Die Strecke am Ufer des Toten Meeres entlang ist einer meiner liebsten Abschnitte auf der Road 90. Es fällt nicht leicht, sich auf die Straße zu konzentrieren, denn sobald man Kalia Beach erreicht hat, ist die Aussicht einfach atemberaubend.

Salzsäulen im Toten Meer

Die glatte Oberfläche des Toten Meeres wird zum perfekten Spiegel: Die roten Berge Jordaniens ragen am gegenüberliegenden Ufer in die Höhe, während ihr Spiegelbild flach auf dem Wasser liegt. Hier ist der tiefste Punkt der Erde, über 400 Meter unter dem Meeresspiegel. Wer an Archäologie und Bibelgeschichte interessiert ist, sollte hier einen kleinen Umweg einplanen. Kurz hinter Kalia Beach geht es von der 90 rechts ab Richtung Qumran National Park. Qumran ist der Name einer antiken Siedlung schätzungsweise aus der Zeit um 80 v. Chr., die etwa 150 Jahre später von den Römern zerstört wurde. Qumran ist vielen ein Begriff, seit Mitte des 20. Jahrhunderts in elf Felsenhöhlen in der Umgebung die berühmten Schriftrollen vom Toten Meer gefunden wurden, darunter die älteste bekannte Handschrift der Bibel. Konserviert und ausgestellt wird sie im Israel Museum in Jerusalem. Der Nationalpark ist für Touristen zugänglich, zumindest dort, wo nicht gerade Archäologen ihre Ausgrabungsstätten eingezäunt haben. Die gesamte Region am Toten Meer wird seit Langem archäologisch erforscht. Immer wieder kommt es zu spektakulären Funden, zuletzt erst 2021, als man erneut auf Dutzende Fragmente einer 2000 Jahre alten Schriftrolle stieß. Die überwiegend auf Griechisch verfassten Texte enthalten biblische Schriften aus den zwölf sogenannten kleinen Propheten, darunter Sacharja und

Nahum. Die Fundstücke stammen aus einer Höhle im Wadi Nachal Chever, südwestlich von Qumran. Sie liegt rund 80 Meter unterhalb der Felskante und ist nur schwer zugänglich. Bekannt wurde sie als »Schreckenshöhle«, weil dort 40 Skelette aus der Zeit des Bar-Kochba-Aufstands (132–136 n. Chr.) gefunden wurden. Auf einem der Fragmente identifizierten die Wissenschaftler zwei Verse aus dem achten Kapitel des Propheten Sacharja: »Das sind die Dinge, die ihr tun sollt: Sagt untereinander die Wahrheit! Fällt an euren Stadttoren Urteile, die der Wahrheit entsprechen und dem Frieden dienen. Plant in eurem Herzen nichts Böses gegen euren Nächsten und liebt keine verlogenen Schwüre! Denn das alles hasse ich – Spruch des Herrn.«

Ein Abstecher nach Jordanien

Wer plant, einen Abstecher nach Jordanien zu machen, muss mit einigem organisatorischen Aufwand rechnen. Es gibt drei Grenzübergänge. Die Allenby-Brücke in der Nähe des Toten Meeres wird fast ausschließlich von palästinensischen Arbeitern und Geschäftsreisenden genutzt. Als Ausländer braucht man ein Visum für Jordanien und muss viel Zeit mitbringen. Vier Stunden haben meine Familie und ich dort einmal auf den Grenzübertritt gewartet. Der nördlicher gelegene Grenzübergang bei Bet Schean ist etwas besser organisiert, aber auch hier braucht man ein Einreisevisum für Jordanien. Lediglich der Grenzübergang von Eilat nach Akaba, ganz im Süden am Roten Meer, verfügt über eine Visastelle vor Ort oder bietet die Möglichkeit, mit dem zuvor im Internet gebuchten Jordan-Pass einzureisen. Die Wartezeiten sind hier meistens kurz und die Grenzbeamten auf beiden Seiten an ausländische Touristen gewöhnt.

Wer rettet das Tote Meer? Oder:
Eine Bootstour mit Jaki

Nach diesem Ausflug in die ferne Vergangenheit sind wir wieder zurück im Heute und auf der 90. Den kleinen Checkpoint, der den Übergang von den besetzten Palästinensergebieten nach Israel markiert, übersieht man beinah inmitten dieser schönen Landschaft. Man muss kein begeisterter Fotograf sein, um hier ein Postkartenmotiv nach dem anderen zu entdecken. Doch die Bilder von scheinbar unberührter Natur täuschen über ein großes Problem hinweg: Das Tote Meer stirbt. Mit jedem Jahr sinkt der Wasserspiegel weiter, und es ist nur eine Frage der Zeit, bis das Gewässer ganz verschwinden wird. Schon jetzt ragen immer mehr Salzsäulen wie Pilze aus dem Wasser. Und mitten auf einem solchen Pilz steht Professor Eli Raz. Ich entdecke ihn bereits von Weitem. Sein grünes T-Shirt ist wie ein Leuchtpunkt auf der weißen Salzsäule. Eli ist Geologe und besessen vom Toten Meer, wie er selbst sagt. Sein Freund Jaki Ben Zaken hat ihn eine Stunde zuvor mit dem Boot zur Salzsäule gebracht und dort abgesetzt, damit Eli sie in Ruhe untersuchen kann. Jaki und ich sind am Strand verabredet. Der Weg dorthin ist ziemlich holperig und ohne Allradantrieb kaum zu bewältigen. Sein rotes Boot hat Jaki schon startklar gemacht. Er ist einer der wenigen am Toten Meer, die überhaupt ein Boot haben, denn es ist extrem aufwändig, dieses in Schuss zu halten. Der hohe Salzgehalt des Wassers greift alle Oberflächen an. Nach jeder Fahrt muss Jaki das Boot an Land ziehen und mehr als gründlich abspülen, sonst würden im Nu Löcher entstehen. Jaki und Eli kennen sich seit mehr als 40 Jahren, so lange schon untersucht Eli das Tote Meer, und Jaki nimmt ihn seitdem mit aufs Wasser. Doch Eli und Jaki verbindet mehr als das Interesse an wissenschaftlichen Phänomenen. Beide Männer leben nicht nur am Toten Meer, das Tote Meer ist ihr Leben. Doch nun liege es im Sterben, sagt Jaki, und es sei ihre Mission, es zu retten. Wir steigen in sein Boot. »Lass uns erst einmal Eli abholen, dann zeigen wir dir alles, was hier wichtig ist.« Auch Eli macht keine großen Worte zur Begrüßung, als wir uns der Salzsäule nähern. »Seht mal«, ruft er, »das ist sehr interessant, was hier gerade passiert. Wasser sprudelt von tief unten hier hoch. Es ist vermutlich Grundwasser, kein salzhaltiges Totes-Meer-Wasser. Diese Mischung aus salzigem und Totem-Meer-Wasser lässt die Säulen wohl besonders gut wachsen.« Eli kommt an Bord. »Dem Toten Meer geht es wirklich immer schlechter, und als Forscher ist es meine Aufgabe, darauf aufmerksam zu machen.« Wir fahren zu einem Strand, einst einer der beliebtesten Badestrände am Toten Meer. Inzwischen ist er nur noch vom Wasser aus erreichbar. Die Anfahrt über Land ist lebensgefährlich, zu viele Senklöcher haben sich aufgetan, deswegen ist die Straße gesperrt. »Senklöcher sind die größte Bedrohung hier. Da drüben kannst du eins sehen.« Nur ein paar Schritte laufen wir über den unter unseren Schuhen knirschenden Salzteppich, als sich vor uns ein riesiger Krater auftut. Das also ist ein Senkloch. Man möchte nicht hineinstürzen. Aus eigener Kraft dürfte man sich da nicht herausretten können. Diese Abgründe sind wahre Fallen, mit einem glitschigen Schlammbett, gelegentlich mit Brackwasser gefüllt. Dazu hängen die Außenränder ihrer karstigen, steil abfallenden Seiten meist über, so dass erst recht kein Entkommen wäre. Ein Blick in die Tiefe genügt, um trotz flirrender Hitze zu schaudern. 1989 wurde das erste Senkloch entdeckt. Heute seien es mehr als 6000, dabei seien die auf jordanischer Seite noch gar nicht mitgezählt, erläutert Jaki. Die Krater tun sich dort auf, wo sich das Tote Meer wegen der Wasserknappheit zurückgezogen hat. Dann werden alte Salzkammern, die unter der Oberfläche liegen, von Grund- und Regenwasser ausgespült. Wenn die Hohlräume einstürzen, können sie ganze Häuser verschlucken oder Straßen zum Kollabieren bringen. Auch die Road 90 ist davon bedroht. Auf der gesamten Länge des nördli-

Jaki Ben Zaken

chen Beckens gibt es deshalb heute nur noch in Kalia und Ein Gedi Zugänge zum Toten Meer mit der Möglichkeit zu baden. Andernorts warnen große Schilder mit Totenköpfen vor der Lebensgefahr durch die Senklöcher, wie an dem Strand, an dem wir stehen. Ein vom salzigen Wasser aufgequollenes Buch liegt auf dem Boden, ein paar kaputte Sonnenschirme leisten ihm Gesellschaft. Sie sind die letzten Zeugen besserer Tage. Viele befreundete Familien hätten die Region in den vergangenen Jahren verlassen, erzählen mir Jaki und Eli. Durch den Verfall der Strände seien weniger Touristen gekommen und damit enorm viele Jobs weggefallen. Jaki regt das auf: »Das tut weh, weil wir es nie wieder rückgängig machen können. Wir sind eine Region mit wenigen Einwohnern, offenbar sind wir der Regierung nicht sexy genug, damit sie sich kümmert. Möglicherweise sind wir aber auch nur nicht laut genug.«

Wir steigen wieder ins Boot, denn Jaki will noch eine andere Stelle ansteuern, die Wissenschaft ruft. »Die Zusammensetzung des Wassers ist einzigartig«, erläutert Eli, »in allen Salzgewässern der Erde ist der Hauptbestandteil Sodium, aber hier im Toten Meer ist es Magnesium. Wenn du das Wasser anfasst, fühlt es sich ein wenig ölig, fettig an, das wiederum liegt an dem hohen Kalziumanteil. Wie gut das Wasser für die Haut ist, weißt du ja sicher, deswegen kommen ja auch viele Menschen mit Hautkrankheiten zur Kur hierher. Aber auch die Luft ist gesund. Sie enthält viel Brom, und das beruhigt die Nerven. Vielleicht sind wir nur deswegen noch hier.«

Dass der Spiegel des Toten Meeres kontinuierlich sinkt, liege an den Menschen und der Wasserarmut in der Region. »Syrien, Libanon, Jordanien und Israel, alle bedienen sich am Wasser des Jordans. Er ist ja auch nur noch ein Rinnsal. Aber der Jordan ist der einzige Zufluss ins Tote Meer, das ansonsten ein geschlossener See ist. Das Wasser verdampft in der Sommerhitze. Da immer weniger Wasser aus dem Jordan ins Tote Meer fließt, als am Ende des Sommers verdampft sein wird, sinkt der Wasserspiegel, das ist ein einfaches Naturgesetz. Die Schönheit, die dadurch auch entsteht, wie eben diese Salzsäulen, ist eigentlich eine Tragödie. Sieh mal, hier liegen Salzperlen, sie sind einzigartig. Nimm ein paar für deinen Sohn mit.«

Um rund einen Meter pro Jahr sinkt der Pegel des Toten Meeres. Schon lange liegen in den Schubladen der Regierungen von Jordanien, Israel und der Palästinensischen Autonomiebehörde Rettungspläne bereit. Eine Pipeline, die Wasser vom Roten Meer ins Tote Meer leiten soll, ist nur eine der Ideen, die in den letzten Jahrzehnten entwickelt wurden. Doch neben den wissenschaftlichen und technischen Bedenken gegen das Pipeline-Projekt komme man vor allem auf politischer Ebene nicht zusammen. »Frag Jaki, er fährt manchmal mit seinem Boot nach Jordanien und trinkt dort einen Kaffee. Das ist kein Problem. Das Problem sind die da oben, die Politiker. Sie können sich wie immer nicht einigen«, schließt Eli ein wenig resigniert.

Eli und Jaki wollen trotzdem nicht aufgeben. Sie werden weiter für das Überleben des Toten Meeres kämpfen.

Eine Bootstour auf dem Toten Meer

Wer Jaki Ben Zaken persönlich kennenlernen will, kann sich zu einer Boots- oder Kajaktour bei ihm oder seiner Frau Orit anmelden. Beide sprechen Englisch. Die Touren finden ganzjährig statt, im Sommer kann man schon ab 5 Uhr durch die morgendliche Stille gleiten. Weitere Informationen und Kontaktangaben finden sich auf dieser Website: www.deadsea.com/explore/outdoors-recreation/sports-activities/sailing-on-the-dead-sea.

Tipp!

Ein Gedi: Leben und Arbeiten
im Botanischen Garten

Er ist zwar längst kein Geheimtipp mehr, aber zum Übernachten am Toten Meer noch immer der schönste Ort auf israelischer Seite: der Kibbuz Ein Gedi. Zudem ist er der einzige bewohnte Botanische Garten der Welt. 210 Menschen leben in dieser Oase, in der Saison halten sich meist genauso viele

Am Ende des David-Pfads

Gäste hier. Obwohl Ein Gedi mitten in der Wüste liegt, dreht sich hier alles ums Wasser. Die vier großen Quellen, die Ein Gedi speisen, sind die Lebensadern des Botanischen Gartens, der rund 900 Pflanzenarten beherbergt und sich über des gesamte Areal oberhalb des Toten Meeres erstreckt. Bei meinem ersten Besuch treffe ich zufällig Mani Gal. Ich verbringe mit meiner Familie das Wochenende hier. Jonas interessiert sich mehr für den Spielplatz mitten im Kibbuz und weniger für den Botanischen Garten, als Mani vorbeikommt und wissen möchte, wo wir

herkommen und wieso unser Sohn Hebräisch spricht. Die Erklärung übernimmt Jonas selbst: »Wir kommen doch aus Tel Aviv, und ich gehe in Jaffa in den Kindergarten. Dort sprechen alle Hebräisch, nur zu Hause sprechen wir Deutsch, weil meine Eltern nicht gut Hebräisch können.« Mani lacht und wendet sich an mich: »Na, da hast du aber einen kleinen Israeli zu Hause, schüchtern ist er ja überhaupt nicht.«

»Ach weißt du«, gehe ich auf seine scherzhafte Bemerkung ein, »er kommuniziert halt gern, das muss er wohl von seinem Vater haben.« Da müssen wir alle lachen.

Mani Gal ist seit mehr als 50 Jahren Mitglied des Kibbuz und damit fast von Anfang an dabei. Gegründet wurde Ein Gedi 1956 von einer Gruppe Israelis, die in der sozialistischen Jugendbewegung »Noar Ha' Oved« aktiv waren. Am Anfang war hier nur ein felsiges Plateau, kein einziger Baum, kein Strauch. »Der Ort lag damals fernab von allem und fernab von der Zivilisation, wenn du so willst«, erzählt Mani. »Aber das machte wohl den Reiz aus. Hier konnten wir alle neu anfangen, so richtig etwas aufbauen.« Wir kommen an einem Spielplatz vorbei. Dort steht ein großes Klettergerüst, es hat die Form einer Lokomotive, die Jonas sehr gefällt. »Die haben wir selbst gebaut«, erklärt Mani ihm, und während Jonas auf der Lokomotive herumturnt, erzählt Mani weiter von seinen Pflanzen und den Bemühungen der Kibbuzniks, hier eine exotische Oase zu schaffen.

Von Beginn an wurde fleißig gesät und gepflanzt. Dabei kamen jedes Jahr, neben Palmen und Kakteen, auch neue exotische Pflanzen hinzu – Moringa, Zamia, Papaya, Baobab-Bäume. Mani kennt sie alle, seit er in Ein Gedi lebt, dokumentiert er akribisch jeden Neuzugang im Botanischen Garten. »Wir haben den Garten nicht gezielt angelegt und hatten dabei auch nicht möglichen Tourismus im Sinn«, erklärt er.

»Wir wollten einfach einen grünen Flecken Erde schaffen, damit sich die Menschen hier in der Wüste heimisch fühlen können.« Es ist schon erstaunlich, dass an einem Ort, der so heiß und trocken ist, an dem die Sonne gnadenlos fast das ganze Jahr hindurch vom Himmel brennt, die tropischen Pflanzen so gut gedeihen.

Die regelmäßige Versorgung mit frischem Quellwasser scheint es möglich zu machen, genau wie die unermüdliche Fürsorge durch Mani Gal und die anderen Kibbuzgärtner. Mani ist stolz darauf, dass er hier Pflanzen zum Blühen bringt, die aus Brasilien, Madagaskar oder Florida stammen.

In den Gründungsjahren finanzierte sich der Kibbuz durch den Anbau von Gemüse und Datteln. Den Gemüseanbau haben sie längst aufgegeben, er lohnte sich nicht. Die Dattelplantagen sind zwar noch da, aber sie sind akut durch Senklöcher bedroht. 3000 Dattelpalmen sind bereits verloren gegangen. Viele sind umgekippt, das Wurzelwerk ragt in die Luft, als ob ein Wirbelsturm die Bäume herausgerissen hätte. Anfangs habe man noch versucht, die zwischen den Palmen aufgeplatzten Riesenlöcher zuzuschütten, erzählt Mani, doch es seien zu viele geworden – und die Arbeit auf der Plantage damit plötzlich richtig gefährlich. Die Regierung habe ihnen daraufhin zwölf Kilometer südlich ein Ersatzgebiet für den Dattelanbau zugewiesen. Ein schwacher Trost, meint Mani. Immerhin droht den Kibbuz-Mitgliedern auf ihrem Gelände keine Gefahr, dafür liegt Ein Gedi zu weit oben am Hang.

Die Haupteinnahmequelle des Kibbuz ist bereits seit den Sechzigerjahren der Tourismus. Die Hotelzimmer und Ferienhäuschen befinden sich hinter dem Hauptgebäude. Auch dieser Teil des Areals ist wunderschön bepflanzt und wirkt wie eine Fortsetzung des Botanischen Gartens. »Es riecht nach Weihrauch und Myrrhe, kann das sein?«, will ich von Mani wissen. »Das stimmt«, sagt er stolz, »wir möchten Pflanzen, die in biblischer Zeit wuchsen, neu anpflanzen, und das klappt hervorragend. Wir machen sogar Kosmetik aus Myrrhe. Den Extrakt härten wir und mischen ihn anschließend mit Öl. Er ist sehr gut für die Haut.«

Dass Mani täglich nicht nur kleine Familien wie uns, sondern auch große Besuchergruppen durch den Garten führt und die Fremden neugierig in die Wohnzimmer der Kibbuz-Bewohner schauen, stört hier niemanden.

Auch Jonas darf sich den Spielplatz mit den Kibbuz-Kindern teilen und wird nicht auf die andere Seite geschickt, wo die Hotelanlage liegt. Besuch, der die tropische Pracht zu schätzen weiß, ist immer willkommen. Auf den Rasenflächen und den Wegen tummeln sich die pelzigen Klippschliefer, die ein wenig wie überdimensionierte braune Meerschweinchen aussehen. Sie sind hier so zahlreich und selbstbewusst, als gehörte der Kibbuz ihnen. Von den spielenden Kindern lassen sie sich überhaupt nicht beeindrucken.

Eine Wanderung im Nationalpark

Wer in Ein Gedi halt macht, sollte unbedingt Zeit für einen Ausflug in die Natur einplanen. In sicherer Entfernung zu den Senklöchern führt einer der Pfade ins Wadi David, ein anderer, deutlich längerer, ins Wadi Arugot. Mit Kind war immer der David-Pfad unsere bevorzugte Wanderstrecke. Inmitten der steinig-kargen Wüstenlandschaft führt der Weg durch Bambus, Farn und Gummibäume, vorbei an plätschernden Bächen. Plötzlich rauscht ein Wasserfall, und ein natürliches Becken lädt zum Baden ein. Ruhesuchende sollten jedoch die Wochenenden meiden, denn dann fallen die israelischen Großfamilien hier ein. Da die Wanderrouten durch die Wadis in einem Nationalpark liegen, sind sie nicht kostenfrei. Dafür gibt es aber einen Parkplatz gleich am Eingang.

Tipp!

Es ist kurz vor Sonnenuntergang, und die Felsen leuchten rötlich-golden. Mani begleitet uns zur Hotelanlage. »Lasst uns den Weg auf der Bergseite nehmen.« Auf der Rückseite des Kibbuz erstrecken sich die felsigen Wüstenberge. »Da!«, ruft Jonas plötzlich und zeigt mit seinem Finger in die Richtung, in der unser Zimmer liegt. Direkt unter unserem Balkon steht eine Gruppe nubischer Steinböcke. Mani lacht: »Das habe ich mir gedacht, dass die jetzt zu Besuch kommen. Schau mal, was für riesige Hörner sie haben, Jonas!« Jonas ist begeistert. »Wir sind nicht so begeistert von diesem Besuch. Sie kommen ja täglich hierher, weil es bei uns im Garten jede Menge Leckeres zu fressen gibt.

Aber okay, was sollen wir machen, auch die wilden Böcke gehören jetzt irgendwie zu uns.« Das Kibbuz-Hotel hat einen großen Swimmingpool mit Blick auf das Tote Meer. Gleich daneben ist ein Spa, den nur Erwachsene betreten dürfen. Früher konnten die Gäste mit einem Shuttle zum kibbuzeigenen Strand fahren und sich im Wellnessbereich Schlammpackungen verabreichen lassen. Der Kibbuz hatte den Spa damals direkt ans Ufer gebaut, doch heute liegt die längst geschlossene Anlage kilometerweit vom Wasser entfernt. Die gesamte Zufahrt von der Road 90 zum ehemaligen Strand ist von Senklöchern verwüstet.

Nicht umsonst warnen entlang der 90 immer wieder Schilder auf Hebräisch, Arabisch und Englisch: »Vorsicht, Senklöcher-Gebiet«. Damit rechnen zu müssen, dass der Boden jeden Moment unter den Füßen wegsacken könnte, verursacht schon ein mulmiges Gefühl. Mani glaubt zwar nicht, dass sich die Touristen von den Senklöchern davon abhalten lassen, nach Ein Gedi zu kommen, denn die Auslastungsquote sei noch gut. Doch für diesen Erfolg hätten sie 2015 auch kräftig investiert. 30 Millionen Schekel, umgerechnet rund 7,5 Millionen Euro, wurden insgesamt ausgegeben, um die 166 Zimmer zu sanieren und zu vergrößern.

Masada bei Sonnenaufgang

Mythos Masada

16 Kilometer südlich von Ein Gedi wartet Israels imposantestes Symbol der Freiheit: Masada. Kaum eine Israel-Rundreise lässt den Besuch der berühmten Festung hoch oben auf dem Felsplateau aus. Eine Seilbahn bringt Touristen vom Parkplatz aus bequem auf 440 Meter hoch.

Die Geschichte von Masada

Berühmtheit erlangte die Felsenfestung dadurch, dass die Römer 73 n. Chr. hier auf den letzten jüdischen Widerstand stießen. Nach dem Fall Jerusalems, der Heiligen Stadt, hatten sich jüdische Patrioten in die strategisch günstig gelegene Festung Masada zurückgezogen. Sieben Jahre lang konnten die Widerstandskämpfer Masada halten. Doch auch ihnen wurde nach monatelanger Belagerung durch die militärisch überlegenen Römer klar, dass sie schließlich würden kapitulieren müssen. Ein Leben in Sklaverei erwartete sie. Da fasste der jüdische Befehlshaber Eleazar den grausamen Beschluss, der Masada zur Legende machen sollte: Sie sollten durch die eigene Hand und nicht die der Römer sterben. Und so ereignete sich hoch oben auf der Felsenfestung ein kollektiver Selbstmord, der noch heute für den unbeugsamen Willen des jüdischen Volkes steht, sich niemals zu unterwerfen. Masada wurde dadurch zum Symbol für den Freiheitswillen und dient zugleich als abschreckendes Beispiel. Nie wieder sollten sich Israelis selbst opfern müssen, »nie wieder darf Masada fallen«. Dieser Satz, den in Israel jedes Kind kennt, war Teil der Eidesformel, den sogar noch nach der Jahrtausendwende israelische Soldaten hoch oben auf Masada abgelegt haben.

Dabei ist es viel schöner, Masada zu Fuß zu erklimmen, und zwar vor Sonnenaufgang! Die Seilbahn nimmt morgens um 8 Uhr den Betrieb auf, da ist es bereits hell. Wir hingegen stellen uns den Wecker in Ein Gedi auf 4:30 Uhr. So früh aufzustehen fällt im ersten Moment zwar schwer, lohnt sich aber. Vom Kibbuz-Hotel bekommen wir ein Frühstückspaket mit auf den Weg. Wir parken in der Nähe der Seilbahn und halten Ausschau nach der sogenannten »Snake Route«, die sich in Serpentinen den felsigen Hang hochschlängelt. Wir haben Taschenlampen dabei, doch es dämmert schon ein wenig. Den ausgetretenen Pfad kann man nicht verfehlen und gelangt in knapp einer Stunde zur Festung hinauf. Da der Aufstieg kein Geheimtipp ist, sind wir nicht ganz allein unterwegs, aber das macht nichts, Massen pilgern um diese Uhrzeit noch nicht hier hoch.

Kaum sind wir oben, geht über den jordanischen Bergen die Sonne auf. Das verdunstende Wasser über dem Toten Meer sorgt dabei für einen romantischen Weichzeichner-Effekt. Ein ausgiebiges Picknick wird von den Angestellten hier oben nicht gern gesehen, ein mitgebrachtes Sandwich zum Sonnenaufgang zu essen ist allerdings nicht verboten. Für den Rundgang und das Museum sollte man dann noch zwei bis drei Stunden einplanen.

Oper in der Hitze der Nacht

Wer Glück hat und seine Reise entsprechend planen konnte, kann allerdings noch ein ganz anderes Spektakel in Masada erleben, und zwar in der Hitze der Nacht. Die Temperaturanzeige im Auto leuchtet: 40 Grad. Wir sind wieder auf der 90 unterwegs nach Masada, und in der Wüste sind diese Temperaturen tagsüber im Frühsommer zu erwarten, doch es ist bereits 20 Uhr! ›Die Hitze lässt sich hier offenbar von der Dunkelheit nicht nennenswert beeindrucken‹, denke ich, und soll recht behalten, denn auf unserer Rückfahrt um zwei Uhr nachts werden immer noch 39 Grad angezeigt. Bereits aus der Ferne sehen wir Lichter, das gesamte Felsmassiv von Masada wird kunstvoll in verschiedenen Farben angestrahlt, eine ganze Batterie an Scheinwerfern wurde dafür an brummende Generatoren angeschlossen. Erstmal stehen wir aber im Stau. Autos, Motorräder, Reisebusse, alle wollen Richtung Felsmassiv. Es wird gehupt und geschimpft, genau wie in Tel Aviv nach zwanzig Minuten Kolonne fahren. Schließlich winkt uns ein grummelig dreinschauender Herr in neongelber Warnweste mit seiner Kelle und weist uns einen Parkplatz zu. Richtung Zelte sollen wir laufen, immer dem Lärm nach. Puh, in der Hitze klebt sofort die Kleidung am Körper fest. Von den Zelten her dröhnt Musik, Gerede, Gelächter. Am Eingang werden unsere Taschen und Eintrittskarten kontrolliert, als gingen wir zu einem Rockfestival. Festival stimmt auch, aber heute wird in der Wüste hohe Opernkunst geboten.

Die Israeli Opera aus Tel Aviv ist mit einem Tross aus Sängern, Orchestermusikern und fast 1000 Technikern für das »Israeli Opera Festival« in Masada angereist.

In gebührendem Abstand vom mythischen Felsen wurde eine riesige Bühne errichtet, der Berg schimmert im Hintergrund. Jedes Jahr im Frühsommer findet dieses Ereignis statt, Pandemiejahre ausgenommen. Einfach ist es nicht, mitten im Nichts eine Opernbühne für nur zwei Wochenendvorstellungen aufzubauen. Drei Monate Vorarbeit sind nötig und ein Budget von umgerechnet mehr als 7 Millionen Euro. Alles, was für die Inszenierung gebraucht wird, muss eigens aus Tel Aviv herangeschafft werden. Die Organisatoren haben Straßen gebaut und Stromleitungen gelegt und einen Shuttle-Service organisiert. Dann wird passend zur jeweiligen Oper eine ganze Stadt vor der Open-Air-Arena aufgebaut, mal im französischen Brasserie-Stil, mal als Kulisse für ein römisches Gelage. Schülergruppen stehen herum, schlecken Eis und lassen Popmusik aus ihren Handys dröhnen. Noch bevor es losgeht, treffe ich Daniel Oren. Für den Dirigenten des Opernhauses Tel Aviv ist die gelöste Stimmung vor Ort nicht ehrenrührig. »Im Gegenteil«, lacht er, »ich finde diese fröhliche, laute Atmosphäre hier toll. So sind wir Israelis halt und, hey, wir haben in unserem Land keine Operntradition. Das Publikum müssen wir erst langsam an die

Musik heranführen. Und warte es ab: Wenn Masada zur beleuchteten Requisite wird, stockt selbst mir jedes Mal aufs Neue der Atem. Ich bin dann von der Magie des Ortes so ergriffen, dass mir fast die Tränen kommen.« Dann muss er los und verschwindet hinter der Bühne.

Um 21:15 Uhr ertönt der Gong, die Zuschauer sollen ihre Plätze einnehmen. Wir bahnen uns einen Weg über die gigantische Tribüne, 7500 Sitzplätze gibt es, doch so ohne Weiteres können wir unsere Plätze nicht finden. »Entschuldigen Sie, ist das Reihe 17, Platz 23?« »Sicher, aber in welchem Block sind Sie denn? Nicht hier, hier sitzen wir.« »Verzeihung!« So geht das Gedränge weiter, wir sind nicht die einzigen Suchenden. Es herrscht *balagan*, Chaos. *Balagan* ist mein Lieblingswort auf Hebräisch, denn es beschreibt chaotische Situationen jedweder Art. Kinder machen in ihren Zimmern *balagan* und räumen nicht auf, ich mache *balagan* in der Küche, wenn ich koche und es hinterher wüst aussieht, aber auch die Regierung macht *balagan*, wenn sie sich mal wieder nicht auf ein Gesetz einigen kann, und nicht zuletzt ist auch der Konflikt ein Dauer-*balagan*. Aber wie immer im Nahen Osten löst sich kleiner *balagan* am Ende in Luft auf. Wurde gerade noch geschrien und gezetert, so können dieselben Menschen gleich darauf schon wieder miteinander lachen. Zwischen »Du Idiot!« bis »Alles okay, *motek-sheli*, meine Süße, hier hast du Popcorn« liegt manchmal nur eine Minute. In der Freiluft-Oper heißt das: Jeder sitzt am Ende doch auf seinem Platz. Pünktlich anfangen, das geht dann – aus welchen Gründen auch immer – nicht, aber das macht nichts. Erst kurz vor 22 Uhr betritt der erste Sänger die Bühne. Wir sehen und hören Puccinis »Tosca«. Den meisten Zuschauern ergeht es während der Aufführung wie dem Dirigenten Daniel Oren.

Die Emotionen schäumen über, Tränen fließen, es wird geseufzt und manchmal auch ein bisschen diskutiert, zum Leidwesen derer, die dann doch eigentlich die Musik hören möchten. All das liegt nicht nur an der tragischen Liebesgeschichte zwischen Tosca und Cavaradossi, sondern auch an der einzigartigen Kulisse und der Geschichte des Ortes.

Für die Sänger ist das Open-Air-Festival eine besondere Herausforderung. Der 40 Grad heiße und trockene Wüstenwind macht vor der Bühne nicht halt. Absicht oder Zufall – um Punkt Mitternacht sinkt Cavaradossi im Kugelhagel des Erschießungskommandos tot zu Boden. Am Ende stürzt sich Tosca von der Engelsburg. Selbstmord vor Masada, das lässt an diesem Abend keinen Zuschauer kalt.

Vom Wasser getragen

Doch was wäre ein Besuch am Toten Meer, ohne einmal auf dem Wasser zu liegen und von ihm getragen zu werden, ohne sich auch nur im Mindesten anstrengen zu müssen? Dieses Erlebnis sollte sich natürlich niemand entgehen lassen, der auf der Road 90 am Toten Meer entlangfährt. Die sichersten Badestellen liegen im südlichen Becken, in der kleinen Stadt Ein Bokek. Na ja, eine Stadt ist es eigentlich nicht, eher eine Ansammlung von Hotels – architektonisch gesehen kein Highlight. Kommt man von Ein Gedi, also aus nördlicher Richtung, sieht man die Bettenburgen schon von Weitem. Dazwischen laufen in der Regel viele Tagesausflügler, Urlauber und Kurgäste herum, und zwar meistens im Bademantel. Denn mit Bademantel ist man fast immer und überall in Ein Bokek gut angezogen. Auf dem Frotteerevers prangt meistens das Logo eines der renovierungsbedürftigen und dabei überteuerten Fünf-Sterne-Hotels, in dem der Mantel geliehen wurde. Aus diesem skurrilen Ort, in dessen Zentrum eine schäbige Shoppingmall steht, in der man Kosmetik, Eis und Fast Food kaufen kann, will ein Mann seit Jahren mehr machen: Amir Halevi. Er

Wie Perlen: Salzkristalle am Strand des Toten Meeres.

ist der Generaldirektor des israelischen Tourismusministeriums und hat ehrgeizige Pläne: »Das Tote Meer wird zum Leben erweckt. Wir bauen hier den größten Spa der Welt, und die Welt wird zu uns kommen.« Er macht klar: Die Untergangsszenarien von Wissenschaftlern wie Professor Eli Raz und Umweltschützern wie Jaki Ben Zaken lässt er nicht gelten. Während im Nordbecken der Wasserspiegel sinkt, lassen hier unten, im abgetrennten südlichen Teil, der von einem Chemieunternehmen als Verdunstungsbecken für die Gewinnung von Magnesium und Pottasche genutzt wird, abgelagerte Salzmassen den Pegel steigen. Doch auch das ist eine Bedrohung. Die Uferlinie hat bereits die Hotels erreicht. Strände sind dort zum Teil künstlich aufgeschüttet, eine teure Investition. Halevi jedoch sieht die Krise als Chance. Mit der Chemieindustrie habe er ein Abkommen geschlossen, die Unternehmen müssten das Südbecken regelmäßig ausbaggern, damit der Pegel stabil bleibe. Amir Halevi und sein Ministerium planen den Neubau von 4000 Hotelzimmern, die bisherigen Kapazitäten sollen verdoppelt werden. Sie wollen Luxustouristen anlocken, die vom Toten Meer in den Infinity Pool wechseln und wieder zurück. Die neuen Hotels sollen zum Teil auf künstliche Inseln gebaut werden. Dubai scheint das Vorbild des Architekten zu sein, der seine Fantasielandschaft schon mal aufs Reißbrett gebannt hat. Dass die Touristen am Abend ihre Cocktails am Rand eines Verdunstungsbeckens schlürfen, stört Halevi dabei nicht. Als Zeichen des Beginns einer neuen Ära in Ein Bokek wurde auf Regierungskosten eine schöne Strandpromenade mit Palmen, Bänken und Fitnessstationen angelegt. Ein Radweg verbindet Ein Bokek mit dem Nachbarort Hamei Zohar, doch fürs Radeln ist es zumindest im Sommer viel zu heiß: 45 Grad zeigt das Außenthermometer des Hotels an, vor dem wir auf der Promenade stehen. »Außerdem soll es hier endlich auch ein Nachtleben wie in Tel Aviv geben. Wir bauen Bars, Restaurants, Diskotheken.« Ich kann mir in dem Moment nur schwer vorstellen, dass die kurenden Gäste abends aus ihren Bademänteln heraus- und ins Disco-Outfit hineinschlüpfen, aber wer weiß? Bislang lässt die Umsetzung der großen Pläne auf sich warten, und so ist das Tote Meer in Ein Bokek nach wie vor eine Hochburg für Ruhe suchende Urlauber. Am Ende des Ortes befindet sich übrigens ein öffentlicher Badestrand mit einem großen Parkplatz – der allerdings gebührenpflichtig ist. Dass die Politessen hier sehr regelmäßig kontrollieren, weiß ich aus eigener Erfahrung, die mich umgerechnet 40 Euro gekostet hat. Für den Aufenthalt am Strand wiederum muss man nichts bezahlen. Es gibt einen Sonnenschirmverleih und eine Strandbude und Süßwasserduschen. Ein Bokek gilt in ganz Israel als beliebtes Ziel für Tagesausflüge.

Als wir an unserem Familienwochenende in Ein Bokek ankommen, ist noch nicht viel los am öffentlichen Strand. Wir suchen uns ein Plätzchen in einem Holzpavillon, der mehr Schatten spendet als ein Schirm, das ist praktischer mit Kind. »*Boker tov,* guten Morgen«, ruft da jemand. Es ist der Bademeister, der an diesem Tag die Aufsicht hier hat. »Ich bin Amiram«, stellt er sich vor. »Du hast einen tollen Job, Lebensretter an einem See, in dem keiner untergehen kann«, scherze ich. Ami-

Salziges Fundstück

ram lacht: »Da täuschst du dich gewaltig! Ich habe zwar den schönsten Ausblick der Welt, aber diesen untätig zu genießen wäre fahrlässig. Jedes Jahr ertrinken bis zu zehn Menschen im Toten Meer. Sie gehen nicht unter, doch sie verschlucken sich. Das Wasser mit 30 Prozent Salzgehalt ist zwar gut für die Haut, doch von innen ein tödliches Gift. Im Magen entzieht das Salz dem Organismus Wasser, dabei kann sich ein lebensgefährliches Lungenödem bilden«, erklärt uns Amiram. »Aber keine Angst, legt euch einfach rein, am besten immer nur auf den Rücken, dann passiert nichts.« Nur unseren Sohn sollten wir besser nicht in die Nähe des Wassers lassen, rät er uns und klettert auf seinen Aussichtsposten. Tatsächlich ist das Wasser für kleine Kinder zum Spielen oder Plantschen nicht geeignet, es brennt in den Augen und selbst in kleinsten Kratzern auf der Haut. Wir wechseln uns also mit dem Schwimmen beziehungsweise dem Liegen im Wasser ab.

Es ist tatsächlich ein unbeschreibliches Gefühl, einfach so vom Wasser getragen zu werden.

Als ich rauskomme, winkt Amiram mir zu: Ich soll mit Jonas auf seinen Beobachtungsposten klettern. Der Ausblick ist atemberaubend schön. Zu sehen sind Farben wie aus einem Werbeprospekt für die Karibik, am gegenüberliegenden Ufer die jordanische Bergkette und am Strand bunt gemischte Badegäste. Träumereien kann Amiram allerdings wirklich nicht nachhängen. Ständig muss er Durchsagen auf: Hebräisch, Englisch und Russisch machen: »Versuchen Sie nicht zu schwimmen, drehen Sie sich wieder auf den Rücken! Achtung! Nicht ins Wasser rennen!« Präventivarbeit nennt Amiram das. Doch dann passiert es trotzdem: Eine Frau hat Wasser geschluckt. Ich habe es gar nicht richtig mitbekommen, als Amiram schon lossprintet. Mit einer Wasserflasche in der Hand rennt er zu der Frau, die hustend an Land stolpert. Nun zählt jede Sekunde. Je nachdem wie viel Wasser sie geschluckt hat, bleiben Amiram nicht mehr als fünf Minuten Zeit, ihr das Leben zu retten. Sie braucht Trinkwasser und Sauerstoff. Amiram versucht, die Frau bei Bewusstsein zu halten, bis der Rettungswagen eintrifft. Es ist noch einmal gut gegangen. Der Schreck aber sitzt allen in den Knochen.

Der Nachmittag verläuft ruhiger. Amiram unternimmt eine kleine Kontrolltour auf dem Wasser und hat im Blick, dass niemand zu weit vom Ufer wegtreibt. Und so hocken, liegen oder dümpeln die Urlauber hier friedlich herum. Einige reiben sich noch mit dem Salz vom Grund ab, das soll gut für die Haut sein, Schuppenflechte und andere Krankheiten heilen. Manch einer ist sogar auf Kassenrezept hier, andere genießen einfach so das Gefühl der Schwerelosigkeit. Eine Schlammpackung ist bei einem Aufenthalt am Toten Meer natürlich obligatorisch! Was in Deutschland für viel Geld sparsam dosiert in Beauty-Salons verwendet wird, ist hier für ein paar Cent am Kiosk erhältlich. Und zwar in rauen Mengen.

DIE WÜSTE NEGEV

Keine Frage, als Nahost-Korrespondentin arbeiten zu dürfen ist ein großes Privileg, und für Journalisten gibt es nur wenige Jobs, die spannender sein könnten – finde ich zumindest.

Als alleinige Korrespondentin vor Ort auch noch Familie und Freizeit unter einen Hut zu bekommen, ist allerdings ebenfalls eine spannende Herausforderung, wenn man an sieben Tagen der Woche rund um die Uhr für den Sender bereitsteht. Pläne zu schmieden ist da eher schwierig. Fast jedes Mal, wenn wir es probiert haben, geschah irgendetwas Unvorhergesehenes. So auch einmal, als mein Mann für eine Woche nach Deutschland fliegen wollte. Am Vorabend seines Flugs, um etwa 21 Uhr, sitzen wir gerade auf dem Balkon, als mein Handy zweimal piepst: eine SMS von einem Nachrichtendienst, der über enge Kontakte zum israelischen Militär und der Polizei verfügt und seine Abonnenten umgehend informiert, wenn irgendetwas in der Region passiert. »Terroranschlag in Tel Aviv, mindestens vier Tote«, lese ich. »Oh nein!«, rufe ich meinem Mann zu und springe auf, schnappe mir meine Tasche und fahre wieder ins Büro. Das »heute journal« möchte sicher ein Schaltgespräch führen, es sind noch gut anderthalb Stunden bis zur Sendung. Unterwegs rufe ich mein Team an, die Redaktion in Mainz und meinen Mann, dem ich nichts weiter habe erklären können. Meine Kollegen versuchen in der Zwischenzeit herauszufinden, was eigentlich genau passiert ist. Die Zeit drängt, immerhin wurde bereits das Video aus einer Überwachungskamera veröffentlicht: Zwei Männer ziehen in einem Restaurant plötzlich ihre Waffen und schießen auf die Gäste. Vier Menschen werden tödlich getroffen. Motiv und Herkunft der Täter sind noch unklar, sie sind quer durch die Mittelmeermetropole auf der Flucht. So gut es eben geht, fasse ich die Fakten für das »heute journal« zusammen, danach mache ich noch einen Beitrag für die Nachtausgabe der Nachrichtensendung. Erst um 2 Uhr morgens fahre ich zurück nach Hause. Der Tatort liegt auf dem Weg, keine 500 Meter von unserem Büro entfernt – nicht gerade ein angenehmes

Gefühl. Mein Mann ist noch wach. Wir beschließen, dass er Jonas am nächsten Morgen in den Kindergarten bringt und von dort aus zum Flughafen fährt. Denn in dieser Woche strahlt das ZDF das »Morgenmagazin« aus, so dass ich bereits in wenigen Stunden das erste Schaltgespräch führen werde. »Aber wer holt ihn ab?«, fragt mein Mann. »Keine Ahnung, es wird sich schon jemand finden. Ich rufe morgen bei unseren Freunden an.«

Natürlich findet sich im Kreis der anderen Eltern eine Familie, die Jonas nach dem Kindergarten mit zu sich nach Hause nimmt und sich auch nicht wundert, dass ich einen knapp Dreijährigen erst um 23 Uhr bei ihnen abhole.

Mit einem Lächeln reichen sie mir mein müdes Kind in die Arme: »Siehst du, so ist das in Israel.« Damit meinen die israelischen Eltern in dem Fall nicht nur den Terroranschlag, über den ich berichtet habe, sondern auch ihre unnachahmliche Art zu improvisieren und selbst nach schrecklichen Ereignissen wieder ins Leben zu finden. Daran muss ich jetzt häufiger denken, wenn ich Eltern von befreundeten Familien in Berlin frage: »Wann soll ich denn meinen Sohn bei euch abholen?«, und die Antwort lautet: »Bitte vor 18 Uhr, wir essen immer pünktlich, damit die Kinder zeitig genug ins Bett kommen.«

Der Alltag in Israel wird durch die Unberechenbarkeit der Nachrichtenlage bestimmt. Daran haben wir uns schnell gewöhnt. Nur manchmal habe ich mir gewünscht, dass die Nachrichten wenigstens am Schabbat oder am Sonntag eine Pause einlegten. Das taten sie aber nicht, nirgendwo und schon gar nicht im Nahen Osten. Mal eben übers Wochenende wegzufahren barg immer die Gefahr, von den Nachrichten ein- und damit zurückgeholt zu werden. Und trotzdem war manchmal einfach eine Auszeit von Tel Aviv und den ständigen Nachrichten nötig. Einer meiner Lieblingsorte dafür: die Wüste.

Kamele und Skorpione

Und damit sind wir auch schon wieder zurück auf der Road 90. Südlich vom Toten Meer wird die Landschaft zunehmend flacher, und allmählich sieht die Wüste Negev auch nach Wüste aus, in diesem Fall nach einer Steinwüste. Schilder warnen vor kreuzenden Kamelen. Ich musste nie für eines anhalten, das die Straße überqueren wollte, aber am Straßenrand sind hier tatsächlich häufiger welche zu sehen. Die Wüste Negev nimmt in Dreiecksform

Vorsicht: Kamelwechsel!

den gesamten Süden Israels und damit knapp 60 Prozent der Gesamtfläche des Landes ein. Allerdings leben dort nur gut zehn Prozent der israelischen Bevölkerung. Die Negev beginnt auf einer Linie zwischen Gaza, Westjordanland und Totem Meer und zieht sich bis nach Eilat ans Rote Meer hinunter. Die zentrale Stadt der Region ist Be'er Scheva, wo viele russische Einwanderer eine neue Heimat gefunden haben. Fährt man etwa 45 Kilometer weiter nach Osten, erreicht man den schmalen Grenzstreifen zwischen Israel und Jordanien südlich vom Toten Meer. Dieses Gebiet wird Arava genannt, und hier liegen die 3000 Jahre alte südlichste Grenzfestung König Davids sowie einige kleine Kibbuzim und auch Moschawim, genossenschaftlich organisierte Siedlungen, in denen es jedoch mehr Privatbesitz gibt als in den Kibbuzim. Welches Ziel in dieser Region soll man zuerst ansteuern?

Zwischen der Road 90 und der Road 40 weiter westlich befinden sich etliche zauberhafte Orte und viele Wadis, in denen man wunderbar wandern kann, dazu gibt es eine Fülle schöner Unterkünfte,

die man allerdings im Vorfeld buchen sollte, sonst landet man schnell auf der Isomatte zwischen Skorpionen und Steppenrollern. Von einigen wenigen luxuriösen Hotels über einfache Hütten und kleine Ferienanlagen auf Ziegenfarmen bis hin zum Beduinenzelt hat man die freie Wahl. Mein Sohn Jonas, eine Freundin und ich beschließen, das Wochenende in einem Beduinenzelt zu verbringen.

Die Beduinen, deren Weidegebiete sich einst über die gesamte Wüste erstreckten, wurden mittlerweile in wenige Dörfer zurückgedrängt. Sie sind arm und meistens arbeitslos. Die ehemaligen arabischen Hirtennomaden Süd-Palästinas stehen seit der Staatsgründung Israels 1948 einem modernen Staats- und Rechtssystem gegenüber, in das sie nicht richtig integriert werden. Während des Palästinakrieges 1948 flohen mehr als 80 Prozent der Beduinen in die angrenzenden Länder des jungen Staates. Israel beanspruchte die Wüste Negev für die Ansiedlung jüdischer Immigranten und als militärische Sperrzone. Den Beduinen wurde bis heute nicht gestattet, in ihre angestammten Gebiete zurückzukehren. Mehr als 100 000 Beduinen leben derzeit in Israel. In der Negev haben sie sich zumeist irgendwo in der Wüste in ärmlichen Siedlungen und kleinen Dörfern eingerichtet, wo sie in Wellblechhütten oder Holzkonstruktionen mit Plastikplanen leben – und nicht mehr wie einst in aus Ziegenhaar gewebten Zelten. Nomaden sind sie damit zwar keine mehr, aber in der modernen Gesellschaft sind sie dennoch längst noch nicht angekommen. Die Regierung versucht seit Langem, diese Dörfer oder Siedlungen aufzulösen und die Beduinen in Planstädte umzusiedeln. Derzeit gibt es ungefähr 35 solcher Dörfer, und immer wieder rückt die israelische Armee mit einem Abrisskommando an. Sie weisen die Beduinen an, ihre Dörfer selbst zu zerstören und »freiwillig« in die für sie geplanten Unterkünfte in den Städten zu ziehen. In der Regel kommt es dann zu Auseinandersetzungen, bei denen die Bulldozer der Armee die Blechhütten niederwalzen. Schutz gibt es in dem Fall für die Beduinen keinen mehr, es sei denn, sie entscheiden sich gezwungenermaßen nun doch für einen Umzug in die Stadt. Auch entlang der Road 90 sieht man von der Straße aus immer wieder einmal ein Dorf aus Wellblechhütten. Dort kann man als Tourist natürlich nicht übernachten.

Aber es gibt einige Beduinen in der Negev, die sich auf Besucher eingestellt haben und ein ungewöhnliches Camping-Erlebnis anbieten.

Einer von ihnen ist Salem. Er hat mir die Koordinaten seines Camps auf mein Handy geschickt, mit dem Hinweis, es sei nicht ausgeschildert, und mit der Frage, ob wir Allradantrieb hätten, das sei auf jeden Fall günstig. Wir fahren also auf der 90 bis zum Abzweiger der 13, folgen dieser Landstraße wiederum ein paar Kilometer nach Westen und müssen dann noch ein Stück auf der 40 zurücklegen. Plötzlich zeigt mein Navi an, dass ich von der Straße abfahren soll. Einen markierten Weg oder auch nur deutlich sichtbare Reifenspuren kann ich hier zwar nicht entdecken, aber ich vertraue Salem und dem Location-Pin, den er mir geschickt hat, und fahre hinein ins Geröll. Jonas freut sich: »Endlich wieder ein Abenteuer!«, ruft er. Meine Freundin auf dem Beifahrersitz nimmt die ungewöhnliche Route ebenfalls gelassen. Ich konzentriere mich auf die großen Gesteinsbrocken, versuche so gut es geht auszuweichen und denke, gleich müssten wir doch da sein. Der Weg wird abschüssig, ich meine, in der Ferne irgendeinen Mast zu sehen. Dann kommt plötzlich eine Staubwolke auf uns zu. Es ist eine Kamelkarawane, ein Tier hinter dem anderen, zehn an der Zahl. Hoch oben auf dem ersten Kamel, das muss Salem sein, die anderen tragen wohl Touristen. Ich halte an. Salem nähert sich uns und beugt sich ein wenig herunter: »*Achlan wa sachlan*, herzlich willkommen, fahr noch fünf Minuten weiter geradeaus, dann seid ihr da.« Ganz so touristisch hätte ich es jetzt nicht gebraucht, aber Jonas ist begeistert. »Können wir auch auf den Kamelen reiten?« Ich brummele ohne große Begeisterung etwas wie: »Mal sehen, ob es noch eine Tour gibt oder die Kamele nicht vielleicht zu müde sind.« Nach weiteren fünf Fahrminuten erreichen wir tatsächlich Salems Camp. Es besteht aus ein paar Zelten und einer schönen Feuerstelle mit Sitzbänken und bunten Kissen. Etwas abseits befindet sich ein Holzhäuschen ohne Dach, dafür mit einem Mast, an dem ein Solarpanel befestigt ist. Das also war der Mast, den ich von Weitem gesehen habe. Später erfahren wir dann, dass man im Holzhäuschen duschen kann und das Solarpanel für warmes Wasser sorgt.

Das Wasser wiederum kommt aus einem Tank hinter dem Häuschen. Ganz schön moderner Luxus, geht mir durch den Kopf, und ich muss an die Beduinen im Jordantal und ihren solarbetriebenen Kühlschrank denken.

Wir machen es uns erst einmal auf den Bänken gemütlich. Jonas findet einen herumliegenden Ball und kickt ein bisschen auf dem steinigen Boden. Wo wir auch sind, Bälle findet er überall. Es ist ruhig hier, und ich lasse die wohltuende Stille auf mich wirken. Allerdings währt sie nicht lange, denn schon kommt der Kameltross zurück. Doch wir haben Glück, mit dem Ausritt endet das Wüstenprogramm der Reisegruppe, sie reisen ab. Salem setzt sich zu uns und ruft nach seinem Sohn. Ein zehnjähriger Junge streckt seinen Kopf aus einem Zelt. »Komm zu uns«, sagt er. »Hier ist jemand, mit dem du spielen kannst.« Salem bietet uns Wasser an, Tee gebe es später am Feuer. Ob wir Abendessen haben wollten, möchte er wissen. Klar wollen wir. »Prima«, freut sich Salem, »dann schlage ich vor, ihr

Canyon in der Wüste Negev

macht eine kleine Wanderung, und wir bereiten das Essen vor. Die Durchquerung des Wadis da hinten dauert gut zwei Stunden. Wenn dein Sohn keine Lust hat, kann er mit Yaoub weiter Fußball spielen.« Doch Jonas hat Lust, das Wadi zu erkunden. Wir packen unsere Rucksäcke nicht voll, nehmen nur ausreichend Wasser und Sonnenschutz mit. Dann geht es los.

Der Pfad durch das namenlose Wadi ist zunächst schmal, und führt zwischen steilen Felswänden hindurch. Wir entdecken einige Steinböcke auf Felsvorsprüngen, zwei davon haben sich in einem Kampf miteinander verhakt.

Schon länger haben wir nicht mehr eine solche Tour gemacht, und wir genießen die Stille und die Natur, nur ab und zu schaue ich auf das Handy, ob der Nachrichtendienst nicht doch irgendeine für die Berichterstattung in Deutschland relevante SMS geschickt hat. Es bleibt ruhig, jedenfalls was die Nachrichtenlage betrifft. Dann kommen wir an einen kleinen Fluss und möchten gern auf der anderen Seite noch ein wenig weiterlaufen. Das Flüsschen ist etwas zu breit, um einfach auf die andere Seite springen zu können. Doch in der Mitte ragen ein paar Steine aus dem Wasser. Beherzt springe ich auf den ersten Stein, mit Jonas an der Hand, und rutsche ab. Statt meinen Sohn loszulassen, ziehe ich ihn gleich mit ins nasse Verderben. Beide liegen wir etwas verdattert im kalten, schlammigen Fluss. Klamotten zum Wechseln haben wir natürlich nicht dabei, und es nützt nichts, durchnässt wie wir sind, müssen wir den Rückweg antreten. Salem lacht, als er uns sieht und deutet auf das Holzhäuschen ohne Dach. Ja, eine Dusche unter freiem Himmel tut jetzt wirklich gut!

Zum Abendessen gibt es *Hummus* und *Pita*, außerdem Hühnchen mit Reis und Salat. Wir sitzen mit Salem und seiner Familie auf dem Boden und lassen es uns schmecken. Anschließend bietet Salem Tee und Kaffee an, den er mit uns am Feuer trinken möchte. Jonas und Yaoub setzen die unterbrochene Fußballpartie fort, und Salem beginnt zu erzählen: von den früheren Wanderungen seines Nomadenstammes in der Wüste, von willkürlichen Grenzziehungen und damit plötzlich abgeschnittenen traditionellen Karawanenwegen und vom Konflikt zwischen Israelis und Palästinensern, zwischen dessen Fronten sie hier geraten sind. Und natürlich auch von der Schwierigkeit, im modernen Leben Fuß zu fassen. »Mir gelingt das nicht. Yaoub geht in die nächstgelegene Schule, für ihn wird es vielleicht einmal anders sein. Vielleicht hat er irgendwann mal ein eigenes Apartment mit Klimaanlage. Wenn er das will, dann soll es so sein, aber für mich ist das unvorstellbar. Wenn ich zum Schlafen nicht die Sterne über mir habe, werde ich unglücklich.« Salem freut sich, dass wir ihm gebannt lauschen, denn die meisten Touristen kämen nur, um aufs Kamel zu steigen und vielleicht eine Nacht im Zelt zu verbringen, dann seien sie wieder weg. Reden wolle keiner von denen. Andererseits ermöglichten sie es Salem, den Lebensunterhalt für sich und seine Familie zu verdienen. »Weißt du, meist laufe ich neben den Kamelen her, das haben meine Vorfahren zur Zeit der Karawanen auch so gemacht. Damals haben die Tiere Güter transportiert, Menschen eher selten. Unsere orientalische Mentalität ist tief im Sand verwurzelt«, sagt Salem, so schnell komme man davon nicht los. Nur wenn sein Verlangen nach Stille, nach dem Schweigen in der Wüste übermächtig werde, nehme er sich ein Kamel und marschiere einfach drauflos in die Wüste, ohne Touristen natürlich.

In einiger Entfernung, nicht weit von dem bekannten Kibbuz Sde Boker, liegt die Schlucht von Ein Avdat.

Hier zeigt sich die Wüste von ihrer spektakulären Seite. Fast senkrecht ragen die Sandsteinfelsen zu beiden Seiten in die Höhe, der Canyon ist im Laufe der Jahrhunderte durch Erosion entstanden.

Gleich mehrere Erdschichten wurden auf diese Weise freigelegt – ein geologisches Lehrbuch unter freiem Himmel. Im Winter wird der kleine Fluss im Canyon nach starken Regenfällen zum reißenden Strom, dann besteht hier Lebensgefahr. Immer wieder kommen Wanderer in den Wadis und Canyons durch Springfluten ums Leben. »Doch im Frühjahr«, meint Salem »hörst du nur die schöne Musik der Wüste, das sanfte Plätschern des Flüsschens, das ist auch nicht gefährlich.« Oasen wie Ein Avdat sind seit jeher das Lebenselixier der Wüstenbewohner und Nomaden. Aber nur wenn sich die Beduinen nicht auf das natürliche Vorkommen von Wasser verlassen haben, konnten sie mehr als nur ihr Überleben sichern. Die Nabatäer, ein Zusammenschluss nordwestarabischer Nomadenstämme, wussten zum Beispiel schon im 4. Jahrhundert v. Chr. Zisternen zu bauen und blühende Wüstenstädte

zu unterhalten. Die Nabatäer waren es auch, die die Karawanen auf der Weihrauchstraße organisierten, einer der ältesten Handelsrouten der Welt. Sie führte vom Oman aus über den Jemen nach Mekka ins jordanische Petra und schließlich zur Hafenstadt Gaza am Mittelmeer. Über zwei Monate waren die Kamelkarawanen auf dieser 1800 Kilometer langen Strecke unterwegs. Heute ist es aufgrund politischer Unruhen, Grenzziehungen und nicht zuletzt der Abriegelung Gazas fast unmöglich, entlang dieser Strecke zu reisen. Die Karawanen transportierten Gewürze, die mit dem Schiff aus Indien gekommen waren, wie Pfeffer, Kardamom, Zimt, Safran und Ingwer, aber auch Weihrauch und Myrrhe. Um nicht von den wenigen natürlichen Wasserstellen in der Wüste abhängig zu sein, bauten die Nabatäer an strategischen Punkten entlang des Karawanenwegs Zisternen.

Mittlerweile ist es dunkel, das Feuer lodert, und die Jungs rennen nicht mehr länger dem Ball hinterher. »Wenn ihr wollt, zeige ich euch noch etwas«, sagt Salem und verteilt ein paar Taschenlampen. Ernsthaften Widerspruch hat er wohl nicht erwartet. Wir folgen ihm gespannt. Schon nach ein paar 100 Metern hält Salem an und hebt vorsichtig einen großen flachen Stein vom Boden. »Macht die Taschenlampen aus!«, befiehlt er und zieht eine Schwarzlichtlampe aus der Tasche. Wo bis eben noch der Stein gelegen hat, leuchtet nun im Schein des Schwarzlichts ein Skorpion neon-gelb auf. In der Negev gibt es viele Skorpione. Die meisten sind giftig, weshalb man ihnen nicht zu nahe kommen sollte.

Der Rest der Wüstennacht verläuft friedlich. Draußen schläft es sich einfach gut, sei es unter Zeltplanen oder unter dem Sternenzelt, das muss man den Beduinen lassen. Am nächsten Morgen sind wir alle recht früh und gut erholt auf den Beinen. Unsere Schuhe schütteln wir vorsichtshalber, bevor wir sie wieder anziehen, um sicherzugehen, dass sich kein Skorpion darin versteckt hat. Es gibt Kaffee zum Frühstück, und weil Jonas sehnsüchtig zu den Kamelen hinüberschielt, muss ich auch noch eine Runde mit ihm reiten. Salem läuft nebenher. Er sieht mir an, dass das Kamel nicht mein bevorzugtes Reittier ist, und grinst: »Bei deinem nächsten Besuch besorge ich dir einen Esel!«

Übernachten in der Wüste

Viele Israelis lieben die Wüste und verbringen zum Ausspannen gern einmal ein Wochenende oder ein paar Tage in der Negev oder in der Arava-Senke nahe der Grenze zu Jordanien. Für Familien gibt es hier viele einfache, sehr empfehlenswerte und nicht überteuerte Übernachtungsmöglichkeiten und Aktivitäten. Wenn Sie in einem Beduinen-Camp übernachten möchten, müssen Sie ein wenig im Internet suchen. Die Camps wechseln häufig ihre Standorte. Auf der Seite www.zimmeril.com finden Sie eine große Auswahl an unterschiedlichen Unterkünften von Campingangeboten über Bauernhöfe bis hin zu Luxus-Apartments oder auch Hotels. Mir hat es auf dem Bauernhof Carmey Avdat sehr gefallen (www.carmeyavdat.com). Er liegt etwas abseits der Road 90 und bietet zum Übernachten kleine Häuser an, von denen fast jedes über einen eigenen Grillplatz und einen kleinen Pool verfügt. Auf dem familiengeführten Hof wird übrigens auch Wein angebaut. Überhaupt lohnt es sich auch aus einem anderen Grund, bei den Bauernhöfen in der Wüste einen Zwischenstopp einzulegen: Die meisten haben einen Hofladen, in dem sie ihre Produkte verkaufen. Hier gibt es oft leckeren Käse oder den berühmten Dattelsirup, gutes Olivenöl und vieles mehr – nicht selten in Bioqualität.

Tipp!

Der Timna-Nationalpark: Die älteste Kupfermine der Welt

Je weiter man auf der 90 Richtung Süden fährt, desto schmaler wird das israelische Staatsgebiet, und es ist nur dünn besiedelt. Die meisten Menschen leben hier recht traditionell in Kibbuzim oder Moschawim entlang der malerischen Hauptverkehrsader. Leider wird die Road 90 auf diesem Abschnitt aber auch zur gefährlichsten Straße Israels. Unerwartete Kurven und die allgegenwärtigen Baustellen lassen das Fahren zwischen zahlreichen LKW und Motorrädern zu einer Herausforderung werden. Erschwerend kommt hinzu, dass man hier bei einem Notfall auf einen Helikopter angewiesen wäre, denn die nächsten Krankenhäuser befinden sich in Eilat oder Be'er Scheva. Das israelische Nachrichtenportal »Ynet« schrieb einmal: »Die Road 90 verzeiht keine Fahrfehler, sie unterscheidet nicht zwischen Israelis und Palästinensern, zwischen Beduinen und Großstädtern, zwischen Alten und Jungen, sie ist die tödlichste Straße unseres Landes.« Was allerdings nicht heißt, dass sie nicht gleichzeitig eine der schönsten Strecken überhaupt ist! Wenn man langsam fährt und genügend Benzin im Tank und Wasser an Bord hat, kann man sie gefahrlos genießen und zu einem meiner zugegeben zahlreichen Lieblingsorte gelangen, dem Timna-Nationalpark. Obwohl Israel ein vergleichsweise kleines Land ist, gehört Timna zu den größten Nationalparks der Welt.

Mit etwas Glück trifft man dort Assaf Holzer. Ich habe meinem Glück auf die Sprünge geholfen und mich mit ihm verabredet. Assaf kennt nämlich jeden Stein im Nationalpark, als hätte er ihn selbst dort hingelegt. Eigentlich ist Assaf kein gebürtiger Wüstensohn, wie er sich nennt. 1957 wurde er in Tel Aviv geboren, doch sein Archäologie- und Geologiestudium hat ihn schon recht früh hierher gelockt. Seitdem lassen ihn Timna und die Wüste nicht mehr los. Seine Heimat sei hier und nicht in Tel Aviv, erklärt er. »Man wird als Wüstensohn geboren, selbst wenn man aus der Stadt kommt. Damit meine ich: Du musst schon wirklich ein Typ für die Wüste sein, so lebensfeindlich wie sie ist«, sagt Assaf. Dann überlegt er einen Moment und fügt hinzu: »Na ja, Tel Aviv ist eigentlich auch lebensfeindlich, da musst du so viel arbeiten, um das

Leben bezahlen zu können, dass du gar nicht zum Leben kommst.« Stimmt, denke ich, Tel Aviv ist wirklich eine so teure Stadt, dass in den meisten Familien, mit denen ich befreundet bin, beide Elternteile arbeiten, manche in zwei Jobs. Und am Ende des Monats müssen sie sich dann trotzdem noch Geld von der Bank oder den Eltern leihen, um sich die Miete für ihr Zwei- oder Drei-Zimmer-Apartment leisten zu können.

Assaf will mir seine Wahlheimat zeigen und nimmt mich mit auf eine Wanderung. Den ersten Halt legen wir am Spiralen-Hügel ein, einer geologischen Sandsteinformation. »Das Gestein in Timna ist etwa 900 bis 600 Millionen Jahre alt. Nach Vulkanausbrüchen bildete sich Granit. Vor etwa 235 bis 65 Millionen Jahren entstanden Sand- und Kalkstein. Durch Wasser und Wind erodierte dieser rötliche Sandstein im Laufe von Millionen Jahren überall hier. Der spiralförmige Hügel ist eine Skulptur der Natur.« Assaf ist ganz in seinem Element und weiß noch viel zu den unterschiedlichen Gesteinsarten und Naturphänomenen zu erzählen.

Vom Spiralhügel aus gesehen auf der anderen Straßenseite liegt der Berg Timna. Er ist 772 Meter hoch. Assaf nennt ihn einen »alten Granitklotz mit Kalksandstein-Überzug«. Ein Stück weiter führt der Weg zum berühmten Pilz-Felsen, dem wohl meistfotografierten Monolithen im Nationalpark.

Bei einer kurzen Trinkpause finden wir Schatten unter seinem Dach. »1995 hat dieser Pilz sogar ein heftiges Erdbeben überstanden«, erzählt Assaf. »Hoffen wir mal, dass nicht ausgerechnet jetzt etwas Unvorhergesehenes passiert.« Assaf weiß, wie man – zumindest für einen Moment – das Adrenalin seiner Gäste hochschnellen lässt. Dann nimmt er mich mit zu seinem Arbeitsplatz, und der ist wirklich ungewöhnlich. Ein paar Meter unter der Erde und den Gesteinsbrocken liegt die älteste Kupfermine der Welt. Gemeinsam steigen wir hinab. Besuchern ist das normalerweise nicht gestattet, aber als Journalistin komme ich in diesen Genuss. Nur wer die Gesteinsschichten richtig deuten kann, erfährt etwas über die Historie. Kupfer wurde in Timna bereits vor 6000 Jahren abgebaut. »Es war eine Zeit der technologischen Revolution«, erklärt mir Assaf. »Menschen begannen, Metalle im Alltag zu nutzen. Sieh mal, diese grünen, horizontalen Linien im Felsen sind das Kupfermineral, und diese rote Linie ist Eisen.« Antike Schmelzhütten zeugen davon, dass die Menschen damals gelernt haben, Erz und andere Metalle zu schmelzen und so unter anderem Kupfer herzustellen. Später haben die Ägypter hier ein riesiges Kupferbergbau-Unternehmen eingerichtet. Esel brachten die Kupferbarren zum einzigen natürlichen Hafen am Golf von Eilat. Von dort aus wurden sie vor allem nach Ägypten transportiert. Erst im Jahr 1937 entdeckte der Archäologe Nelson Glueck bei einer Forschungsreise die antiken Kupferminen.

Zum Abschluss unserer Tour zeigt mir Assaf noch die Salomonischen Säulen, benannt nach dem biblischen König Salomon. Wir nehmen den Wanderweg, der nach oben führt, um noch einmal die grandiose Aussicht auf das Tal genießen zu können. »Seit Langem versuchen wir Archäologen zu beweisen, dass König Salomon auch Kupferminen betrieben hat. Wir gehen davon aus, dass der Handel mit Kupfer maßgeblich zu seinem Reichtum beigetragen hat«, erläutert Assaf.

Der berühmte Timna-Pilz

Ein Fund, den seine Kollegen von der Universität Tel Aviv erst vor Kurzem gemacht haben, bringt frischen Wind in die alte Debatte um König Salomons Vermögen: jahrtausendealter Tiermist, konserviert durch das trockene Klima des Timna-Tals. »Die Kollegen haben die antiken Kötel mit Hilfe des Radiokarbonverfahrens datieren können.

Dieses Verfahren ist sehr präzise, und die Ergebnisse deuten darauf hin, dass der Dung aus der Ära der biblischen Könige David und Salomon stammt. Das hättest du nicht gedacht, dass du hier in antiken Mist treten kannst, oder?« Assaf lacht, setzt sich auf einen Felsen und lässt seinen Blick über das Tal schweifen.

Unterwegs im Nationalpark

Der Timna-Park ist ein Paradies für Wanderer, Kletterer und Mountainbiker. Sie können sogar ganz bequem mit dem Auto hineinfahren, doch dann entgeht Ihnen einiges. Die schönsten Stellen muss man erwandern, und das ist im Winter bei rund 25 Grad Tagestemperatur definitiv angenehmer als im Sommer, wenn die Temperaturen auf über 40 Grad klettern. Es gibt auch eine Busverbindung von Tel Aviv aus, denn die allermeisten Busse Richtung Eilat halten an der Abzweigung der Road 90. Von dort sind es noch gut 1,5 Kilometer bis zum Eingang. Informieren Sie sich sicherheitshalber vorher über die aktuellen Öffnungszeiten. Im Besucherzentrum bekommt man Ratschläge und Karten für Touren zu Fuß oder mit Mountainbikes, die man auch vor Ort leihen kann. Wer möglichst viel sehen möchte, ist gut beraten, das Mountainbike zu nehmen, denn Timna ist mit seinen rund 60 Quadratkilometern ziemlich weitläufig. Zu den logistischen Herausforderungen kommt hinzu, dass die meisten Wanderwege keine Rundwege sind und man sich gut überlegen sollte, wo man Rad oder Auto abstellt.

Kobra, Schildkröte und herabschauender Hund: Yoga in der Wüste

Einmal im Jahr, meist im späten Herbst, heißt es für die Besucher in Timna: immer mit der Ruhe. Dann treffen sich am Fuße der Salomonischen Säulen mehr als 1000 Yoga-Begeisterte. Es ist das größte Yoga-Festival der Welt. Manch einer reist dafür eigens aus Europa oder den USA an, die meisten Teilnehmer aber sind Israelis. Zwei oder drei Nächte verbringen sie hier, um zu meditieren und Yoga zu üben. Berühmte Yoga-Lehrer bieten hier ihre Workshops an. Wer dabei sein möchte, muss sich früh anmelden. Inga Bolien aus Berlin ist schon zum wiederholten Male zum »Yoga Arava Festival« in den Timna-Park gekommen. Sie unterrichtet Spirit-Yoga und ist der Meinung, dass es keinen geeigneteren Ort für Yoga gebe als Timna: »Hier ist man ganz im gegenwärtigen Moment. Die Schönheit der Natur, die Gemeinschaft der Leute, die herkommen, es grenzt an Magie. Uns fehlt es an nichts, wenn wir hier sind.« Sonnengruß, Kobra, herabschauender

Entspannung pur: Yoga-Festival in der Wüste

Hund – es gibt viele Übungen im Yoga und viele verschiedene Arten, es zu praktizieren. Doch selten ist die Umgebung so spektakulär.

Das Highlight des Yoga-Festivals ist die »Night of Unity«, die Nacht der Einheit. Mein Filmteam und ich möchten einen Beitrag darüber drehen, ich bin mir noch unschlüssig, ob ich mitmachen soll oder lieber Zuschauerin bleibe.

Die ein oder andere Yogastunde habe ich zwar schon absolviert, aber ein echter Yogi bin ich nicht. Ungefähr eine Stunde vor Sonnenuntergang rollen die Festival-Teilnehmer auf einer fußballfeldgroßen Plane, die den roten Wüstensand bedeckt, ihre Yogamatten aus.

Davor ist eine Bühne aufgebaut. Scheinwerfer beleuchten sie, auch die Felsformation wird angestrahlt. Wer kann, hat seine Beine im Lotussitz übereinander gekreuzt, die Fußsohlen zeigen nach oben. Ich kann das nicht und bleibe lieber in der Rolle der beobachtenden Journalistin.

Das »Yoga Arava Festival«

Detaillierte Informationen zu diesem ungewöhnlichen Yoga-Festival finden sich auf dieser Website: www.yogaarava.co.il. Übernachten kann man während des Festivals übrigens vor Ort. Es gibt Zelte, Wohnwagen und kleine Hütten, die extra für die Gäste aufgebaut werden. Wer das nicht möchte, findet eine Übernachtungsmöglichkeit in einem der Kibbuzim in der Nähe oder aber auch in einem Hotel in Eilat.

Tipp!

Auf der Bühne steht der australische Yoga-Lehrer Simon Borg-Olivier. Er ist der Popstar unter den Yoga-Lehrern, tourt um die ganze Welt. Er trägt ein Headset mit Mikrofon, damit er sich frei bewegen kann. Um ihn herum tummeln sich weitere Yoga-Lehrende, außerdem Musiker mit Trommeln und ein DJ. Den Takt und die Yoga-Haltungen gibt Simon vor. Er schnalzt mit der Zunge, wenn ein Wechsel angesagt ist, seine Bewegungen sind ziemlich schnell und kraftvoll, und seine Schüler versuchen zu folgen. Keshet Bar Yadid und Avia Mendelsohn sind aus Tel Aviv angereist, eigentlich nur für dieses eine Erlebnis, die Yoga-Nacht mit Simon. »Er ist fantastisch«, schwärmt Keshet, »er bringt mir die nötige Balance zurück, es beruhigt mich. Und ich finde ehrlich gesagt auch, dass es unserem Land nicht schaden kann, etwas zur Ruhe zu kommen. Wir lernen Mitgefühl zu entwickeln, uns für andere zu öffnen.« »Wir haben doch alle ein posttraumatisches Syndrom hier«, ergänzt Avia und fügt hinzu: »Unser Alltag ist so verrückt, immer wieder geprägt von Krieg und Existenzängsten. Yoga erdet mich.« Die Yoga-Session mit Simon scheint gar nicht enden zu wollen. Auch noch nach anderthalb Stunden bewegen sich 1000 Menschen im Rhythmus der Musik und nach Simons Anweisungen, sie tanzen sich geradezu in Trance.

Kibbuz Elifaz: Datteln – das Gold der Wüste

Nicht weit vom Eingang zum Timna-Park liegt der kleine Kibbuz Elifaz. Auch hier sind Übernachtungsgäste willkommen. Udi Pinsler steht an der Rezeption, das Gebäude ist Check-in, Souvenirladen und Kiosk zugleich. »*Shalom* alle zusammen«, ruft er meinem Filmteam und mir scherzend zu. »Bekommt ihr einen Familienbungalow oder übernachtet ihr alle separat?« »Wir sind zwar fast wie eine Familie, aber um Streitigkeiten zu vermeiden, schlafen wir lieber getrennt voneinander«, antwortet unser Ton-Assistent Moris. »Alles klar, dann nehmt mal eure Schlüssel, ihr müsst euch beeilen, Ella wartet bereits in der Plantage auf euch.«
   Die Lebensgrundlage dieses Kibbuz ist das Brot der Wüste, wie Datteln auch genannt wer-

Dattelernte mit Spezialgeräten

den. Der Exportschlager: die König-Salomon-Dattel. Welcher Name könnte passender sein? Sie gehört zur Sorte der Riesendatteln, die man auch unter dem Namen Medjool kennt. Es ist Erntezeit, und ich möchte mich für eine unserer Sendungen als Erntehelferin versuchen. Auf die Hilfe von Volontären waren die Kibbuzim schon zu ihrer Gründungszeit angewiesen, und auch heute noch ist es möglich, einige Wochen oder Monate als freiwilliger Helfer in einem Kibbuz zu verbringen. Zugegeben, ich helfe nur für einen Tag, aber der hat es in sich.

Wir fahren auf die andere Seite der Road 90. Dort liegt die riesige Dattelplantage, direkt an der jordanischen Grenze. Ella erwartet uns bereits im Schatten einer Dattelpalme.

Schnellen Schrittes eilt sie uns voraus. Zwischen zwei Reihen Palmen stehen ein gelbes kranähnliches Gefährt und ein Kipplaster. »Diese Erntemaschine haben wir erfunden«, erklärt Ella stolz. Was ich für einen Kran gehalten habe, ist also eine Erntemaschine. Sie hat eine Hebebühne, die bis in 15 und 20 Meter Höhe hochreicht und deren Plattform sich ringartig um den Stamm der Palme legt, gleich unterhalb der Krone, so dass man von dort aus bequem die Datteln erreichen kann, und zwar von allen Seiten. Eine Dattelpalme wird nämlich bis zu 30 Meter hoch und kann 200 Jahre alt werden, wobei sie die ersten Früchte nach etwa sechs bis acht Jahren trägt, manchmal aber auch erst nach dem 30. Lebensjahr. Die Palmen sind wahre Überlebenskünstler und sichern Menschen und Tieren in der Wüste schon seit Urzeiten das Überleben. Als es noch keine Maschinen gab, mussten die Erntehelfer den Stamm hochklettern. Das war gefährlich, mühsam und schweißtreibend. »Los, lass uns hochfahren«, drängt Ella. Schwindelfrei muss man auf jeden Fall sein, wenn man in luftiger Höhe Datteln pflücken möchte. In dieser Saison sind Erntehelfer aus Thailand nach Israel gekommen, nicht ehrenamtlich, sondern gegen Bezahlung. Zwischen Israel und Thailand besteht seit 2010 eine Partnerschaft, in deren Rahmen thailändische Arbeiter zum Ernteeinsatz nach Israel einreisen dürfen. Ella schätzt ihre Helfer aus Südostasien sehr.

Um die einzelnen Dattelrispen sind engmaschige Netze gespannt, sie schützen die Früchte vor tierischen Räubern und Schädlingsbefall, erläutert uns Ella. ›Wären da nicht diese Netze, könnte man sich ein schattiges Plätzchen unter den Palmen suchen und sich die Früchte direkt in den Mund fallen lassen‹, denke ich. Doch natürlich muss die kostbare Ernte gut geschützt werden. »Jede Palme gibt rund 200 bis 250 Kilogramm Datteln pro Erntejahr, das ist wirklich eine Menge. So, jetzt bist du dran, die Rispen abzuschneiden und zu sammeln.« Ein wenig Kraft und Geschick braucht man schon, aber die Arbeit in der Höhe macht auch richtig Spaß, und der Blick nach Jordanien hinüber ist großartig. »Wir tauschen uns mit den Landwirten auf der anderen Seite öfter mal aus, der Grenzzaun ist hier eher wie ein Gartenzaun, und sie bauen ja dieselben Datteln an wie wir, Medjool und Deglet Nour. Ich mag übrigens lieber die kleinen Deglet Nour, sie sind nicht so süß wie die Medjool und fester im Biss«, sagt Ella. Die Dattelfrucht mit ihrem weichen, honigartigen Geschmack zählt eigentlich zu den Beerenfrüchten. Datteln haben durch ihren hohen Zuckergehalt zwar viele Kalorien, sind aber auch reich an Vitamin A, C und B und den Mineralstoffen Kalium, Calcium und Magnesium. Und sie enthalten sogar mehr Ballaststoffe als Vollkornbrot.

Spaß bei der Arbeit: eine fröhliche Pomelo-Erntekönigin

»Daher kommt vermutlich auch die Bezeichnung ›Brot der Wüste‹. Aber wir hier nennen sie ›Gold der Wüste‹, weil wir gut davon leben können. Nach Deutschland exportieren wir auch.« Der Nachmittag vergeht wie im Flug. Durchgeschwitzt kehren wir zurück in den Kibbuz. Elifaz hat einen eigenen Swimmingpool, wie fast alle Kibbuzim. Es ist Mitte Oktober, und die Temperaturen erreichen immer noch locker 30 Grad im Schatten. Viel zu kalt zum Schwimmen im Pool, finden die Kibbuzniks – im Gegensatz zu uns. »Es ist kein Bademeister mehr da, aber ihr seht so aus, als würdet ihr nicht untergehen«, ermuntert uns Udi und gibt uns den Schlüssel für die Tür zum Pool. »Wir sehen uns um 20 Uhr bei mir zu Hause, okay? Wenn ihr mein Haus nicht findet, fragt euch einfach durch. Hier kennt mich jeder.«

Schabbat-Essen bei Familie Pinsler

Es ist Freitag. Nach Sonnenuntergang beginnt der Schabbat, und Udi hat unser ganzes Team zum traditionellen Schabbat-Essen eingeladen. Na ja, vielleicht nicht so richtig traditionell, es wird gegrillt und das mit der Familie, Nachbarn und uns als Gästen. Jeder bringt etwas mit, und der Tisch ist reichlich gedeckt. Damit auch jeder einen Platz findet, hat Ella noch ein paar Plastikstühle aus ihrem Garten dabei. Sie hat eine *Challa* gemacht, das traditionelle Schabbat-Brot, einem Hefezopf

Oft durften wir am traditionellen Schabbat-Essen bei Freunden teilnehmen.

ähnlich. Die Bewohner von Elifaz halten sich nicht streng an die religiösen Regeln des Schabbat, sie sind sogenannte säkulare Juden. Das haben sie mit vielen jüdischen Israelis gemein, die ich kennengelernt habe. In die Synagoge gehen sie gar nicht oder nur an den hohen Feiertagen, fühlen sich jedoch der jüdischen Kultur und ihren Traditionen verbunden. Und das wird besonders am Schabbat deutlich. Dessen Botschaft ist tief in ihnen verwurzelt: Sechs Tage sollst du arbeiten, doch am siebten Tag sollst du ruhen. Es ist das dritte der zehn Gebote, die Moses der Bibel zufolge von Gott empfangen hat. ›Damit ist es auch irgendwie die Mutter der Entschleunigungsbewegung‹, denke ich manchmal, und zwar ausgeprägter als der den Christen vermeintlich heilige Sonntag. Religiöse Juden dürfen am Schabbat keinen Strom nutzen, kein Auto fahren, keine Musik hören und nichts Neues erschaffen.

Udi, Ella und die anderen Kibbuz-Bewohner sparen sich die meisten Rituale.

Neben Rotwein gibt es Bier, eine Kippa trägt nur einer der männlichen Nachbarn, und auf den Kiddusch, den Segensspruch, mit dem der Schabbat eingeleitet wird, verzichten sie ganz.

Nur der Nachbar mit der Kippa murmelt das Gebet für sich, bevor er mit dem Essen beginnt. Und trotzdem pflegen sie die Tradition, am Freitag in größerer Runde zusammen zu essen. »Jeder von uns hat eine eigene Familie, und doch sind wir auch eine große Kibbuz-Familie«, erklärt Udi und legt jede Menge Fleisch auf den Grill. Es ist immer noch ziemlich warm, alle sitzen in Shorts und T-Shirts am Tisch und freuen sich, dass die Dattelernte so gut läuft. Motti hat Dattellikör mitgebracht, den wir unbedingt probieren sollen, und Ella hat Datteln mit Nüssen gefüllt und mit dunkler Schokolade überzogen. Es ist ein Festmahl. Udi erzählt von seinem Besuch in Deutschland. »Ich esse gerne Fleisch, wie du siehst, und da ist Deutschland echt ein Paradies. Jeden Abend war ich im Biergarten, das ist fantastisch und noch dazu preiswert. Nur euer Wetter taugt nichts, ich habe oft gefroren, und das im Sommer!« Dann will er wissen, wie es für uns als Deutsche ist, in Israel zu leben, und schaut Tim und mich erwartungsvoll an.

Immer wieder habe ich mit Israelis diese Gespräche geführt. Was denken sie über Deutschland? Was halte ich vom Leben in Israel? Fragt man Israelis, was ihnen als Erstes zu Deutschland einfällt, sagen viele, vielleicht sogar die Mehrheit: der Holocaust. Erstaunlich ist, wie wohlgesinnt dennoch die meisten Deutschland sind. Wenn ich im Gespräch erwähnt habe, wo ich herkomme, fiel die Reaktion nur extrem selten feindselig aus. Oftmals hieß es sogar: »Oh, cool, kommst du aus dem verrückten Berlin?« Oder: »Wow, da will ich auch hin, da ist das Leben viel leichter und preiswerter.« Und manch einer geriet ins Schwärmen angesichts der Qualität von Produkten *made in Germany*. So heterogen, wie die israelische Gesellschaft eben ist, so unterschiedlich ist auch ihr Blick auf Deutschland, Widersprüche eingeschlossen. So kann es durchaus sein, dass die Großmutter aus Nazideutschland geflohen ist und der Enkel nun in Berlin studiert. Apropos Berlin: Vor allem die jungen, linksliberalen Tel Aviver denken vor allem an die quirlige Hauptstadt, wenn es um Deutschland geht. Irgendwie wurde das auch vom Marketing beider Städte entdeckt. Und ja, es gibt gewisse Gemeinsamkeiten: Mir, der Rheinländerin, die sowohl in Tel Aviv als auch in Berlin gelebt hat, fällt da zuerst die Chuzpe ein, die schnoddrig-ruppige Art der Menschen, deren Charme sich erst auf den zweiten Blick erschließt. Aber dass Berlin und Tel Aviv gerne mal als *Twin Cities* beworben werden, finde ich nach wie vor ziemlich abstrus, und das nicht nur, weil Berlin nicht am Meer liegt. Für viele junge Israelis sei Berlin vor allem eines, erklärte mir einmal ein junger Barmann aus Tel Aviv: »Party machen, die Nächte durchtanzen und sich die Nahost-Sorgen mit preiswertem Gras wegrauchen.«

Allerdings steht andersherum auch das liberale Tel Aviv nicht für die ganze israelische Gesellschaft.

Konservativ-religiöse Israelis bewerten die Bundesrepublik oft weniger freundlich. Angela Merkel habe ihren Respekt gehabt, bis zu dem Moment, als sie all die muslimischen Flüchtlinge ins Land ließ. Das sei naiv, dumm und gefährlich gewesen, erklärten mir nicht nur Taxifahrer in Jerusalem. Israelische Unternehmer, die wegen des guten Rufs deutscher Produkte mit deutschen Firmen Geschäfte machen, amüsieren sich oft über deren Hang, detaillierte Pläne zu schmieden und sich anschließend auch noch akribisch daran zu halten. Israelis improvisieren lieber. Wenn mal etwas schiefgeht, ist das nicht schlimm, dann wird eben ein neuer Versuch unternommen. Wer als Geschäftsmann nicht auf Anhieb reüssiert, gilt nicht gleich als Versager, sondern als ein Mensch, der halt mal etwas ausprobiert hat. Auch die Klassiker der deutschen Exportwirtschaft sind beliebt, deutsches Bier gibt es in fast jeder Tel Aviver Kneipe. Und bei den Neuzulassungen teurer Autos steht Mercedes an erster Stelle, gefolgt von BMW und Audi. Selbst Benjamin Netanjahu fuhr stolz einen A8 von Audi, woraufhin er allerdings einen Shitstorm in den sozialen Netzwerken einstecken musste: »Als ich Kind war, kauften Juden keine deutschen Autos«, schrieb unter anderem ein wütender Kritiker im Netz.

Das gehört inzwischen der Vergangenheit an. Israelis, die alles Deutsche meiden, sind in der absoluten Minderheit. Die Mehrheit macht einen Unterschied zwischen Nazideutschland und der modernen Bundesrepublik, und das gilt auch für viele der Holocaust-Überlebenden, die in Israel leben. Diejenigen, die ich interviewen und kennenlernen durfte, empfingen mich mit großer Herzlichkeit.

Udi, Ella und die anderen Kibbuz-Bewohner waren alle schon einmal in Deutschland. Günstige Flüge gibt es nämlich nicht nur von Tel Aviv aus, sondern auch vom neuen Flughafen Ramon hier im Süden, der den 2019 geschlossenen Flughafen von Eilat ersetzt. Ihnen hat es im Schwarzwald am besten gefallen. »Glaub mir, im Sommer einen Monat lang im Schwarzwald Urlaub zu machen ist billiger, als hier zu leben. Allein hier die Klimaanlage im Sommer laufen zu lassen ist teurer als das Hotelzimmer dort.«

Unterkunft

Im Kibbuz Elifaz kann man nicht nur in den gemütlichen Gästebungalows unterkommen, sondern auch komfortabel zelten. Und der Service ist außergewöhnlich: Am Morgen wird das reichhaltige Frühstück in einem Korb zum Bungalow gebracht, inklusive Brot, Brötchen, Joghurt, Salat, Oliven, Marmeladen und frischen Eiern. Mehr Informationen, auch zu Touren in der Umgebung: www.elifaz.co.il.

Tipp!

KIBBUZ KTORA

Das Leben in der Wüste erfordert eine spezielle Geisteshaltung – die Geisteshaltung der Urväter Israels, wie die Einheimischen sagen. Wer hier reist, begegnet nicht gerade vielen Menschen, wer hier reist, muss die Stille mögen.

Für mich trat diese Stille auf dem südlichsten Abschnitt der Road 90 ganz plötzlich ein, und zwar ausgerechnet mit einem Knall: Ein Reifen war geplatzt – nicht zum ersten Mal auf Israels Straßen. Also erstmal auf den Standstreifen rollen und dann einen Augenblick lang die Stille genießen. Die Sonne will gerade untergehen, und die Abenddämmerung lässt die Wüste warm und weich und einladend erscheinen. Jedes Mal, wenn ich durch die Wüste fahre, muss ich an den französischen Schriftsteller und Piloten Antoine de Saint-Exupéry denken und an seine Schilderung des Flugzeugabsturzes in der Sahara im Jahr 1935 – eine Grenzerfahrung und die Geburtsstunde des Kleinen Prinzen, der über die Wüste sagt: »Man sitzt auf einer Sanddüne. Man sieht nichts. Man hört nichts. Doch etwas leuchtet in der Stille.«

Am hellsten leuchten vorerst allerdings die Warnlichter des Autos. Nun bräuchten wir einen Puncher. Ich habe keine Lust, bei dieser Hitze einen Reifen zu wechseln. Puncher sind mobile Automechaniker, die ihre Dienste nicht nur in ihrer Werkstatt anbieten, sondern auch kommen, wenn man irgendwo liegen geblieben ist. Mein Ziel, der Kibbuz Ktora, ist noch ein paar Kilometer entfernt. Ich bin mit meinem Team unterwegs, zum Glück mit zwei Autos. Die Kollegen fahren also schon mal vor, vielleicht lässt sich ja im Kibbuz ein Puncher ausfindig machen. Ich kehre derweil gedanklich zurück zum Kleinen Prinzen und beschließe, die Zwangspause zu genießen, das kann nicht schaden. Ich entferne mich ein wenig von der Straße, denn hin und wieder durchbrechen vorbeirauschende Autos die Stille. In der Wüste ist es so ruhig, dass man jeden Pulsschlag hören kann. Die Landschaft wirkt geradezu wie eine kitschige Fototapete, als wäre sie mit einem professionellen Bildprogramm bearbeitet worden. Wie wohl die Menschen früher die Wüste wahrgenommen haben? Immerhin fand die Negev schon im Alten Testament Erwähnung. Erste Siedlungen wurden im 9. Jahrhundert v. Chr. von den Assyrern errichtet. 500 Jahre später entstanden mehrere Städte unter den schon erwähnten Nabatäern, und etwa 100 n. Chr. eroberten die Römer die Negev. Im 4. Jahrhundert hielt unter den Byzantinern das Christentum Einzug. In der Wüste spreche Gott zu den Menschen, hieß es, und es gibt keinen Propheten, der nicht auch einmal ein Hirte in der Wüste war. Die Kinder Israels wurden auf ihrem Weg ins Gelobte Land über einen Umweg geführt – durch die Steinwüste Zin, die in der Negev liegt. Vielleicht, so mutmaßen die Theologen, weil sie Gott in der Stille der Wüste näher sein und seine Worte deutlich vernehmen konnten.

Doch bevor ich die Stille richtig genießen kann, ist es damit auch schon wieder vorbei: Mein Telefon klingelt. In Ktora gebe es zwar eine kleine Werkstatt, informiert mich mein Kollege, aber der Puncher könne jetzt nicht zu mir rausfahren. Ich möge also langsam bis zur Werkstatt rollen und dabei hoffentlich nicht die Felgen ruinieren.

Im Kibbuz Ktora sehen sich die Bewohner als Erben der Pioniere, mit einer besonderen Verantwortung für das Land. Es war Staatsgründer David Ben-Gurion, der dazu aufgerufen hatte, die Wüste zu besiedeln und das Land urbar zu machen. Der Grundgedanke des Kibbuzlebens, ein kollektiv organisierter Alltag, ist in Ktora noch heute höchst lebendig. Als ich in den Kibbuz hineinfahre und schließlich auch die kleine Werkstatt finde, ist um diese Uhrzeit natürlich niemand mehr da, der sich meines platten Reifens annehmen würde. Aber egal, der Wagen bleibt einfach stehen, denn wir haben ohnehin zwei Nächte eingeplant, und an diesem Tag steht kein Drehtermin mehr an.

An der Rezeption empfängt uns Yuval Ben Hai. Er ist ein wenig in Eile, was sich im Kibbuz eigentlich selten beobachten lässt. Der Gemeinschaftsdienst ruft. »Ich muss in die Küche, Teller spülen und so. Hier sind die Schlüssel für eure Zimmer, kommt doch dann einfach in den Speisesaal.« Der Speisesaal ist das Herzstück der Gemeinschaft, auch die Gäste dürfen hier essen. Er ist eine Mischung aus Kantine und Hotelrestaurant mit einem Buffet, jeder nimmt sich, was und wie viel er mag. Viele Kibbuzniks essen täglich hier und genießen es – meistens jedenfalls, erzählt mir Yonathan, ein älterer Kibbuznik, der mit seinen Nachbarn am Nebentisch sitzt: »Die Kunst besteht darin, das Sozialleben, das dir der Speisesaal bietet, loszukoppeln von dem Essen, das du vielleicht lieber essen würdest.«

Letztlich ist es wahrscheinlich wie in jeder Kantine, denke ich mir, es gibt gute und schlechte Tage, aber wenigstens muss man nicht selbst kochen. Nach dem Essen geben wir unser Tablett mit dem gebrauchten Geschirr an der Spülküche bei Yuval ab. Er ist nicht hier aufgewachsen. Mit Mitte 20 hat ihn die Liebe ins Kollektiv gezogen. Zuvor hat Yuval als Manager in der Nähe von Tel Aviv gearbeitet. »Ich finde es großartig hier«, schwärmt er. »Hierarchie spielt keine Rolle. Wir unterscheiden nicht zwischen großem Manager und einfachem Mitarbeiter. Wir arbeiten alle auf dasselbe Ziel hin. Das ist authentisch und ehrlich.«

Ktora ist tatsächlich einer der wenigen Kibbuzim, die noch streng ideologisch ausgerichtet sind. Es wird nicht nur gemeinsam gegessen, auch die Häuser gehören allen, und für die Gesundheitsversorgung kommt der Kibbuz ebenfalls auf.

»Egal, ob du durch deine Arbeit einen Schekel oder eine Million erwirtschaftest: Alles geht in die Kasse des Kibbuz«, erklärt Yuval. »Und jeder erhält die gleiche Summe, das ist wie Taschengeld.« Für ein Paar bedeutet das monatlich 3200 Schekel, umgerechnet etwas über 800 Euro. Davon müssen Kleidung und Elektrizität bezahlt werden. »Innen sind wir Sozialisten, und nach außen ist der Kibbuz ein kapitalistisches Unternehmen. Die Vorgabe ist, dass wir im Plus sind. Es gibt auch Manager, aber das letzte Wort hat die Generalversammlung«, erläutert Yuval. Sich ständig neu zu erfinden, um die Tradition zu bewahren – das ist das Credo von Ktora. Nur wirtschaftlicher Erfolg sichert das Überleben des 500-Einwohner-Kollektivs mitten in der Wüste.

Ein Start-up für das Kollektiv

Am nächsten Morgen treffe ich Yoni Thorne. Er ist für die Dattelplantage zuständig, denn auch hier werden Datteln angebaut. Yoni war früher Biobauer in den USA. Vor zehn Jahren kam er nach Ktora, zusammen mit seiner Frau Tali und den beiden gemeinsamen Töchtern. »Hier wird seit der Gründung des Kibbuz 1973 Ben-Gurions Vision umgesetzt: Wir haben die Wüste grün gemacht.« Yoni ist stolz darauf, er ist voller Tatendrang, die gelebte sozialistische Utopie beflügelt ihn Tag für Tag, seinem Leben in den USA trauert er nicht nach. »Ich habe die Dattelplantage nach und nach in eine Bioplantage verwandelt. Wir sind es nicht nur unseren Vorvätern, sondern auch dem Land und letztlich dem Planeten schuldig, ökologisch verantwortlich zu handeln. Hier können wir diese Dinge umsetzen, das war in den USA nicht so einfach möglich.« Neben Yonis Dattelplantage blitzen unter der brennend heißen Sonne Lichtreflexe von den Solarfeldern

Kibbuz-Innovation: Mikroalgenzucht in Glasröhren

herüber. Ktora ist nämlich auch Israels Pionierbetrieb in Sachen Photovoltaik. Die Kibbuzniks decken mittlerweile nicht mehr nur ihren eigenen Strombedarf, sondern liefern auch Elektrizität in die rund 50 Kilometer entfernt liegende Küstenstadt Eilat. »Wer überleben will, muss sich immer wieder neu erfinden. Unsere Kartoffeläcker haben wir längst aufgegeben. Schau, das da drüben ist lukrativer als Erdäpfel«, sagt Yoni und zeigt auf eine merkwürdig aussehende Anlage aus gläsernen Röhren. Sie sehen aus wie etwas überdimensionierte Heizkörper. Manche sind mit einer rötlichen, andere mit einer grünlichen

Flüssigkeit gefüllt. Omer Grundman gesellt sich zu uns. »Na, erzählt Yoni euch von meinem Opa, der hier noch Gemüse angebaut hat?«, will Omer lachend wissen. »Ich trete in seine Fußstapfen, nur dass ich nicht Kartoffeln züchte, sondern Algen. In diesen Glasröhren, die übrigens aus Deutschland kommen, sind Algen, genauer gesagt: Mikroalgen. Sie sind quasi das beste Getreide, das man in der Wüste anbauen kann. Man braucht kein fruchtbares Land, keine Bewässerung, alles läuft in diesem geschlossenen System. Und die Algen profitieren von der Sonne.«

Omer nimmt mich mit auf eine Tour durch seine Algenfabrik. »Algatech« heißt sie und besteht bereits seit über 20 Jahren.

Er erklärt mir, dass die Mikroalgen, die hier im Kibbuz gezüchtet werden, in Nahrungsergänzungsmitteln und Kosmetika Verwendung finden. Algen lägen im Trend, und die kleine Kibbuzfirma exportiere sie in die ganze Welt. Der rote Farbstoff Astaxanthin soll gesund und schön machen. Inzwischen gehört »Algatech« zu den weltweit führenden Unternehmen im Mikroalgen-Anbau. Eine französische Firma hat sich eingekauft, der Kibbuz hält noch rund 20 Prozent der Anteile.

Mike Harris ist für die Logistik in der Algenfabrik zuständig und seit mehr als 40 Jahren Mitglied im Kibbuz. Auch er ist ein Einwanderer mit klaren Vorstellungen, wie er sich ausdrückt. »Als ich 15 Jahre alt war, haben meine Eltern mich in den Sommerferien nach Israel geschickt. Ich bin in der strenggläubigen jüdischen Mittelschicht in England groß geworden. Dort galt es niemandem als erstrebenswert, in Israel im Kibbuz zu arbeiten, in der Landwirtschaft oder als Klempner oder so. In der Gesellschaft, in der ich aufgewachsen bin, sollte man Anwalt oder Arzt werden. Aber ich war akademisch gesehen ein Versager. Als ich dann im Kibbuz im Sommercamp war, dachte ich: Das ist das Richtige für mein Leben. Mit 21 bin ich ausgewandert, und seitdem bin ich ein Kibbuznik.« Mike kann sich nicht mehr vorstellen, in einer Wohnung in der Stadt zu leben, auch wenn ihn das ein oder andere im Kibbuz manchmal stört. »Zu sagen, dass mir nie der

Gedanke käme, dass mein Gehalt eigentlich höher sein müsste als das, was der Kibbuz mir zahlt, wäre gelogen. Aber wenn ich gefeuert würde oder gesundheitliche Probleme bekäme, dann hätte das keine Auswirkungen auf meinen Lebensstandard. Was allerdings schon nervt, ist, dass alles diskutiert werden muss und gemeinschaftlich entschieden wird.« So müsse man sich an eines von 20 Komitees wenden, wenn man einen anderen Anstrich für seinen Gartenzaun haben wolle. Das Komitee leite dann die Themen weiter an die Generalversammlung, in der die Gemeinschaft einmal pro Monat abstimme. Um überhaupt Mitglied im Kibbuz zu werden, muss sich jeder Kandidat dem Votum der Gemeinschaft stellen. Die Probezeit dauert drei Jahre. Alle 14 Jahre darf man sich eine einjährige Auszeit nehmen und den Kibbuz verlassen, ohne sein Recht auf Rückkehr zu verwirken. In der Zeit muss man sich jedoch selbst finanzieren. »Ich kann nicht für ein ganzes Jahr weggehen«, sagt Mike. »Aus mir ist ein echter Wüstensohn geworden. Früher habe ich die Hitze gehasst. Nun kann ich nicht mehr ohne sie leben.«

Leben und leben lassen

Yuval Ben Hai, der sich unter anderem um Kibbuzgäste wie uns kümmert, genießt derzeit vor allem einen Vorteil des Kibbuzlebens: die kurzen Wege. Der junge Familienvater muss jeden Tag seine drei Kinder vom Kindergarten abholen, genauer gesagt von drei Kindergärten, denn jede Altersgruppe hat ihren eigenen, sie liegen allerdings jeweils nur eine Gehminute voneinander entfernt. Dafür benutzt er ein Gefährt Marke Eigenbau, eine Art Laufstall auf Rädern, das er durch den Kibbuz schiebt und in das er nacheinander seine drei Kinder setzt. Zur Zeit der Gründung von Ktora wurde übrigens nicht zwischen der großen Kibbuzfamilie und der eigenen kleinen Familie unterschieden. Bei aller Begeisterung für das gemeinschaftliche Leben ist Yuval froh, dass man sich von diesem Konzept verabschiedet hat. »Meine Familie ist meine Familie, und der Kibbuz ist der Kibbuz. Am schwierigsten ist es für mich, meine Arbeit und mein Engagement für die Kibbuzfamilie nicht mit dem für meine Familie zu vermischen. Aber klar, meine Kinder sind nur meine Kinder, nicht die von allen.« Vor allem junge Familien zieht es wegen der guten Infrastruktur und Betreuungsmöglichkeiten in die Gemeinschaftssiedlungen. Die Zahl der Haushalte ist im Kibbuz Ktora binnen zehn Jahren von 105 auf 152 angewachsen. Doch Yuval meint, es gebe noch einen weiteren Grund für den Zuzug vor allem von jüdischen Familien aus Europa und den USA: den wachsenden Antisemitismus. »Der Kibbuz ist wie ein sicherer Hafen.« Yuvals Frau Avishag wurde in diesem Hafen geboren. Sie arbeitet als Lehrerin im Nachbarkibbuz. Ein Leben außerhalb der Gemeinschaft kann sie sich überhaupt nicht vorstellen. »Es ist nicht immer leicht hier, aber mit allem, was die Gemeinde uns hier gibt, also Zusammenhalt, die Nachbarschaft, die gegenseitige Unterstützung, denke ich, dass es das Richtige für uns ist, hier zu leben. Der Kibbuz schließt uns in seine Arme.«

Ich würde gerne noch mehr Zeit im Kibbuz Ktora verbringen, stelle ich fest. Nicht nur die Wüste entspannt mich, auch die Menschen hier strahlen, bei aller kritischen Selbstreflexion, Ruhe und Zufriedenheit aus. Die Gemeinschaft, die Arbeit im und für das Kollektiv lassen immer noch Raum für Individualität und Vielfalt. Irgendwie ist Ktora auch ein Schmelztiegel für Menschen aus aller Welt und mit unterschiedlichen Interessen. Als mein Team und ich am frühen Abend auf der Terrasse sitzen, kommt Neill Churgin vorbei. Neill ist Amerikaner. Auch er hat sich bewusst für ein Leben im Kibbuz entschieden und ist mit seiner Familie von Maryland in die Wüste Negev gezogen. Für den Kibbuz arbeitet er als Buchhalter und Braumeister.

»Habt ihr Lust, in meiner Brauerei vorbeizuschauen?«, fragt er uns. »Ich würde gerne wissen, wie ihr Deutschen mein Bier findet.«

Neill lädt uns also zum *Beer-Tasting* ein, und wir lassen uns nicht zweimal bitten. Seine Brauerei befindet sich in einer Art Garage. Er hat sie »Beertzinut« getauft, was übersetzt so viel heißt wie: ernsthaftes Bier. »Ich bin natürlich kein gelernter bayerischer Braumeister«, scherzt

Neill zur Begrüßung, »aber ich experimentiere erfolgreich mit den Ingredienzien der Wüste.« Seit 2013 betreibt er die Brauerei in Ktora. Mittlerweile hat er mehr als 15 Sorten Bier im Angebot, unter anderem mit regionalen Aromen wie Dattel und Zitrus. »Wo kommst du ursprünglich her, aus Köln? Für dich habe ich ein Kölsch aus der Wüste, ich habe es ›Shluk‹ genannt, abgeleitet von ›einen Schluck nehmen‹.« Wir sind beeindruckt. Neill zeigt uns seine recht einfache Brauanlage und erklärt uns detailliert, wie die verschiedenen Biere hergestellt werden. Für den großen Markt produziert er nicht, aber in der Region ist sein Bier sehr beliebt. Auch Messen besucht er manchmal, drei seiner Biersorten wurden bereits ausgezeichnet. Das Wüsten-Kölsch kommt den Bieren aus der Domstadt schon recht nahe, finde ich. »Es ist toll, dass wir hier im Kibbuz unserer Leidenschaft nachgehen können«, findet Neill. »Wo kannst du heute sonst schon problemlos deine Träume verwirklichen?«

Die Wunderpalme

Drei Tage bleiben wir in Ktora, das mir mit jedem Tag mehr wie eine Wunderwelt erscheint. Dabei sollen wir dem eigentlichen Wunder von Ktora erst am letzten Tag begegnen. Die Dattelpalme mitten im Kibbuz, an der wir bereits unzählige Male vorbeigelaufen sind, sehen wir plötzlich mit anderen Augen: Sie wird die »Wunderpalme« von Ktora genannt. Elaine Solowey lacht: »Nein, ein Wunder ist die Palme nicht, aber ein echter Erfolg unserer Forschung.« Elaine ist Direktorin des Zentrums für nachhaltige Landwirtschaft am Arava-Institut für Umweltstudien hier im Kibbuz. »Die Palme heißt auch nicht Wunderpalme«, korrigiert mich Elaine, »sondern Methusalem.« Aber jetzt mal von vorn: Vor über 15 Jahren entdeckten Archäologen zufällig am Toten Meer zwischen Masada und Qumran alte Samen von Dattelpalmen. Wie alt sie waren, konnten sie zunächst nicht sagen. Später stellte sich heraus, dass sie sehr alt waren, geradezu antik. Ein Team von Wissenschaftlern um Elaine Solowey pflanzte diese Samen ein, in der Hoffnung, sie würden keimen. Und das taten sie tatsächlich! Im

Jahr 2005 konnte das Team eine spektakuläre Nachricht verkünden: Aus dem Samen war eine Dattelpalme gewachsen, die sie Methusalem nannten. Methusalem sollte schon bald Gesellschaft bekommen, denn Elaine Solowey und ihre Kollegen machten sich bei archäologischen Ausgrabungen rund um das Tote Meer auf die Suche nach weiteren Samen. Und sie wurden fündig. Aus insgesamt 34 Samen haben sich inzwischen sechs weitere Palmen entwickelt. Sie wurden Adam, Jonah, Uriel, Boaz, Judith und Hannah getauft. Dieses Unterfangen hielt auch manche Überraschung bereit: »Wir hatten eine Dattelpalme Eva genannt, aber als sie größer wurde, stellten wir fest, dass wir sie in Adam umbenennen müssen. Es war eine männliche Dattelpalme, keine weibliche.«

Das Gold der Wüste: süße Datteln

Elaine Solowey hat für die antiken Palmen ein spezielles Gewächshaus bauen lassen. Liebevoll kümmert sie sich mit ihrem Team um die Aufzucht. Das Wichtigste dabei sei sanftes Gießen, erzählt sie. Dafür verwendet sie sogar eine Babyflasche. Kurioserweise brauchen die Samen neun Monate, bis sie keimen. Ein Zufall? Als die Keimlinge stabil genug waren, ermittelten die Wissenschaftler ihr Alter mithilfe der sogenannten Radiokarbonmethode. Damit war klar: Die Sensation ist perfekt. Alle Dattelsamen stammen aus der Zeit vor Christi Geburt, Adam und Hannah aus dem Zeitraum zwischen dem 1. und 4. Jahrhundert, Judith und Boaz aus der Mitte des 2. Jahrhunderts und Uriel und Jonah aus einer Zeit zwischen dem 1. und 2. Jahrhundert. Ein Jahr nach unserem Besuch in Ktora erreicht mich eine freudige Nachricht von Elaine Solowey: Hannah habe Früchte getragen, sie konnten 100 Datteln ernten. Bestäubt worden war sie mit Pollen von Methusalem. Im Altertum schätzte man die Früchte vor allem wegen ihrer Größe, des süßen Geschmacks und ihrer langen Haltbarkeit. Geschmacklich dürften sie sich kaum von den antiken Datteln unterscheiden, vermuten die Wissenschaftler. Nun haben sie also in Ktora neben Algen, Strom und Wüstenbier möglicherweise noch eine weitere Besonderheit im Angebot: »die Datteln, die Jesus aß«.

Ein Abstecher: Wein aus der Wüste

Dass guter Wein trocken sein sollte, darin sind sich viele Kenner einig, doch dass er auch in größter Trockenheit gedeiht, war zumindest mir neu. Wenn jedoch die Wüste 2000 Jahre alte Samen keimfähig hält, warum sollte dann hier nicht auch ein guter Tropfen entstehen können? Ich mache also einen Abstecher auf der Road 40 und fahre Richtung Westen. Hier stoße ich auf den südlichen Teil der »Weinroute Negev«. Es ist zugegebenermaßen keine klassische Weinroute wie in Südafrika und auch kein Nappa Valley, aber tatsächlich haben sich hier in einer der wasserärmsten Gegenden der Welt Winzer niedergelassen, so wie Yogev Zadok. Als ich bei ihm ankomme, ist der Reifen schon wieder platt. »Hast du ihn vom Puncher flicken lassen?«, fragt Yogev. »Damit kommst du nie weit. Besser, wir wechseln den Reifen. Aber das erledigen wir später.« Yogevs Weinfelder, wie er sie nennt, weil es eben eher Felder als Berge seien, liegen nur einen Steinwurf von der Grenze zur ägyptischen Halbinsel Sinai entfernt. Yogev hat das Gelände rundherum mit Elektrozäunen gut gesichert. »Das muss sein, und zwar nicht wegen der Terroristen des Islamischen Staates, die gleich hinter der Grenze leben. Die hält unser Militär ab. Ich brauche die Zäune für die wilden Kamele hier in der Gegend. Die würden mir sonst alle Reben abknabbern, und das wäre mein Ruin.« Yogev hat die Kunst des Weinbaus in Florenz studiert. Dort seien die Bedingungen natürlich ganz andere, erläutert er. »Hier haben wir haben sechs bis zwölf Regentage im Jahr. Es war schon im Mai und Juni so heiß, dass wir mehr bewässern mussten als in den Jahren zuvor. Ein anderes Problem ist der nährstoffarme Boden. Noch kritischer ist die Sonneneinstrahlung. Den Boden können wir düngen, aber wegen der Sonne überlegen wir jetzt, ein Netz über die Weinstöcke zu spannen, was jedoch sehr teuer ist. Die extreme Trockenheit in der Negev-Wüste hat allerdings auch Vorteile, denn sie bietet den Rebstöcken Schutz vor Pilzerkrankungen, die sich häufig in feuchtem Klima ausbreiten. Außerdem kann es in der Nacht sehr kühl werden, was einen sehr guten Säureaufbau in den Weintrauben ermöglicht.«

Für seine Reben nutzt Yogev die Technik der Tröpfchenbewässerung. Dieses Prinzip ist bereits seit der Antike bekannt, doch das moderne System wurde in den Sechzigerjahren von einer israelischen Firma entwickelt. Man spart enorme Mengen an Wasser und versorgt die Pflanzen ganz gezielt. Mittlerweile ist die Firma Weltmarktführer in diesem Bereich, und sogar Winzer in trockenen Regionen in Bayern und Franken setzen die israelische Erfindung bei ihren Rebstöcken ein.

Es ist gerade Weinlese, als Yogev mir sein Weingut zeigt. Ähnlich wie bei der Dattelernte in Elifaz helfen auch hier Gastarbeiter aus Thailand – und zu meinem Erstaunen sogar arabische Beduinen.

Gerade ist der Cabernet Sauvignon an der Reihe, doch in Yogevs Schwärmerei stimmen sie nicht ein. »Wir sind Muslime, Wein ist für uns *haram*, also verboten. Wir helfen bei der Lese und fertig. Es ist ein guter Job.«

Gläubigen Juden hingegen ist das Weintrinken nicht verboten, allerdings darf es nicht irgendein Wein sein. Er muss unbedingt koscher sein, und das macht es für Yogev ganz schön kompliziert. Nur bei der Lese dürfen Nichtjuden wie die muslimischen Erntehelfer die Trauben noch berühren, danach ist das tabu, und zwar auch für Yogev. Denn dem Rabbinat, das die Weinproduktion überwacht, gilt Yogev zwar als Jude, aber er ist ihnen nicht religiös genug. »Meine letzte Handlung ist es, die Trauben in der Kellerei abzuliefern«, erklärt er mir und fordert mich auf, zu ihm in den Laster zu steigen.

In der Kellerei werden die Trauben zunächst gereinigt und mit Sulfit versetzt, dann geht es weiter in die Presse. Dort stehen zwei vom Rabbinat anerkannte Mitarbeiter. Die haben zwar nicht Weinbau studiert, sind aber dem Rabbinat zufolge religiös genug, um bei der Herstellung koscheren Weins zu assistieren. »Wenn du einen koscheren Wein herstellen möchtest, dürfen im gesamten Prozess nur religiöse Juden mit dem Wein und den Geräten in Kontakt kommen.«

Yogev muss sich eine Probe ziehen lassen. Und das, erzählt er uns, ist ihm als Winzer schon manchmal lästig. Doch das Rabbinat überwacht die Kellerei genau. Regelmäßig kommen Kontrolleure und prüfen, ob alle Richtlinien eingehalten werden. »Ich bin immer ein wenig nervös, wenn das Rabbinat hier auf der Matte steht. Ohnehin müssen ja immer zehn Prozent des Ertrags weggeschüttet werden. So steht es im religiösen Regelwerk.« Bislang boten Yogevs Weine noch keinen Grund zur Beanstandung. Im Schnitt produziert er im Jahr 100 000 Flaschen koscheren Weins. »Dieses Gütesiegel ist wirklich wichtig für uns«, erläutert Yogev, »denn auf diese Weise können wir Marktnischen nutzen und unsere Produkte nicht nur in Israel verkaufen, sondern auch an jüdische Gemeinden in der ganzen Welt liefern. Komm, bevor wir den Cabernet köpfen, nehmen wir uns den Reifen vor, obwohl … fahren darfst du nach der Weinprobe eigentlich nicht mehr!« Yogev lacht. Zu unserer Überraschung haben sich bereits zwei seiner Mitarbeiter erfolgreich meines Reifenproblems angenommen. Das Reserverad ist montiert. »Na, das nenne ich glückliche Fügung! Dann können wir ja loslegen. Entkorken darf ich nämlich wieder selbst.« Es wird eine nette, aber zurückhaltende Weinprobe. Bei 35 Grad im Schatten ist selbst ein leichter Weißwein eine Herausforderung, und der Cabernet steigt einem gleich zu Kopf. Die Weiterfahrt ist vorerst verschoben.

EILAT

**In Eilat haben in den letzten 30 Jahren
überwiegend Israelis Urlaub gemacht. Doch jüngst
befand das israelische Tourismusministerium,
dass sich dies ändern müsse.**

Während die arabischen Länder im Nahen Osten als unsicher gelten, möchte Israel europäische Touristen mit dem Versprechen entspannter Urlaubstage locken. Tatsächlich hat sich Eilat als sicherer Urlaubsort bewährt. Bislang blieb die Stadt von Terroranschlägen verschont und kann sich als eine Oase mitten in der krisengebeutelten Region präsentieren. Im Frühjahr 2019 wurde der neue internationale Flughafen Ramon Airport in der Nähe der Küstenstadt in Betrieb genommen. Vor allem Billig-Fluggesellschaften aus Europa bringen seitdem sonnenhungrige Reisende ohne den zuvor notwendigen Umweg über Tel Aviv direkt ans Rote Meer – und mich bald ans Ende dieser Reise, denn in Eilat, gleich an der ägyptischen Grenze, endet auch die Road 90.

Der Lockruf des Roten Meeres

Die letzten Kilometer bis nach Eilat, der Mini-Metropole am Toten Meer, lege ich in Gesellschaft zurück. Noa Pinsler, die 16-jährige Tochter von Udi aus dem Kibbuz Elifaz, sucht eine Mitfahrgelegenheit. Noa liebt das Leben in der Wüste und im Kibbuz, aber ab und zu muss sie mal raus. Wie jeder Teenager will sie sich mit Freunden im Café treffen oder shoppen gehen oder einfach einen Tag am Meer verbringen. Normalerweise fährt Noa mit dem Bus, aber heute hat sie ihn verpasst, und da komme ich mit meinem Jeep und demselben Ziel gerade recht, zumal sie einen Termin hat: Noa macht ihren Führerschein, und die Fahrschule ist in Eilat. »Weil du fährst, ist mein Vater einverstanden«, sagt Noa, als sie einsteigt. »Bei Fremden darf ich nämlich nicht mitfahren, nur bei Leuten, die ich kenne.«

Trampen stand in Israel lange Zeit hoch im Kurs, nicht weil es eine klimafreundliche, günstige und obendrein gesellige Art der Fortbewegung ist, sondern weil es schlicht kein gut ausgebautes Netz an öffentlichen Verkehrsmitteln gab. Inzwischen gilt es nicht mehr als ungefährlich, genau wie überall sonst auf der Welt. Das liegt nicht zuletzt an einem schrecklichen Vorfall, der vor einigen Jahren ganz Israel erschüttert und sich ins kollektive Gedächtnis gebrannt hat. Am 12. Juni 2014 wollten drei jüdische Religionsschüler, der 16-jährige Gilead Shaer, der 19-jährige Eyal Yifrah und der 16-jährige Naftali Frenkel, in der Region Gusch Etzion im besetzten Westjordanland nach Hause trampen. Dabei fielen sie palästinensischen Terroristen in die Hände, die sie entführten und töteten. Erst zwei Wochen später fand die israelische Polizei die Leichen der Jugendlichen. Nachdem die extremistische Hamas zunächst bestritten hatte, etwas mit der Tat zu tun zu haben, stellte sich bald heraus, dass dem nicht so war. In der Folge heizte sich die Stimmung im Land binnen kürzester Zeit auf. Radikale jüdische Siedler entführten aus Rache den 16-jährigen Mohammed Abu Khdeir in Ostjerusalem und verbrannten ihn bei lebendigem Leibe. Das geschah am 2. Juli 2014, als ich gerade in Tel Aviv gelandet war, um auf Wohnungssuche zu gehen. Am 4. Juli 2014 wurde er beigesetzt. Tausende Palästinenser strömten nach Jerusalem, es kam zu schweren Auseinandersetzungen mit der israelischen Polizei, die Hamas feuerte Raketen aus dem Gazastreifen auf Israel ab – vier Tage später, am 8. Juli 2014, brach der Gaza-Krieg aus.

»So schnell kann es gehen«, sagt Noa, das sei das Schicksal ihres Landes. Auch sie erinnert sich an die Ereignisse, als hätte sich die Tragödie erst gestern ereignet. Ich erzähle ihr, dass es mich manchmal fassungslos macht, wie rasch die Dinge hierzulande aus dem Ruder laufen können, welches Leid beide Konfliktparteien erfahren. Ich berichte ihr auch von meinem Besuch bei der Familie des getöteten palästinensischen Jungen in Shuafat, einem überwiegend arabischen Viertel in Ostjerusalem. Sie sei noch nie in Ostjerusalem gewesen, gesteht Noa. Außer in der Altstadt, also an der Klagemauer natürlich.

In der Wüste sei der Konflikt weit weg, meistens jedenfalls.

Umso größere Sorgen bereite es ihr nun, bald selbst zum Militär gehen zu müssen, denn auch wenn die Lage gerade ruhig sei, könne sich dies schnell ändern. Andererseits sei es auch eine Pflicht und Ehre, seinem Land zu dienen, erklärt sie mir, als müsse sie sich selbst überzeugen: »Meiner Meinung nach lässt uns der Wehrdienst sehr schnell erwachsen werden. Nach der Schule gehen wir gleich zur Armee. Ich gehe zur Armee, weil jemand das Land schützen muss. Man kann halt nichts daran ändern, unser Land hat nun einmal viele Feinde. Wenn mehr und mehr Leute anfangen, dies zu unterschätzen, wird es bald niemanden in Israel mehr geben. Als Frau muss ich nicht unbedingt in einer Kampfeinheit dienen. Aber ich werde trotzdem eine wichtige Position haben. Es gibt ja immer wieder Krieg hier, Israel hat viele Feinde, und das macht mir natürlich auch Angst. Meine ältere Schwester hat ihren Wehrdienst gerade hinter sich. Das war schon stressig, aber was sollen wir machen, in unserem Land haben wir keine Wahl.«

Was für ein Wahnsinn, denke ich, ein deutscher Jugendlicher muss sich über so etwas keine Gedanken machen. Bei solchen Gesprächen muss ich immer auch an meinen Sohn denken und wie privilegiert er ist, keine derartigen Überlegungen anstellen zu müssen. In der Frage der nationalen Sicherheit unterscheiden sich unsere Gesellschaften grundlegend voneinander. Anders als in Deutschland genießen Soldaten in Israel grundsätzlich ein hohes Ansehen in der Bevölkerung. Das Militär hat seit der Staatsgründung eine entscheidende Rolle gespielt. Die Präsenz von Soldatinnen und Soldaten im Straßenbild ist in Israel völlig normal, überall sieht man junge Männer und Frauen in olivfarbener oder sandfarbener Uniform, nicht selten mit einem Maschinengewehr über der Schulter. Die Verweigerungsquote ist extrem niedrig, das Verfahren kompliziert. Da die meisten jungen Leute sich auf die Zeit bei der Armee freuen und viele hinterher sagen, es sei die beste Zeit ihres Lebens gewesen, stehen diejenigen, die mit dem Gedanken spielen, den Dienst zu verweigern, unter einem immensen Druck. Auch Noa baut darauf, dass sie beim Wehrdienst die entscheidenden Kontakte für ihr späteres Berufsleben knüpfen kann, denn oft verbinden der Dienst in derselben Einheit oder derselbe Dienstgrad die jungen Menschen noch auf Jahre hinaus. In einem Vorstellungsgespräch danach gefragt zu werden, welcher Einheit man angehört habe, überrascht niemanden. Das innerhalb der Gesellschaft weitverbreitete Vertrauen ins Militär trägt ebenfalls dazu bei, dass Verweigerer sich als Außenseiter fühlen. Eine Moderatorin im Armeeradio hat diesen gesellschaftlichen Rückhalt einmal folgendermaßen auf den Punkt gebracht:»Der Wehrdienst, die Armee, das ist eben der Schmelztiegel, die DNA Israels.« Nur wenige Bürger sind vom Wehrdienst befreit: Mütter und verheiratete Frauen, ultraorthodoxe Juden, die an einer Religionsschule studieren sowie arabische Israelis, bei denen auf Grund ihrer Herkunft Zweifel an ihrer Loyalität bestehen.

»Habt ihr in Deutschland auch Souvenirläden, wo es T-Shirts mit dem Logo eurer Armee zu kaufen gibt?«, will Noa von mir wissen. »Nein«, sage ich,»den Berliner Bären, den Kölner Dom und Oktoberfest-T-Shirts werden in Deutschland wohl eher einen Käufer finden als ein T-Shirt mit dem Logo der Bundeswehr.« »Siehst du, das ist der Unterschied: Hier findest du überall T-Shirts mit dem Logo der Israeli Defense Forces, kurz IDF. Manchmal mit Sprüchen versehen wie *Mach dir keine Sorgen, Amerika, Israel steht hinter dir.*« Noa lacht. »Es ist schon verrückt, aber so ist es: Wer in Israel nicht in der Armee gedient hat, gehört nicht richtig dazu.«

Doch bevor Noa in die Uniform schlüpfen wird, muss sie ihren Schulabschluss machen und die Führerscheinprüfung bestehen. Die Road 90 wird bald zu ihrer Übungsstrecke werden. Darauf freut sie sich besonders. Selbst fahren zu dürfen, bedeute Freiheit für sie, dann könne sie aus dem Kibbuz rauskommen, wann immer sie möchte. »Es ist einfach wunderbar, im Kibbuz aufzuwachsen«, erklärt sie mir,»das liegt am Zusammenhalt, den du wirklich spürst, ich fühle mich, als würde ich in einer großen Familie leben. Sobald ich mal für ein paar Tage woanders gewesen bin und dann wieder hierherkomme, merke ich: Das ist mein Zuhause, mein Platz, an dem ich mich immer geborgen fühlen werde. Vielleicht wird es später mal schwer für mich, wenn ich woanders leben muss. Wir leben hier ja schon in einer Art Blase. Es gibt keinen Krach und nicht die typischen Geräusche einer Großstadt. Im Norden von Israel werden viele Anschläge verübt, davon bekommt man hier nichts mit. Man wohnt hier sehr ruhig und geschützt.« Noa kann sich gut vorstellen, später einmal eine Zeit lang im Norden zu leben, in einer Stadt, einfach um die Erfahrung gemacht zu haben. Aber falls sie schwanger werden sollte, werde sie sofort in den Kibbuz zurückkehren, denn das sei wirklich der beste Ort für ein Kind.

Es sind nur noch wenige Kilometer bis zum Roten Meer, doch gerade als Noa von den roten Felsen kurz vor dem Roten Meer schwärmt, winkt uns ein Polizist aus dem Verkehr. Ich muss die Ausfahrt nehmen, er steht direkt vor einer Polizeistation. Er schaut sich das Auto genau an und will wissen, woher wir kommen und wohin wir fahren, und natürlich will er auch meinen Führerschein sehen. Ich reiche ihm meinen israelischen Führerschein, der auch für Ausländer verpflichtend ist, sobald sie länger als ein Jahr in Israel leben. Ich erkläre ihm, dass wir es eilig haben, dass Noa zur Fahrstunde müsse, doch das interessiert den Polizisten nicht im Geringsten. Irgendwie kommt er mit meinem Führerschein in Kombination mit einem deutschen Reisepass nicht zurecht, kann offenbar die Daten auf seinem Gerät nicht überprüfen oder nicht eingeben. Brummend beanstandet er eine zu hohe Geschwindigkeit, moniert den Zustand des Autos und murmelt etwas von »vernünftig anschnallen«. Dann geht er und lässt uns geschlagene 20 Minuten stehen. Zurück kommt er mit einem Strafzettel, den ich nicht lesen kann, weil er auf Hebräisch ist, und sagt, wir sollten weiterfahren, aber nicht zu schnell. Noa lacht und sagt, die Fahrstunde könne sie jetzt vergessen, dafür seien wir nun wirklich zu spät dran.

Ungehalten ist sie nicht, im Gegenteil, sie beschließt, dass wir nun gemeinsam zu ihrem Lieblingsstrand in Eilat fahren sollten. »Vielleicht sind wir noch vor Sonnenuntergang da«, hofft sie. »Am besten nimmst du die Strecke Richtung Ägypten«, weist mich Noa an, als wir in die Stadt hineinfahren. Einladend sieht die Stadt auf den ersten Blick nicht gerade aus: Kleine, sanierungsbedürftige Shoppingmalls, billige Restaurants und Souvenirshops am Ortseingang, eine Art Rummelplatz an der in die Jahre gekommenen Promenade und die üblichen Drei- bis Fünf-Sterne-Bettenburgen versprühen wahrlich kein Flair.

»Es gibt ein paar tolle Ecken in Eilat, man muss
nur wissen, wo die sind«, sagt Noa, als sie meinen
skeptischen Blick bemerkt. Ich weiß, dass viele Israelis
ihre freien Tage gerne einmal in Eilat verbringen,
vor allem im Winter.

Auch unter politischen und strategischen Aspekten ist die Stadt nicht unbedeutend, immerhin ist Eilat Israels einziger Zugang zum Roten Meer. Gerade mal zwölf Kilometer breit ist der Küstenstreifen zwischen Jordanien und Ägypten.

»Ich bin hier mal mit dem Fallschirm gesprungen, das kann ich nur empfehlen. Das ist total verrückt, weil du aus der Luft gleich drei, nein, eigentlich vier Länder sehen kannst: Israel, Ägypten und auf der anderen Seite Jordanien. Etwas weiter südlich von Jordanien kommt dann schon Saudi Arabien in Sicht, also an klaren Tagen jedenfalls. Ich wünschte, wir könnten alle in Frieden miteinander leben«, sagt Noa. Wir machen an einem kleinen Kiesstrand halt, kurz vor dem ägyptischen Grenzübergang, und setzen uns auf den Steg. Die Sonne will gerade im Meer versinken, ein paar Taucher und Schwimmer kommen aus dem Wasser. Es sei trotz allem die schönste Kulisse der Welt, findet Noa, und lässt ihren Blick in die Ferne schweifen. Hier endet die Road 90, und ich bin ein bisschen wehmütig, weil sich damit auch die Reise ihrem Ende nähert. Doch ein bisschen Zeit bleibt noch – Zeit für einen Blick hinter die wenig attraktive Fassade von Eilat.

Die wilden Siebziger: Refugium
für gestresste Stars

Dass es in Eilat einmal mal ganz anders zuging, weiß meine Freundin Malkitta Dubnikov, die gern von »ihrem« Eilat in den Siebzigerjahren erzählt. Malkitta ist als Tochter von Holocaust-Überlebenden nach Israel gekommen. Über einen gemeinsamen Freund haben wir uns kennengelernt und ebenfalls Freundschaft geschlossen. Malkitta ist eine sogenannte Jecke. So werden die Einwanderer aus Deutschland genannt, die in den Dreißigerjahren ins damalige Palästina kamen, sowie jene, die nach 1945 in einer zweiten Auswanderungswelle folgten. Malkitta und ihre Eltern haben das Konzentrationslager in Bergen-Belsen überlebt. Damals war sie drei Jahre alt, zu jung, um viele Erinnerungen an diese Zeit zu haben. Dafür hat sie einige Erinnerungsstücke aus ihrer frühen Kindheit, die sie mir bei einem meiner Besuche zeigt: Sterne, auf denen »Jude« steht, und Puppen aus Stoff und Stroh. Ihre Mutter habe die Puppen selbst gemacht, erzählt sie. Der Stoff stamme von den Decken des Konzentrationslagers, das Stroh aus den Matratzen. Malkittas Mutter wollte, dass ihre Tochter etwas zum Spielen hat. Sie hat den Puppen sogar Gesichter aufgemalt und aufgestickt. Mittlerweile ist der Stoff so porös geworden, dass stellenweise das Stroh durchkommt. Im Frühjahr 1945 wurde das Konzentrationslager befreit, und nur wenige Monate später trafen Malkitta und ihre Eltern in Palästina ein. Viel konnten sie nicht mitnehmen – viel war ihnen allerdings auch nicht geblieben. Doch die Sterne und die Puppen hat Malkittas Mutter eingepackt, dazu die Tagebücher ihres Mannes, der Journalist und Jurist war. Immer wieder liest Malkitta darin, es sind präzise Beschreibungen der Zeit in Bergen-Belsen und aus den Tagen der Befreiung. Sie erinnern sie bis heute an ihr Glück, überlebt zu haben – und an die sechs Millionen Juden, die die Nazis ermordet haben.

Es sei für sie nicht leicht gewesen, in der neuen Heimat Fuß zu fassen, als Jeckes in einer orientalischen Umgebung, erzählt Malkitta. Damals wurden sie von der einheimischen Bevölkerung belächelt. Man hielt sie für stur, pedantisch und umständlich. »Jeckes, das bedeutet ›der Jude, der schwer kapiert‹, abgeleitet vom hebräischen *yehudi kaschä havana*«, erklärt Malkitta. Viele Klischees rund um die Jeckes halten sich bis heute in Israel, so auch die Annahme, sie müssten mittags eine »Schlafstunde« einlegen. Ihr Vater sei ein waschechter Zionist gewesen, fährt Malkitta fort, aber mit dem europäischen Zionismus konnten auch nicht alle Israelis etwas anfangen. Deutsch zu sprechen war damals verpönt, obwohl viele der Jeckes der ersten Generation nie richtig Hebräisch gelernt haben. Auch in Malkittas Familie spricht man noch heute untereinander Deutsch. Mit der diplomatischen Annäherung zwischen Deutschland und Israel vor mehr als 55 Jahren, initiiert durch Konrad Adenauer und David Ben-Gurion, änderte sich nach und nach auch die Wahrnehmung der deutschen Emigranten in der israelischen Gesellschaft. Nach Deutschland reiste Malkitta zum ersten Mal in den Siebzigerjahren, sehr zum Leidwesen ihrer Mutter, die für die Neugier ihrer Tochter kein Verständnis hatte.

> **Heute lebt Malkitta zwar in Holon, in der Nähe von Tel Aviv, doch auch Deutschland ist für sie ein Stück Heimat geworden. Ihr Sohn ist sogar nach München gezogen, und Malkitta besucht ihn meist mehrmals im Jahr.**

In Israel wiederum war in den Siebzigerjahren Eilat ihr Zuhause. Damals sei der Ort ein Geheimtipp für »Glamour pur« zwischen Wüste und Meer gewesen. »Heute kannst du Eilat vergessen«, pflegt sie gern zu sagen, »aber damals war es einer der tollsten Orte überhaupt, zumindest im Nahen Osten.« Damals wohnten hier nur wenige Menschen, und es gab genau ein Luxushotel, was wiederum Eilat zum Anziehungspunkt für Prominente aus aller Welt machte. Hierher kam, wer unbeobachtet und unbeschwert Urlaub machen wollte. Und wer hat sich um die illustren Gäste gekümmert? Genau, Malkitta. Der Hotelmanager hatte sie wegen ihres eleganten Auftretens und ihrer Redegewandtheit in immerhin vier Sprachen als Promibetreuerin eingestellt. »Das war der Job meines Lebens!«, schwärmt sie noch heute. Und ihr Fotoalbum ist ohne Übertreibung ein »Who's Who« Hollywoods. Auf den Fotos posiert Malkitta mit Farah Fawcett, Roman Polanski, Gerd Müller und manch anderem Star. Ihre schönste Erinnerung allerdings ist ein Geburtstagsständchen von Udo Jürgens: »Ich hatte mich bereits eine Woche lang um ihn gekümmert, und alles lief super. Dann hatte ich Geburtstag, und da hat er gesagt: ›Heute singe ich für dich.‹ Das werde ich nie vergessen. Udo Jürgens sang für mich und meine Familie. Das war einmalig.«

Fenster zum Meer

Heute fährt Malkitta nur noch selten nach Eilat, aber sie hat mir genau wie Noa Pinsler einige Sehenswürdigkeiten empfohlen. Wer den Zauber Eilats und des Roten Meeres erleben möchte, kommt am Observatorium nicht vorbei. Das Besondere daran: Man kann die Aussicht nicht nur über, sondern auch unter Wasser genießen, denn das Observatorium steht im Meer. Es gehört zu Eilats Aquarium, der »Coral World«. Bei meinem ersten Besuch dort erwartet mich Alex Milligan am Strand. Er ist in Eilat geboren und aufgewachsen. Inzwischen studiert er in Tel Aviv, aber in den Semesterferien kommt er regelmäßig in seine Heimatstadt und jobbt im Aquarium. Mit der eindrucksvollen Unterwasserwelt des Roten Meeres ist er von Kindesbeinen an vertraut, er kennt jede Fischart, jede Korallengruppe und natürlich auch die Gefahren des Klimawandels für das empfindliche und einzigartige Ökosystem. »Bist du schon

Die Küste vor Eilat

einmal getaucht?«, will Alex gleich nach der Begrüßung von mir wissen. »Nein, leider nicht, und aus medizinischen Gründen darf ich das leider auch nicht.« »Na, dann ist das Unterwasserobservatorium genau das Richtige für dich. Da kannst du in sechs Metern Tiefe Fische beobachten, ohne nass zu werden, und das ganz ohne Sauerstoffflasche und Druckausgleich. Der Gründer des Observatoriums hatte einen Tauchunfall und durfte danach auch nicht mehr tauchen, genau wie du. Doch weil er ohne seine Korallen und Fische nicht leben konnte, hat er das Unterwasserobservatorium erfunden.« Das war Mitte der Siebzigerjahre. Der Bau des Observatoriums war damals eine echte Sensation. Die große Frage war: Würde das Gebäude dem Salzwasser und dem Wasserdruck auf Dauer standhalten? Es hielt. Gemeinsam laufen wir vom Strand aus über den Steg und steigen die Treppe hinunter in den ersten Raum. Er ist rund, und auf Augenhöhe sind dicke Glasscheiben in die Wände eingelassen: lauter Fenster zum Meer. »Das Observatorium steht mitten im Naturschutzgebiet. Das heißt, heutzutage darf hier auch niemand mehr tauchen. Wir versuchen so, das Korallenriff zu schützen. Schau, wie schön es ist.« Neugierig blicke ich durch die Scheibe zum Korallenriff hinüber, und genauso neugierig schauen mich die Fische an. Zumindest kommt es mir so vor. Ich könnte Stunden hier verbringen und die Unterwasserwelt beobachten. Kleine Anemonenfische schwimmen vorbei, dazu Kugelfische und Rotfeuerfische. Insgesamt gibt es rund 650 Fischarten zu bewundern, aber man müsste hier schon eine ganze Weile stehen, wenn man sie alle einmal gesehen haben wollte. Auch mehr als 250 Korallenarten hat Eilat zu bieten, ein Erfolg der Naturschützer, die aus wenigen einzelnen Korallen und ein paar bunten Fischen durch Schutzmaßnahmen, Zucht und Auswilderung über Jahrzehnte hinweg dieses artenreiche Riff aufgebaut haben. »Siedeln sich Korallen im Hafen von Eilat an, also zum Beispiel an den Metallgerüsten im Wasser, dann lösen wir sie dort ab und siedeln sie um, damit sie in guter Umgebung hier am Riff gedeihen können«, erklärt mir Alex.

Nach diesem eindrucksvollen Trockentauchgang nimmt Alex mich mit auf die Plattform hoch oben im Observatorium. Diesen Ausblick sollte man sich auf keinen Fall entgehen lassen. Von dort oben sieht man ähnlich weit, wie Noa es von ihrem Fallschirmsprung beschrieben hat:

Der Blick in die Ferne ist atemberaubend, und auch von hier aus sind bei klarer Sicht vier Länder gleichzeitig zu sehen: Israel, Ägypten, Jordanien und Saudi-Arabien. Wo sonst kann man das erleben?

Übrigens ist das Aquarium auch für Familien mit Kindern empfehlenswert. Mein Sohn Jonas findet zwar die Aussicht vom Observatorium nicht so eindrucksvoll, dafür aber die sogenannte Hai-Welt umso faszinierender. In einem anderen Teil des Aquariums befindet sich nämlich das größte Haifischbecken im Nahen Osten. Es ist knapp 600 Quadratmeter groß. Für die 20 Haiarten, die hier leben, wurde eigens ein Riff angelegt. Damit die Besucher ihnen so nah wie möglich kommen können, wurden gläserne Röhren durch das Riff gezogen, so dass man das Gefühl hat, mitten durch einen Haischwarm zu spazieren. Da Haie offenbar recht neugierig sind, kommen sie nah an die Röhren heran und lassen sich gut beobachten. Und so sieht man ziemlich viele kleine Kinder, die mit weit aufgerissenen Mündern die Haie bestaunen. Auch eine Haifütterung durch ausgebildete Taucher kann man durch eine große Scheibe verfolgen. Dabei geht es der »Coral World« erfreulicherweise weniger um künstlich geschaffene Sensationen, als vielmehr darum, die Besucher für diese einzigartige und schützenswerte Unterwasserwelt zu begeistern – und das aus nächster Nähe und begleitet von Informationen über die bedrohliche Lage der selten gewordenen Meeresbewohner. Die Ursachen für das Aussterben mancher Fischarten, wie Überfischung, Plastikmüll, Meereserwärmung und andere Faktoren, werden genauso in den Blick genommen wie die Maßnahmen, die jeder Einzelne ergreifen kann, um das Rote Meer zu schützen. Wer also Lust hat, sich auf die bunte Unterwasserwelt einzulassen, sollte unbedingt ein paar Stunden für den Besuch des Observatoriums und des Aquariums einplanen. Und wie so oft in Israel ist es ratsam, die Eintrittskarten vorab online zu erwerben, vor allem, wenn man vorhat, an einem Wochenende hierherzukommen: www.coralworld.co.il.

Zum Abschied Delfine

Nach unserem Besuch im Aquarium hat Jonas genug vom »Trockenschwimmen«. Und so heißt es für uns nun: hinein ins Badevergnügen! Das Wasser hat hier ganzjährig eine ziemlich konstante Temperatur von um die 22 Grad. Für mein Vorhaben schlüpfe ich aber doch lieber in einen Neoprenanzug, denn ich habe mir an diesem Tag eine nicht ganz alltägliche Begleitung zum Schwimmen und Schnorcheln ausgesucht: Delfine. Das geht hier in der sogenannten Delfin-Bucht. Auch sie liegt in einem Naturschutzgebiet und ist kein öffentlicher Badestrand, auch hier muss man Eintritt zahlen und sollte sicherheitshalber vorher reservieren (www.dolphinreef.co.il). Von den üblichen touristischen Angeboten, mit Delfinen zu schwimmen, was bei den Tieren oft großen Stress verursacht, unterscheidet sich die Delfin-Bucht in Eilat wohltuend: Die Meeressäuger kommen freiwillig hierher, denn die Bucht ist nur zum Teil eingezäunt, so dass die Tiere jederzeit ins offene Meer schwimmen können.

Ein kleiner Gruß an die Forscherin

Uns empfängt Tal Fisher, sie ist Meeresbiologin und arbeitet hier. »Die Delfine sind nicht dressiert, wir füttern sie nicht an, und wir machen auch keine Shows mit ihnen. Das hier ist kein Vergnügungspark oder mariner Zirkus.

Die Delfine haben hier einen geschützten Ort, und wenn sie zu uns kommen möchten, dann kommen sie, wenn nicht, dann nicht.

Wir geben den Gästen keinerlei Garantie. Allein die Delfine entscheiden, ob sie jemanden in ihrem Wohnzimmer empfangen oder nicht.« Die Delfin-Bucht macht kaum Werbung und will auch kein Anziehungspunkt für den Massentourismus sein, doch die Eintrittsgelder der Besucher sind natürlich willkommen, denn damit kann ein Teil der Forschung finanziert werden.

Im Laufe der Jahre haben Tal und ihre Kollegen das Vertrauen der Delfine gewonnen, täglich studieren sie ihr Verhalten. Wenn Tal ein bestimmtes Geräusch unter Wasser erzeugt, lässt der ein oder andere sich davon anlocken und schwimmt neugierig herbei. Jonas ist begeistert. »Alles, was der Delfin jetzt macht, macht er freiwillig«, erklärt ihm Tal. »Schau mal, er lächelt mich an«, erwidert Jonas. Tal muss lachen: »Das stimmt, es sieht so aus, als würde er dich anlächeln, und er hat auch sicher gute Laune, aber der Eindruck des Lächelns entsteht schlicht durch die Form seines Mauls, dadurch lächelt er quasi immer.« Jonas darf sich neben Tal auf die Plattform setzen. Sie ist an einem Holzsteg auf Pontons befestigt, der in die Bucht hineinragt. Einer der Delfine scheint an diesem Tag besonders spielfreudig zu sein, immer wieder schwimmt er an Tal und Jonas vorbei und holt sich von Tal kleine Streicheleinheiten ab. Gäste dürfen die Tiere nicht berühren, aber allein das Schauspiel aus der Nähe zu beobachten, begeistert uns alle. »Berührungen sind Teil der Kommunikation unter den Delfinen, und diese Art des Zusammenspiels funktioniert auch mit uns, weil auch wir Menschen Berührungen mögen, wenn es darum geht, Nähe zu schaffen. Aber es ist ihre freie Entscheidung, dazu gehört eine Menge Vertrauen, der Delfin muss uns schon gut kennen, und auch nicht jeder Delfin ist dazu bereit«, erklärt uns Tal.

Mit 12 000 Quadratmetern Fläche und 24 Metern Tiefe ist die Anlage das größte Meeresgehege der Welt. Die Hütten der Wissenschaftler sind aus Holz und anderen natürlichen Materialien gebaut und wirken schon etwas verwittert und mitgenommen, aber der ökologische Gedanke hat hier eben Vorrang.

Vom Pontonsteg aus beobachten wir noch lange die vier Delfine, die sich an diesem Tag offensichtlich zum Spielen hier verabredet haben. Immer wieder schießen sie aus dem glasklaren Wasser oder veranstalten kleine Wettschwimmen in der Nähe des Stegs.

Außer uns sind noch ein paar weitere Besucher da, doch es herrscht kein unangenehmer Trubel, alle scheinen entspannt zu sein und die außergewöhnliche Atmosphäre dieses Ortes zu genießen. »Außerdem bieten wir für rund 30 Kinder im Jahr hier eine Delfintherapie an. Sie haben entweder schwere Behinderungen oder sind vom Krieg traumatisiert. Sie dürfen dann mehrere Wochen hier bleiben, die Begegnung mit den Delfinen hat eine sehr positive Wirkung auf sie«, erzählt Tal. »Dafür haben wir spezielle Therapeuten. Ich hingegen erforsche nur das Verhalten der Delfine.«

Doch auch für Touristen gibt es eine Möglichkeit, den Delfinen im Wasser näher zu kommen: Zusammen mit einem der Mitarbeiter geht es auf Schnorcheltour oder Tauchgang. Da ich nicht tauchen darf, entscheide ich mich fürs Schnorcheln. Jonas wäre auch gerne dabei, aber er ist noch zu klein. Dafür darf er mit Papa im seichten Wasser am Rande der Bucht seine ersten Schwimmversuche machen.

Delfine: schlau, sozial und anmutig

Mit Neoprenanzug und Taucherbrille ausgestattet weist uns Omar darauf hin, dass wir auch unter Wasser die Tiere nicht berühren sollen und dass sie entscheiden, wie nah sie herankommen wollen. Dann schwimmt er unserer kleinen Gruppe voraus. Er kennt die Lieblingsplätze der Delfine, und so dauert es nicht lange, bis sich zwei von ihnen zu uns gesellen. Sie begleiten uns ein Stück, schwimmen weg, nähern sich wieder, als wollten sie gerne die Führung der Gäste durch ihr Zuhause übernehmen.

Da keiner von uns nach diesem schönen Tag hier wegmöchte, entscheiden wir uns, ihn einfach in der Delfin-Bucht ausklingen zu lassen. Statt eines der typischen Touristenlokale am Hafen aufzusuchen, bleiben wir auf unseren Handtüchern sitzen und holen uns ein wenig *Hummus*, *Pita*, *Falafel* und Salat aus dem kleinen, einfachen

Strandlokal. Zum Nachtisch gibt es Melone, die kühl und saftig ist, uns erfrischt und wie immer auch überall hintropft. Und so sitzen wir drei am Strand und würden am liebsten für eine kleine Weile die Zeit anhalten.

Was für ein kitschiges Ende der Reise entlang der Road 90, denke ich, während ich aufs Wasser schaue und darauf warte, dass jeden Moment irgendein Kulissenbauer aus Hollywood die Fototapete mit dem Sonnenuntergang über dem Roten Meer und den springenden Delfinen herunterreißt. Doch das geschieht zum Glück nicht. Und so genießen wir den Moment an einem paradiesischen Ort, in einem spannenden Land, das auch für unsere Familie ein wenig zur Heimat wurde. Ein Land mit vielen Konflikten, aber eben auch mit vielen faszinierenden Orten und liebenswerten sowie lieb gewonnenen Menschen, die mir und uns ihre Zeit und ihr Vertrauen geschenkt und ihre Geschichten geteilt haben. *Toda* und *shoukran* dafür.

DANKSAGUNG

Wie soll ich »Danke« sagen, wenn ich so vielen Menschen zu danken habe?

Von Herzen danke ich:

Telis und Jonas, denn ohne euch wäre selbst die schönste Erfahrung nur halb so schön. Ich bin glücklich, mein Leben mit euch teilen zu dürfen.

Meinen Eltern, denn ihr habt mich immer ziehen lassen und mich auf meinen Abenteuern begleitet, auch wenn viele Kilometer zwischen uns lagen – und vor allem dann, wenn es für mich gefährlich wurde.

Allen Menschen, die ich auf meinen Reisen treffen durfte und die mir ihr Vertrauen und ihre Zeit geschenkt und ihre Geschichten mit mir geteilt haben.

Meinen Freunden, die mich bei diesem Projekt unterstützt haben, meinen Team-Kollegen im Heiligen Land sowie denen, die manchmal eingeflogen wurden: Abu Adam, Ahmad, Alon, Assaf, Bodo, Claus, Chris, Christian, Daniel, Imke, Mahmoud, Malkitta, Markus, Martha, Moris, Nane, Saleh, Shadi, Tim, Uwe, Yaniv, Yishai, Željko. Danke für eure Inspiration und Geduld und für die vielen tollen gemeinsamen Momente!

Silke Tauscher für die wunderbare, vertrauensvolle redaktionelle Betreuung und Hella Reese für geduldiges Lektorieren und die empathische und herzliche Zusammenarbeit!

ANHANG

FEIERTAGE IM HEILIGEN LAND – VON SCHABBAT BIS RAMADAN

Für uns als Familie waren die vielen Feiertage im Heiligen Land immer eine Bereicherung, egal ob jüdisch, muslimisch oder christlich. Und da Jonas einen gemischt-konfessionellen Kindergarten besuchte (er war allerdings der einzige Christ), wurde auch jeder Feiertag gleichermaßen gewürdigt. Eigens für Jonas haben in der Adventszeit alle Weihnachtsbäume gebastelt, und die Kindergärtnerin hat sogar eine Nikolausfeier organisiert. Regelmäßig haben wir gemeinsam mit allen anderen Familien Ausflüge gemacht und in diesem Kreis Freundschaften fürs Leben geschlossen. Im Ramadan haben wir immer einen Tag gefunden, an dem die Kinder die Moschee in Jaffa besichtigen konnten, das heißt, letztlich haben sie sie gestürmt und für eine Stunde zum Spielplatz umfunktioniert. Auf weichen Teppichen lassen sich eben auch gut Purzelbäume schlagen. Anschließend haben wir uns gemeinsam im Park zum *Iftar*-Buffet versammelt. Jeder hat etwas mitgebracht und am Ende war es immer das schönste Picknick des Jahres.

Entspannter lässt sich kaum erleben, dass ungeachtet von Konfession und Religiosität an den Feiertagen in Israel – wie auf der ganzen Welt – vor allem eines im Mittelpunkt steht: die Gemeinschaft. Einige Feiertagserlebnisse haben sich mir besonders eingeprägt.

Reisezeit und Unterkünfte

Das Heilige Land ist ein beliebtes Reiseziel, und auch Israelis und Palästinenser sind gerne und viel im eigenen Land unterwegs. Auch wenn das zu Lasten der Spontaneität geht, empfiehlt es sich sehr, die Unterkünfte schon vor Reiseantritt zu reservieren. Das gilt vor allem für die Feiertage, seien es jüdische, muslimische oder christliche. Dann sind die Unterkünfte schon lange im Voraus ausgebucht, und das trotz extrem erhöhter Preise in einer ohnehin teuren Region. Ostern beispielsweise am See Genezareth verbringen zu wollen dürfte unweigerlich zu einer großen Enttäuschung werden, wenn man nicht vorgebucht hat und einem zudem vorschwebt, man habe die heiligen Orte für sich allein.

Ebenso sinnvoll ist es, sich im Vorfeld der Reise nach den Check-in-Zeiten der jeweiligen Unterkünfte zu erkundigen. Am Schabbat beispielsweise gibt es zum Teil ungewöhnliche Regelungen, wie diese hier: »Freitags Check-in nur bis 15 Uhr, samstags erst ab 20 Uhr«.

Schabbat

Im jüdischen Kalender, der wie der islamische ein Mondkalender ist, beginnt jeder Feiertag am Abend des Vortags. Und der Schabbat wird willkommen geheißen, sobald am Freitagabend die ersten drei Sterne am Himmel zu sehen sind. In den meisten Familien wird dann gemeinsam gegessen. Auch wenn die Kinder erwachsen sind, in einer anderen

Stadt leben, verheiratet sind, selber schon Kinder haben – am Freitagabend kommt die ganze Familie zusammen. Natürlich nicht immer am selben Ort, mal findet das Abendessen bei dem einen, mal bei dem anderen statt. Bei unseren Freunden Hagit und Hilik aus Tel Aviv hat allerdings immer Mama Hagit den Schabbat ausgerichtet. Das Ehepaar hat zwei noch unverheiratete Söhne, der Rest der Familie wohnt weit weg, und so wurden wir drei oft dazu eingeladen, den Kreis ein wenig zu erweitern. Sie bezeichnen sich als säkulare Juden, die am Schabbat mit dem Auto fahren, Sport treiben und das Licht anknipsen. Aber auf das Schabbat-Essen verzichten? Undenkbar. Den beiden Jungs, längst in guten Jobs in der israelischen Hightechbranche, wäre es nicht eingefallen, die Mama zu enttäuschen, mit der Tradition zu brechen und stattdessen mit Kumpels auszugehen. Obwohl die ohne Weiteres auch noch hätten mitessen können, wenn sie nicht wiederum bei ihren Familien gewesen wären.

»Wer ist denn noch eingeladen?«, will Jonas wissen, als er den reich gedeckten Tisch sieht. Er hat gut erkannt, dass Hagit und Hilik mindestens für 15 Personen gekocht haben, obwohl wir nur zu siebt sind. Hagit lacht: »Ach, weißt du, was ihr nicht schafft, gebe ich meinen Jungs, Chen und Or, für morgen mit.« Währenddessen kramt Hilik in der großen Schublade im Schrank gleich neben dem Tisch. Dort werden jede Menge Kippas aufbewahrt, für männliche Gäste, die mal wieder ihre eigene Kippa vergessen haben oder spontan zum Schabbat-Essen dazustoßen. Jonas möchte unbedingt die von der Klagemauer haben. Noch lieber wäre ihm eine mit Spiderman-Motiv, die er mal bei einem Freund gesehen hat, doch Hilik hat keine Comic-Kippa im Angebot. »Chen, sprich du heute den Kiddusch«, wünscht sich Hilik. Chen steht also auf und spricht den Segensspruch, mit dem der Schabbat und die anderen jüdischen Feiertage eingeleitet werden, nimmt den ersten Schluck Rotwein aus dem Zinnbecher und reicht ihn herum. Für Jonas gibt es roten Traubensaft. Danach nimmt Chen das Tuch von dem Korb mit Schabbat-Brot, spricht den Brotsegen und reicht jedem ein mit Salz bestreutes Stück Brot. Die Botschaft: Es gibt immer einen Grund, dankbar zu sein, sei das Leben nun üppig oder karg. Dann wird gegessen, getrunken, erzählt und gelacht. Und jedes Mal ist es ein rundum schöner Abend, der den Ruhetag einläutet. Dieser allerdings kann so seine Tücken haben, wenn man mit den Gepflogenheiten nicht vertraut ist.

Kein Cappuccino am Schabbat

Als ich zum ersten Mal an einem Samstagmorgen in einem Hotel in Tel Aviv sitze und den Kellner bitte, mir einen Cappuccino zu bringen, lacht er mich an:»Na, zum ersten Mal im Heiligen Land?« Offenbar hatte ich irgendetwas falsch gemacht, so dass er in mir die unerfahrene Israel-Touristin erkennen konnte.»Es ist Schabbat«, erklärt er mir dann sehr freundlich,»da arbeitet die Kaffeemaschine nicht. Mach dir einen Nescafé, da vorne liegen die Tütchen, daneben steht die Kanne mit heißem Wasser.« Darauf war ich nicht vorbereitet, aber gut, Nescafé geht natürlich auch mal. ›Na klar‹, denke ich, ›es ist Schabbat und da gelten andere Regeln, aber warum darf die Kaffeemaschine nicht arbeiten?‹ Nun ja, es ist liegt nicht an der Kaffeemaschine, sondern an dem Menschen, der sie bedienen müsste. Die Schabbat-Regeln sehen vor, dass keine Arbeit verrichtet werden darf, nicht einmal ein Knopf darf gedrückt werden. Der Kellner hat eine Art Ausnahmegenehmigung, allerdings ist er vermutlich nicht religiös. In vielen Hotels ist am Schabbat der Aufzug auf »Schabbat-Betrieb« gestellt. Das bedeutet, er fährt den ganzen Tag automatisch hinauf und hinunter und hält auf jeder Etage, ohne dass jemand einen Knopf drücken müsste. Das ist praktisch, erfordert aber auch ein wenig Geduld. Wenn Sie im 20. Stock wohnen, müssen Sie unter Umständen ein paar Minuten mehr einplanen, sofern der Aufzug gerade im 12. Stock steht – auf dem Weg nach unten. Manche Hotels haben für die *Goyim*, die Ungläubigen, noch einen zweiten Aufzug im Normalbetrieb. Auch wenn jeder Jude den Schabbat anders begeht und die Regeln mehr oder weniger streng beachtet, verläuft dieser Tag anders als die restlichen sechs Wochentage. Fahren in Deutschland die öffentlichen Verkehrsmittel an Sonntagen oft seltener, so sind in Israel am Schabbat gar keine Busse und Bahnen unterwegs. Für Strenggläubige ist auch das Autofahren am Schabbat tabu, aber das werden Sie am Verkehr auf der Road 90 nicht merken, hier sind zu viele säkulare Israelis unterwegs. In Jerusalem dagegen haben Sie vielerorts mit Ihrem Mietwagen freie Fahrt, wo Sie sonst im dichten Verkehr stecken bleiben würden. Nur durch die ultraorthodoxen Viertel sollten Sie nicht fahren, denn dort ist Autofahren am Schabbat strikt verboten. Die Bewohner stellen meist kleine Straßensperren auf, damit sich niemand Motorisiertes dort hineinverirrt. Mir ist das leider trotzdem einmal passiert. Ich war samstags auf dem Weg nach Jerusalem, und das Navigationssystem wollte mich durch die Viertel Beit Israel und Mea Schearim schicken. Ich war gerade aus dem Bürgerkrieg in Libyen zurückgekommen, von wo ich einige Wochen berichtet hatte, und innerlich noch nicht wieder vor Ort, also fuhr ich stur nach Navi. Als ich das aufgestellte Gitter und eine Art Stacheldrahtrolle auf dem Boden sah, dachte ich mir nichts dabei, an Chaos hatte ich mich in den Wochen zuvor gewöhnt. Ich lenkte das Auto also einfach drum herum. Aber weit kam ich nicht und wurde jäh aus meinen Gedanken gerissen. Tomaten flogen gegen meine Windschutzscheibe, und Kinder liefen schreiend neben dem Auto her. Ich stieg etwas perplex mit erhobenen Händen aus dem Auto aus. Dann kam ein Mann auf mich zu und rief: »*Schabbes, you go out!*« Ich verstand und war froh, noch nicht allzu weit in das Viertel hineingefahren zu sein. Gerade rechtzeitig vor der nächsten Tomatenladung schaffte ich es noch heraus aus dem Viertel der Strenggläubigen. Andernorts werden Sie aber vielleicht nur an den geschlossenen Geschäften merken, dass Schabbat ist. Restaurants hingegen handhaben ihre Öffnungszeiten unterschiedlich, manche schließen am Freitag und Samstag ganz, andere öffnen wie gewohnt. Es ist unbedingt ratsam, sich vorher darüber zu informieren. Im Kibbuz Ein Gedi beispielsweise kann man auch am Schabbat auf Wunsch ein Abendessen im Speisesaal bekommen, allerdings nicht jedes Gericht. So mussten wir einmal an einem Samstagabend warten, bis die Sonne untergegangen war, erst dann durfte der Pizzaofen wieder arbeiten. Frühstück wird als Buffet im Speisesaal serviert, sofern man es gebucht hat, natürlich auch hier ohne Cappuccino am Samstagmorgen. Es gibt Schlimmeres. In diesem Sinne: »*Shabbat Shalom*« – so grüßt man sich, gerne schon ab Donnerstagnachmittag.

Unterwegs am Schabbat

Der Schabbat beginnt am Freitag bei Sonnenuntergang und endet am Samstag ebenfalls bei Sonnenuntergang. Beginn und Ende richten sich also nach Jahreszeit und Sonnenstand und haben keine festen Zeiten.

Öffnungszeiten: Geschäfte, Märkte und einige Gastronomiebetriebe sind am Schabbat geschlossen, in den arabischen Dörfern findet man wiederum oft Geschäfte, die geöffnet sind.

Öffentliche Verkehrsmittel wie Bus, Straßenbahn und Züge fahren von Freitagnachmittag bis Samstag nach Sonnenuntergang nicht.

Taxis und sogenannte Scheruts (Sammeltaxis) fahren in manchen Städten auch am Schabbat. In Tel Aviv sind viele Scheruts auch die ganze Nacht hindurch auf festen Strecken unterwegs – sogar zwischen Tel Aviv und Jerusalem.

Wo ist am Schabbat etwas los? Tel Aviv ist die lebhafteste Stadt. Am Freitagnachmittag wird in den Lokalen gefeiert, ab ca. 23 Uhr beginnt das Nachtleben. Am Samstag treffen sich viele Menschen am Strand und auf der Strandpromenade und genießen dort den freien Tag.

In den Nationalparks ist am Samstag oft viel Betrieb! Die Israelis sind gerne in der Natur unterwegs. Andere Kultureinrichtungen wie etwa Museen oder Gedenkstätten, haben freitags oft verkürzte Eintrittszeiten und sind samstags geschlossen. Manche hingegen haben geöffnet, so dass sich eine Nachfrage immer lohnt.

Jom Kippur

Es ist Dienstag, der 11. Oktober 2016, ich bin in meinem Büro in Tel Aviv und telefoniere mit einem Kollegen in Mainz. Mein Blick wandert auf die Uhren, die über der Tür hängen, links die Zeit in Tel Aviv: 15 Uhr, rechts die in Mainz-Lerchenberg: 14 Uhr. »Entschuldige bitte, aber ich muss schnell weg, damit ich noch rechtzeitig mit dem Auto nach Hause komme.« Verwundert und ohne nachzufragen, was denn an einem normalen Dienstagnachmittag los sei, legt er auf. In Israel ist der 11. Oktober in diesem Jahr allerdings kein normaler Dienstagnachmittag, denn nach Sonnenuntergang beginnt Jom Kippur, der höchste jüdische Feiertag. An diesem Tag steht das ganze Land still. Es fährt kein Auto, es landet kein Flugzeug, alle Tankstellen, Geschäfte, Cafés und Restaurants schließen, sogar Fernsehen und Radio bleiben stumm. Einreisen kann man nicht, die Flucht ergreifen auch nicht: Sämtliche Grenzübergänge sind geschlossen, und das für rund 25 Stunden. Ich bin einfach erst einmal nur spät dran mit dem Nach-Hause-Fahren. Auf dem Ajalon, der sonst permanent verstopften Tel Aviver Stadtautobahn, sind kaum noch Autos unterwegs. Nur in Jaffa, wo ich wohne, ist etwas mehr los: Gut ein Drittel der Einwohner sind Araber. Für gläubige Juden ist es ein Tag des Fastens und der Einkehr, der Reue und Versöhnung, wie auch für Moshe aus Bnei Berak, einer Stadt nahe Tel Aviv, in der viele Ultraorthodoxe leben. Er hat sich ein Huhn geschnappt, hält es an den zusammengeschnürten Beinen fest und sagt: »Dieses Huhn wird sterben, während ich weitergehen werde in ein gutes Leben in Frieden.« Dann setzt er es zurück in einen Korb und drückt dem Mann, dem das Huhn gehört, ein paar Schekel in die Hand. »Jetzt sind mir meine Sünden des vergangenen Jahres vergeben«, erklärt er mir. *Kaparot* nennt sich der Brauch, den Moshe am Nachmittag vor Jom Kippur praktiziert. Das Huhn wird später geschlachtet, beladen mit den Sünden derer, die Reue zeigen – ihre Vergehen sind damit getilgt. Dieses Ritual soll daran erinnern, dass sündige Menschen ihr Recht auf Leben verwirkt haben. Der Überlieferung nach richtet Gott an Jom Kippur über sie, und nur wer Abbitte leistet, darf weiterleben.

Drei Stunden später sind alle Autos und Motorräder am Straßenrand geparkt. Doch ganz zur Ruhe kommt Tel Aviv nicht: Nun übernehmen die Kinder die Straße. Bereits am Abend machen sie mit Fahrrädern, Rollern und anderen fahrbaren Untersätzen die Gassen unsicher. Am nächsten Tag setzen auch wir uns aufs Rad und machen eine Tour auf dem Ajalon, wie gefühlt alle nicht so religiösen Familien in Tel Aviv. »Fahrradtag« nennen sie Jom Kippur deswegen auch scherzhaft, es ist, als hätte sich die ganze Stadt dazu verabredet. Wer nicht hier radelt, der sitzt vermutlich still zu Hause oder geht in eine der an Jom Kippur gut besuchten Synagogen. Viele Gläubige tragen weiße Kleidung. Manche von ihnen verbringen fast den gesamten Jom Kippur in der Synagoge und gehen nur zum Schlafen nach Hause. Im 3. Buch Mose steht, dass an diesem Tag die Gläubigen von ihren Sünden gereinigt werden vor dem Herrn. Jom Kippur ist zudem ein Fastentag. Und das bedeutet: 25 Stunden lang darf weder gegessen noch getrunken werden.

In unserem Freundeskreis gehen die Meinungen zu Jom Kippur stark auseinander, manchmal sogar innerhalb einer Familie: Tamar zum Beispiel mag Jom Kippur sehr. Es sei der einzige Tag, an dem man sich wirklich ausruhen könne und nichts tun dürfe. Man habe die Möglichkeit, sich seinen Gedanken hinzugeben, und diese Ruhe sei wunderbar. Ihr Ehemann Daniel sieht das ganz anders. Er findet Jom Kippur deprimierend und lenkt sich und die Kinder lieber mit der obligatorischen Fahrradtour ab. Man werde dann auch immer an den Jom-Kippur-Krieg erinnert, erklärt er mir, und dass er froh sei, wenn der Tag vorüber ist. 1973 griff eine Koalition arabischer Länder Israel an diesem Feiertag überraschend an, das Land konnte erst mit Verspätung reagieren. Der Krieg dauerte fast drei Wochen und forderte viele Opfer. Er hat sich ins kollektive Gedächtnis gebrannt, deshalb ist die israelische Armee seitdem am höchsten jüdischen Feiertag immer in höchster Alarmbereitschaft.

Rosh ha-Schana

Auch Rosh ha-Schana, das jüdische Neujahrsfest, gehört zu den hohen Feiertagen. In unserem ersten Jahr in Israel schickte mir eine Freundin im Vorfeld eine Nachricht: »Sie haben versucht, uns zu töten, wir haben überlebt, lasst uns essen. Am Dienstag ab 19 Uhr bei mir!« Das war die Einladung zur Rosh-ha-Schana-Feier. Ich hatte diesen beliebten Ausspruch, der im Grunde die Essenz aller jüdischen Feiertage enthält, zuvor noch nicht gehört und erschrak im ersten Moment. Er bezieht sich leicht selbstironisch auf den Zusammenklang von historischer Erfahrung und sozialer Praxis: Untergang, Erlösung und Lebensbejahung. Und erinnert ziemlich prägnant und gleichzeitig humorvoll an den Dauerzustand der Bedrohung, das Wunder des Überlebens und die Notwendigkeit der Freude. Meine Freundin schickte noch eine Nachricht hinterher: »Wenn Jonas müde wird, kannst du ihn bei mir ins Bett legen.« Jonas ist zu diesem Zeitpunkt erst gut ein Jahr alt, einen Babysitter haben wir noch nicht gefunden. Also fahren wir am Abend zu dritt nach Herzliya, wo unsere Freundin ein schönes Haus mit Garten besitzt. Sie hat rund 40 Personen eingeladen, Verwandte und ein paar Freunde. Damit sich alle um einen Tisch versammeln können, hat sie zehn Tische in eine lange Reihe vom Garten aus und weiter die Einfahrt hinunter bis zum Tor aufgestellt. Wir bekommen zwei Plätze in der Mitte der Tafel, Jonas sitzt auf meinem Schoß. Sofort werden wir in die Unterhaltung einbezogen, inklusive Crashkurs zur Bedeutung von Rosh ha-Schana, nicht der religiösen, sondern der kulinarischen: »Zu Rosh ha-Schana tunken wir Apfelstücke in Honig, damit das neue Jahr süß wird. Wir essen einen Fischkopf, weil wir ein Kopf und kein Schwanz sein wollen. Und wir essen Granatäpfel, damit unsere guten Taten und unsere glücklichen Momente so zahlreich sein mögen wie die Samenkerne dieser Früchte. Das ist alles, was ihr wissen müsst. Guten Appetit!«, erklärt uns unser Tischnachbar Alon. Aber wie immer bleibt es nicht bei diesen Speisen. Der Fischkopf kommt als »Gefilte Fisch« auf den Tisch, eine aschkenasische Spezialität. Jonas hat es, neben den Äpfeln, die er mit Vergnügen in die Schale mit Honig taucht, vor allem die Stopfleber angetan. Der Bezeichnung alle Ehre

machend, stopft er sie zusammen mit Brot ohne Unterlass in sich hinein. Zum Glück hat der Junge einen robusten Magen.

Wer sich über Rosh ha-Schana in Jerusalem aufhält, dürfte häufig
die Klänge des Schofars hören. Gläubige blasen dieses Widderhorn,
um sich an ihre religiösen Pflichten zu erinnern. Und sollten Sie kurz
vor Rosh ha-Schana in Israel landen, wird Ihnen vielleicht auffallen,
dass die Abflughalle voll ist, denn viele Israelis verreisen gerne zu dieser Zeit. Wenn Sie eine Gruppe ultraorthodoxer Männer an einem
der Gates auf ihren Abflug warten sehen, dann sind das chassidische
Juden, Anhänger des verstorbenen Rabbi Nachman. Sie pilgern jedes
Jahr an Rosh ha-Schana an dessen Grab ins ukrainische Städtchen
Uman. In den letzten Jahren haben sich immer rund 30 000 strenggläubige Männer, die meisten davon aus Israel, dort versammelt und
zu Ehren des 1810 verstorbenen Rabbi Nachman ein großes Pilger-
fest veranstaltet. Von seinen Anhängern wird der Rabbi bis heute als
Zaddik verehrt und gefeiert, also als ein Vorbild an Rechtschaffenheit.
Ich habe es bisher leider nicht nach Uman geschafft, aber dafür durfte
ich einmal eine Gruppe Nachman-Jünger in Tel Aviv begleiten. Das
sind ja orthodoxe Hippies, schießt mir durch den Kopf, als ich sehe,
wie sie mit bunt bemalten Bussen oder Lieferwagen mit Lautsprechern
und Stereoanlagen, die es in sich haben, durch die Straßen fahren und
die gesamte Metropole beschallen und betanzen. Denn immer dort,
wo ihnen danach ist, halten sie an, springen auf die Ladefläche des
Lieferwagens oder auf die Straße und beginnen zu tanzen, zu hüpfen,
sich im Kreis zu drehen. Ihr Glaube habe einen Hang zum Mystischen,
heißt es – und offenbar auch zur Ekstase. Ich treffe sie im Zentrum von
Tel Aviv, darf aber als Frau nicht zu ihnen in den Bus steigen. Ido kur-
belt das Fenster herunter, dicke Marihuana-Rauchwolken ziehen nach
draußen. Ich frage ihn durch das geöffnete Fenster, was denn eigentlich
das Ziel ihrer Bus- und Tanztouren durch Tel Aviv sei? »Das Einzige,
was wir wollen, ist, den Menschen Freude zu bringen, sie von ihren
Sorgen abzulenken oder gar aus der Depression zu holen. Das ist doch
eine gute Sache, selbst wenn es nur für einen Moment sein sollte.« Viel
mehr ist aus Ido nicht herauszubekommen. Ich speichere es ab unter
dem fröhlichen Motto: Feiern, bis der Messias kommt.

Pessach

Was für viele Deutsche der Frühjahrsputz ist, ist für die jüdischen Israelis der Pessach-Putz. Das dachte ich zumindest, bevor wir nach Israel gezogen sind. Aber da hatte ich mich getäuscht. Selbst die gründlichste schwäbische Hausfrau dürfte kaum mithalten können, wenn Familie Weisfeld aus Mea Shearim, einem der Stadtviertel in Jerusalem, in dem sehr viele orthodoxe Juden leben, loslegt und ihre Wohnung auf Hochglanz bringt. Akiva Weisfeld und seine Frau Gitti haben acht Kinder, und vor Pessach müssen alle mit anpacken. »Denk an den Kinderwagen, da sind bestimmt noch Krümel drin!«, ruft Gitti. An Pessach gibt es viele Regeln, doch eine der wichtigsten lautet: Alle *Chametz*-Reste müssen aus dem Haus. *Chametz* bedeutet »Gesäuertes«, also Sauerteig, und das zählt an Pessach zu den verbotenen Speisen. Nach dem jüdischen Religionsgesetz fallen darunter Weizen, Roggen, Gerste, Hafer und Dinkel, wenn sie für mindestens 18 Minuten mit Wasser in Kontakt gekommen sind. Und auch alle Speisen und Getränke, die aus einer dieser Getreidesorten hergestellt worden sind oder sie enthalten, müssen vor Pessach aus dem Haushalt entfernt werden. Hintergrund des Brauchs: Pessach erinnert an das Ende der Sklaverei durch die Ägypter. Beim Auszug aus Ägypten hatten die Israeliten wegen des eiligen Aufbruchs keine Zeit, den Teig säuern zu lassen. Und deswegen gibt es zu Pessach statt Brot nur Matze. Das sind dünne, meist knusprige und vor allem ungesäuerte Brotfladen, die ohne Triebmittel gebacken werden. Akiva kümmert sich um das Geschirr, das muss »gekaschert«, also koscher gemacht werden. Manche Töpfe kocht er mit Wasser aus, andere reinigt er über dem Feuer. Dafür trifft er sich mit anderen Leuten aus dem Viertel. »Es ist wichtig, sich an die Gesetze der Thora zu halten, und beim Reinigen von Geschirr ist Sorgfalt gefragt«, erklärt er. Bei den Gläsern ist es nicht ganz so kompliziert: Sie werden für 24 Stunden in die Badewanne gelegt. Um sich diese Arbeit zu sparen, haben viele jüdische Familien sogar spezielles Geschirr, das sie nur zu Pessach benutzen, manche haben sogar eine eigene Pessach-Küche. Das geht in der kleinen Wohnung der Weisfelds nicht, einen eigenen Schrank für das Pessach-Geschirr haben sie jedoch auch. Die Vorbereitungen nehmen mehrere Tage in Anspruch. Zum Schluss geht Akiva mit einer Kerze und einer Feder durch die Wohnung. »Ich leuchte jetzt in jeden Winkel und prüfe, ob wirklich jeder Krümel weg ist. Ich finde dieses Ritual sehr wichtig. Pessach ist ein Fest der Befreiung, denn die Juden haben sich damals zusammengetan und sich gegen eine Übermacht befreit. Und das ist eine wunderschöne Botschaft, die mir selbst immer aufs Neue Kraft gibt, um meine eigenen Probleme und meine eigenen Herausforderungen anzunehmen.«

Wer kurz vor Pessach und an den Feiertagen selbst durch Israel reist, wird es vielerorts schwer haben, Brot, Nudeln oder ein Bier zu bekommen. Die meisten Restaurants servieren die verbotenen Speisen und Getränke nicht. Auch wir sind in unserem ersten Jahr in Israel in die Pessach-Falle getappt, hatten uns keinen Vorrat an Brot und Nudeln zugelegt und standen dann verwundert im Supermarkt. Dort sind die Regale, in denen sich die über die Festtage verbotenen Produkte stapeln, mit großen Plastikplanen verhüllt oder mit Stellwänden verdeckt. Davon etwas zu kaufen ist unmöglich, denn auf den Verkauf steht eine Geldbuße. Wer trotzdem frisches *Pita*-Brot essen möchte, hat zwei Möglichkeiten: Entweder hält man Ausschau nach Ersatzprodukten, beispielsweise aus Maismehl, oder man fährt in ein arabisches Dorf und kauft im dortigen Supermarkt ein. Man kann es aber auch wie ich machen und Hussein Jaber in Abu Gosch besuchen, einem arabischen Dorf in der Nähe von Jerusalem. Abu Gosch ist eigentlich für seinen besonders leckeren *Hummus* bekannt, doch ebenso berühmt dürfte mittlerweile auch Hussein Jaber sein, denn dem arabischen Hotelmanager gehören in den zehn Tagen, die das Pessach-Fest dauert, die gesamten Vorräte des Staates Israel an Brot, Keksen, Kuchen, Nudeln, Cornflakes, Bier und Whisky. Lachend begrüßt er mich: »Möchtest du Kaffee oder Tee, oder hast du Hunger? Ich gebe einen aus, schließlich bin ich gerade mal wieder einer der reichsten Männer im Land – für zehn Tage Millionär!« Die Lebensmittel sind insgesamt geschätzte 250 Millionen Euro wert. Bereits seit 1998 unterzeichnet der Araber Hussein jedes Jahr am Vorabend des Pessach-Festes in einer feierlichen Zeremonie einen Kaufvertrag mit Israels aschkenasischem Chef-Rabbiner. Er zahlt immer den gleichen Betrag: 20 000 Schekel, umgerechnet rund 5000 Euro. Damit gehen alle Lebensmittel des Staates Israel, die gesäuertes Getreide enthalten, in Husseins Besitz über. Der Vertrag ist so formuliert, dass Hussein nach dieser Anzahlung zehn Tage Zeit hat, die restliche Summe zu zahlen. Hält er diese Frist allerdings nicht ein – was stets der Fall ist –, wird das Geschäft hinfällig. Hussein Jaber erhält seine Anzahlung zurück, und die Nahrungsmittel gehören wieder dem israelischen Staat. Der Deal beruht auf Vertrauen. Würde Hussein sich weigern, die Produkte zurückzugeben, könnte er eine Lebensmittelkrise auslösen. Doch selbst in Zeiten, in denen sich der politische Konflikt zwischen Israelis und Palästinensern zuspitzte, war die Einhaltung des Vertrags für Hussein stets Ehrensache. »Ich bin ein gläubiger Mensch, ich habe für diese Rituale Verständnis und helfe gerne, wenn ich kann«, erklärt er mir und reicht mir eine Maismehl-Pita, gefüllt mit *Schawarma* und *Hummus*.

Der sogenannte Sederabend bildet den Auftakt zu Pessach. Familie und Freunde kommen zusammen, an diesem Abend darf niemand allein sein. So gibt es auch die Tradition, am Sederabend einen Platz für Alleinstehende oder sogenannte »einsame Soldaten« freizuhalten, also beispielsweise für amerikanische Juden, die in Israel freiwillig in der Armee dienen und keine Familie vor Ort haben. Und so wurden auch wir zu jedem Sederabend von Freunden eingeladen. Im allerersten Jahr hat Jonas' Kindergärtnerin Yarden uns »adoptiert«, inklusive meiner Eltern, die zu Besuch waren.

Die Festtafel ist an Pessach voller Symbole. Bestimmte Speisen sind in einer vorgegebenen Reihenfolge zu verzehren, und es müssen vier Becher Wein getrunken werden. Darauf hatte ich die erwachsenen Gäste schon vorbereitet, also beschlossen wir, das Auto lieber zu Hause zu lassen. Wir wurden herzlich empfangen, es war ein warmer Abend, und der Tisch war im Garten gedeckt. Der Abend heißt *Seder* (Ordnung), weil nichts dem Zufall überlassen wird und alles einem bestimmten Ablauf folgt. Und so stellt der Tradition gemäß und zum Auftakt des Abends das jüngste Kind in der Runde die Frage, was diese Nacht von allen anderen unterscheidet. Diese Ehre wurde Jonas zuteil. Auf jedem Platz lag eine *Haggada*, ein bebildertes Buch, das die Erzählungen und Handlungsanweisungen für den Sederabend beinhaltet. Yarden hatte für uns extra eine deutsche Übersetzung besorgt. Mein Vater war ein wenig besorgt, dass das wohl ein langer Abend mit Geschichten, Gebeten und Gesängen werden würde, doch Yaron, Yardens Lebensgefährte, beruhigte ihn: »Keine Sorge, wir ziehen das nicht bis zum Schluss durch. Zum einen habe ich Hunger und zum anderen wollen wir uns ja auch noch unterhalten.« Und so blieb es bei dem förmlichen Auftakt mit Frage, Erklärung, einem Gebet und einem Lied, an die genaue Reihenfolge erinnere ich mich nicht mehr. Einzig die vorgeschriebenen vier Gläser Wein haben wir alle getrunken, außer Jonas natürlich, und so wurde der Abend auch ohne striktes Befolgen der Rituale ziemlich lang und sehr, sehr nett.

Natürlich gibt es noch mehr jüdische Feiertage, über die ich schreiben könnte und die das Leben und Reisen im Heiligen Land unvergleichlich machen, nicht zu vergessen die muslimischen und christlichen Feiertage. Jeder Feiertag hat seinen eigenen Reiz, und Sie können auch als Gast im Land viele Feste mitfeiern. Bedenken Sie bitte nur eines: Wenn Sie Jom Kippur in Israel erleben wollen, sollte Ihr Flug rechtzeitig vorher landen.

Ramadan: Bitte nicht auf der Straße picknicken

»Tim, meine Wasserflasche ist fast leer, eben war sie doch noch voll, hast du davon getrunken?«, raunze ich meinen lieben Kollegen, unseren Kameramann und Cutter, an, als ich zu ihm ins Auto steige. Wir sind im von Israel abgeriegelten Gazastreifen unterwegs, und es ist Ramadan, der für Muslime heilige Fastenmonat. »Ich habe meine eigene Flasche, das weißt du doch«, antwortet er, ebenfalls ein bisschen genervt. Dann schauen wir uns an und müssen lachen. »Ich weiß, was du denkst, es ist dieses typische Ramadan-Phänomen. Da muss ein Loch in der Flasche sein.« Das Loch hat einen Namen: Mohammed. Er ist unser Fahrer. Offenbar ist der Arbeitstag für ihn unter der Bedingung, seit Sonnenaufgang nichts essen oder trinken zu dürfen, zu beschwerlich geworden, und er hat sich eine kleine Trinkpause gegönnt. Allah verzeihe es, erklärt mir später ein anderer Kollege, denn es gebe Ausnahmesituationen, die das Brechen der Fastenregeln erlaubten. Heute sei es vermutlich einfach zu heiß und staubig, die Arbeit zu anstrengend und die Zeit noch zu lang bis Sonnenuntergang, also dem allabendlichen Moment für den *Iftar*, das Fastenbrechen.

Als Tourist kann man nicht in den Gazastreifen reisen, hierfür bedarf es einer besonderen Genehmigung durch die israelischen Behörden. Meist wird sie nur Journalisten, Diplomaten und Mitarbeitern von Nichtregierungsorganisationen erteilt. Dann wiederum muss auch noch die Hamas in Gaza einen Passierschein ausstellen, sonst kann man sich vor Ort nicht frei bewegen. Es ist eine Herausforderung, im Gazastreifen zu arbeiten, vor allem im Ramadan. Dennoch bin ich gerne in Gaza unterwegs. Das mag seltsam klingen, aber vielleicht hat es letztlich damit zu tun, dass ich, im Gegensatz zu den Einwohnern, wieder ausreisen kann. Wenn ich an ihrer Stelle wäre, würde mein Urteil vermutlich anders ausfallen. Seit 2010 habe ich immer wieder aus dem Gazastreifen berichtet, die Kollegen von der Fernsehproduktionsfirma sind zu Freunden geworden. Gemeinsam haben wir viele unvergessliche Situationen erlebt.

Doch zurück zu Mohammed und der fast leeren Wasserflasche. Ich bitte ihn also, an einem Kiosk zu halten, damit ich Nachschub kaufen kann. Selbst im Ramadan ist das kein Problem. Ansonsten sind im konservativen Gaza die Ramadan-Regeln sehr strikt. Während der Fastenstunden sind sämtliche Restaurants und Schnellimbissstände geschlossen. Essen und Trinken im öffentlichen Raum ist streng verboten. Märkte und Läden dagegen haben geöffnet, denn die Menschen müssen ja für den *Iftar* einkaufen können. Tim und ich haben mit unseren Kollegen aus Gaza die Abmachung, dass wir Wasser nur unbeobachtet im Auto trinken, und ab und zu haben wir auf diese Weise auch mal einen Müsliriegel verdrückt. Unsere Kollegen haben uns immer wieder versichert, dass es sie nicht störe, wenn wir tagsüber essen und trinken, solange es niemand und vor allem nicht die Polizeikräfte der Hamas mitbekommen. Doch wenn man so eng zusammenarbeitet, fühlt es sich unfair an, sich in Gegenwart fastender Freunde den Bauch vollzuschlagen. Also halten auch wir uns so gut es geht zurück. Nur überhaupt nicht zu trinken, fällt mir in dieser Hitze schwer.

Die Atmosphäre während des Ramadans ist überall in den palästinensischen Gebieten sehr besonders, so auch in Gaza. Die Städte, Häuser und Plätze sind mit Laternen und Halbmonden und jeder Menge anderer Dekoration geschmückt. Nach Einbruch der Dunkelheit erhellen Lichterketten die Straßen und Gassen – sofern Strom da ist. Und es werden spezielle Köstlichkeiten angeboten, die es nur im Ramadan gibt. Dazu gehört beispielsweise ein Gebäck, das *Atayef* oder auch *Qatayef* heißt. Tatsächlich habe ich es zum ersten Mal in Gaza gegessen. Im Vorbeifahren war mir aufgefallen, dass viele Bäckereien eigens einen Stand aufgemacht hatten, an dem junge Männer den ganzen Tag hindurch kleine Pfannkuchen auf heißen Platten buken. Diese Pfannkuchen wurden stapelweise verkauft – immer mindestens zehn bis zwanzig Stück. An manchem Stand wurde das Backen sogar zum Schauspiel. Die kleinen Pfannkuchen, vielleicht zehn Zentimeter im Durchmesser und dicker als Crêpes, flogen im hohen Bogen von einer heißen Platte zur anderen. Die Kinder aus dem Viertel standen im Halbkreis um die backenden Artisten herum – eine zirkusreife Vorstellung, so dass ab und zu sogar applaudiert wurde.

Die Pfannkuchen sind aber nur eine Komponente der *Atayef*. Zu Hause werden sie mit Quarkcreme, Schokocreme oder gehackten Nüssen und Pistazien gefüllt, zusammengerollt, in der Pfanne frittiert und anschließend in einen süßen Sirup getaucht. Nachdem unser palästinensischer Freund Omar Jonas einmal gezeigt hat, wie man *Atayef* zubereitet, habe ich nun neben *Mujaddara* eine weitere Herausforderung in meiner Küche zu bewältigen. Die Ausrede, dass man außerhalb des Ramadans diese aufwendigen Gebäckstücke nicht zubereite, lässt er nur widerstrebend gelten.

Neben *Atayef* werden Ihnen im Ramadan auch Straßenhändler mit verschiedenen Fruchtsäften im Angebot auffallen: Hier ist Vorsicht geboten, denn das ist in der Regel stark konzentrierter Saft aus Datteln, Aprikosen oder anderen Früchten mit kiloweise Zucker. Pur ist er kaum genießbar, und selbst mit Wasser verdünnt schmeckt er für viele westliche Gaumen gewöhnungsbedürftig. Diese Säfte werden zum *Iftar* gereicht, sie lassen den Zuckerspiegel rasend schnell in die Höhe schießen.

Ich weiß nicht mehr, ob es tatsächlich der erste *Iftar* war, an dem ich teilgenommen habe, aber definitiv einer, den ich nicht vergessen werde. Tim, unser Übersetzer Abu Adam und ich hatten im Flüchtlingslager Al-Shati eine Familie porträtiert. Chefin im Haus war die Großmutter: Umm Ala'a kümmerte sich um die Essensvorbereitungen. Sie bestand darauf, dass wir zum Fastenbrechen kamen. Wir wollten ablehnen, da wir wussten, dass die Familie kaum genug Geld hatte, um alle Kinder und Enkel satt zu bekommen. Aber dann war da wieder diese Sache mit dem Stolz und der Gastfreundschaft, die ein Nein unmöglich machten.

Enkel Ibrahim solle auf dem Rückweg von der Moschee Hühnchen besorgen, ein ganzes oder am besten gleich zwei, verfügt Umm Ala'a. Ibrahim ist 14 Jahre alt. Sein älterer Bruder begleitet ihn zur Moschee, und auch Tim und ich dürfen mitgehen. Tim darf sogar filmen. Die beiden Jungs sind streng religiös erzogen worden. Sie beten fünfmal am Tag. »Beten ist die Säule der Religion, Fasten geht im Ramadan auch nicht, ohne zu beten. Beten macht alles leichter, man fühlt sich sicher und ist zufriedener im Leben«, erklärt mir Ibrahim. Sich sicher zu fühlen hat in Gaza eine besondere Bedeutung. Ibrahim ist der 50 Tage währende Krieg 2014 noch in lebhafter Erinnerung. Vier seiner Verwandten haben ihn nicht überlebt, sie sind bei einem Bombenangriff getötet worden. Es war die bislang schwerste militärische Auseinandersetzung zwischen Israel und der Hamas in Gaza: Die israelische Armee flog mehr als 6000 Luftangriffe und feuerte 50 000 Artilleriegeschosse ab. Schwere Bomben fielen auf Wohnhäuser, löschten ganze Familien aus. Über 2000 Palästinenser starben, mehrheitlich Zivilisten, darunter auch 500 Kinder. Die Hamas wiederum feuerte mehr als 3000 Raketen auf Israel ab. Viele wurden vom »Iron Dome«, dem israelischen Raketenabwehrsystem, abgefangen. Am Ende hatte Israel 68 Tote zu beklagen: 64 Soldaten, drei Zivilisten und ein Kind. Bis heute halten die Vereinten Nationen und internationale Menschenrechtsorganisationen an dem Vorwurf fest, beide Seiten hätten Kriegsverbrechen begangen. Israel habe nicht genug getan, um zivile Opfer zu vermeiden, während die Hamas die eigene Bevölkerung als menschliche Schutzschilde missbraucht habe.

Die kleine Moschee liegt nur wenige Straßen entfernt mitten in Al-Shati. Immer im Schatten der Hauswände laufen Ibrahim und sein Bruder durch den Betondschungel aus maroden Gebäuden, die so dicht gebaut wurden, dass hier wohl keiner der knapp 100 000 Einwohner etwas vor seinen Nachbarn geheim halten kann. Auch Ismail Haniyeh, einer der Hamas-Führer, wohnt hier. Die Polizei hält uns mehrfach an, wir müssen unsere Drehgenehmigung vorzeigen, erklären, dass wir Ibrahim und seinen Bruder begleiten. »Sie wollen sicher nicht, dass ihr Haniyehs Haus filmt«, erklärt Ibrahim gelassen. Doch es nützt nichts, unser Kollege und Übersetzer Abu Adam muss den Polizisten auf die Wache folgen. Seine Daten werden aufgenommen, die Polizei behält seinen Ausweis als eine Art Pfand da. Wir könnten ihn nach dem *Iftar* abholen und sollten dann aus Al-Shati verschwinden, bescheiden uns die Polizisten.

Tim geht mit Ibrahim und seinem Bruder in die Moschee, ich warte draußen. Die Kinder aus dem Viertel beäugen mich neugierig und überreden mich schließlich zu einer kurzweiligen Runde »Hüpfekästchen«-Springen. Das Nachmittagsgebet scheint nicht lange gedauert zu haben, schon sind die Jungs wieder da. Jetzt müssen wir Hühnchen für Umm Ala'a einkaufen. Das ist meine Chance, mich von ihr unbemerkt doch noch am *Iftar* zu beteiligen. Ich stecke Ibrahim Geld zu, er nickt, wir verstehen uns.

Im Laden an der Ecke bekommen wir alles, was Umm Ala'a ihrem Enkel aufgetragen hat: ganze Hühner, Gemüse, Salat und Reis. Ibrahim ist froh, dass in diesem Ramadan die Waffenruhe zwischen Israel und der Hamas hält. »Im letzten Krieg wussten wir nie, ob wir am Abend auch wieder alle zusammenkommen würden.«

Kaum sind wir zurück, klappert Umm Ala'a sofort mit Töpfen, Pfannen und Geschirr, wir sollten ihr nicht im Weg stehen, jetzt habe sie zu tun. Ibrahims Onkel schaut vorbei, er ist Mitglied bei der Hamas. Er hat eine alte Kalaschnikow mitgebracht, ein russisches Sturmgewehr. Ibrahim soll es ölen und polieren, es sei rostig geworden. Dass wir aus Deutschland kommen, weiß er, auch, dass die Hamas in Europa und den USA als Terrororganisation gilt. Dann trifft Ibrahims Vater ein. Er arbeitet als Schneider. Mit dem Gehalt kann er seine Familie kaum durchbringen, und so ist er nebenbei auch noch für die Hamas tätig, ob aus voller Überzeugung oder aus reinem Pragmatismus ist schwer zu sagen, wie so oft in Gaza. Die Hamas regiert Gaza mit harter Hand und ist zugleich der größte Arbeitgeber. Die Menschen hier müssen nicht für sie arbeiten, aber Dissidenten werden auch nicht geduldet. Politischen Gegnern droht Folter, und Palästinenser, die als Kollaborateure Israels verdächtigt werden, müssen damit rechnen, zum Tode verurteilt zu werden.

Umm Ala'a hat inzwischen die Vorbereitungen für den *Iftar* fast abgeschlossen. Ibrahim fastet während des Ramadan, seit er fünf Jahre alt ist. Nur die ersten Tage seien schwierig, danach habe man sich daran gewöhnt, den ganzen Tag auf Essen und Trinken zu verzichten. Die Stimmung ist gelöst, auch wenn die Familie ein wenig erschöpft wirkt: »Für mich ist Ramadan wie Sport«, lacht Umm Ala'a, »ich bin dann die ganze Zeit in Bewegung, das ist wirklich gesund für mich.« Auf dem nackten Betonboden liegen ein paar Sitzkissen um eine Decke herum, auf die Umm Ala'a die Speisen gestellt hat. Einen Moment lang ist es still. Dann ertönt der Ruf des Muezzins, die Sonne ist untergegangen, es darf gegessen und getrunken werden. Abu Ibrahim reicht Plastikbecher herum. Alle setzen sich nun auf die Kissen. Cola steht bereit, dazu gibt es Datteln, mit denen traditionell das Fasten gebrochen wird. »Es ist der schönste Moment des Tages. Wenn die ganze Familie beim Essen zusammensitzt. Wirklich der schönste Moment«, seufzt Ibrahim und macht sich über das Hühnchen her. Langsam zu essen sei das Geheimnis, ruft sein Bruder und steckt sich erst einmal eine Zigarette an, denn während der Fastenstunden ist auch das Rauchen nicht erlaubt. Glücklich schaut Umm Ala'a in die Runde: »*Il Hamdulilah*, Gott sei Dank, wir leben.«

Unterwegs im Ramadan

Sollten Sie während des Ramadans in den Palästinensischen Autonomiegebieten unterwegs sein,
lohnt es sich zum einen, ein paar Dinge zu beachten,
und zum anderen, in ein palästinensisches Restaurant zum *Iftar* zu gehen. In Jericho beispielsweise ist
das ohne Weiteres möglich. Sie werden auch ganz
bestimmt nicht allein im Restaurant sitzen, denn bei
vielen Familien ist es mittlerweile üblich, das Fastenbrechen nicht ausschließlich privat zu zelebrieren,
sondern sich auch mal im Restaurant zu treffen. Immer mehr Restaurants bieten spezielle *Iftar*-Buffets
oder Menüs an. Und da die meistens noch reichhal-
tiger sind, als es die palästinensische Küche ohnehin schon ist, macht es vielleicht auch gar nichts,
dass Sie mittags nirgendwo im Westjordanland ein
geöffnetes Restaurant finden werden. Aber keine
Sorge: Auf ein Frühstück nach Sonnenaufgang müssen Sie nicht verzichten, die Hotels und Pensionen
servieren es ausländischen Gästen auch während
des Fastenmonats. Selbst in Gaza haben wir immer
eines bekommen. Denken Sie aber daran, ein paar
Snacks für unterwegs einzukaufen. Verzichten Sie
allerdings möglichst darauf, in der Öffentlichkeit
einen Schluck aus der Wasserflasche zu nehmen.
Kindern unter zehn Jahren wird das Essen und Trinken auf der Straße übrigens nicht übel genommen.
Auch ein Eis aus der Truhe oder vom Straßenstand
für die Kleinen ist kein Problem.

Nach dem Essen findet im Ramadan der ausgelassene Teil des Tages statt. Fast alle Familien gehen nach dem *Iftar* in die Stadt, in den hübsch dekorierten Gassen drängen sich dann Händler, die Kaffee und Zuckerwatte und andere Süßigkeiten anbieten. In den Cafés ist es manchmal sogar schwierig, noch einen Platz zu ergattern. Wer die Gelegenheit dazu hat, sollte diese Stimmung auf keinen Fall verpassen und sich einmal in das festlich-bunte Treiben stürzen. Zum Abschluss des Ramadans wird das dreitägige Eid-al-Fitr, das Zuckerfest gefeiert, auch ein tolles Erlebnis. Essen ist dann natürlich wieder erlaubt, aber viele Geschäfte und öffentliche Einrichtungen, auch Sehenswürdigkeiten, sind geschlossen, denn schließlich sollen alle feiern können – und man wünscht einander »*Eid mubarak*«, ein fröhliches Fest.

DIE POLITISCHEN ZONEN
IM WESTJORDANLAND

Im ägyptischen Taba und in Washington unterzeichneten Israel und die PLO im Jahr 1995 das sogenannte »Interimsabkommen über das Westjordanland und den Gazastreifen«, auch als Oslo II bekannt. Ein Bild, das lange für den Beginn des erhofften Friedens stand, ging um die Welt: Der damalige Palästinenservertreter Jassir Arafat und der israelische Ministerpräsident Yitzhak Rabin reichten sich die Hände. Mit dem Abkommen, das den Weg für eine Zweistaatenlösung ebnen sollte, wurde das Westjordanland in drei Zonen unterteilt.

ZONE A, die ungefähr 18 Prozent des Gesamtgebietes entspricht und in der rund die Hälfte aller Palästinenser leben, steht vollständig unter palästinensischer Zivil- und Sicherheitsverwaltung. Zu dieser Zone gehören die großen Städte wie Ramallah, Jericho, Nablus, Bethlehem und Jenin.

ZONE B macht ebenfalls rund 18 Prozent des Gebiets aus und umfasst vor allem ländliche Dörfer und Gemeinden. Die Palästinenser verwalten das Gebiet zivilrechtlich, die Sicherheitsverwaltung teilen sie sich mit den Israelis. Hier leben rund 40 Prozent der palästinensischen Bevölkerung.

ZONE C macht mit rund 60 Prozent den größten Teil des palästinensischen Gesamtgebietes aus. In diesem sehr dünn besiedelten Bereich leben nur rund 6 Prozent der Palästinenser. Zone C steht sowohl zivilrechtlich als auch in Sicherheitsbelangen unter israelischer Kontrolle. Hier befinden sich auch die meisten israelischen Siedlungen. Ursprünglich sollte diese Aufteilung fünf Jahre Bestand haben, mit dem Ziel, in dieser Zeit eine Zweistaatenlösung zu finden, also ein souveränes Palästina neben Israel entstehen zu lassen. Doch dazu ist es bekanntlich bis heute nicht gekommen.

ERKLÄRUNGEN

Alle Schilderungen in diesem Buch basieren auf subjektiven Erinnerungen. Die Dialoge geben die Gespräche nicht wortwörtlich, sondern sinngemäß wider.

Transliteration

Die Umschrift der Namen von Personen und Orten aus dem Hebräischen und Arabischen folgt entweder der geläufigsten Schreibweise oder der Aussprache. Bei den Ortsnamen wurde teilweise die Schreibweise von Google Maps übernommen, um eine leichtere Auffindbarkeit zu gewährleisten. Personennamen entsprechen in der Regel der Schreibweise, die die Menschen selbst für ihren Namen gewählt haben.

ZITATNACHWEIS

S. 172
Aus: Antoine de Saint-Exupéry, Der kleine Prinz. Aus dem
Französischen übersetzt von Susan Niessen
mit freundlicher Genehmigung von Loewe Verlag

BILDNACHWEIS

Coverfoto: Imke Vogtherr
Foto Umschlagklappe: Tim Lewerth

Innenteil: Nicola Albrecht
Außer: S. 24 Mitte Alon Caspi; S. 127 Uwe Dörgeloh; S. 31, 32,
36, 49, 64, 122, 130, 140, 145, 147, 151, 163, 167, 180, 192 Tim
Lewerth; S. 108 Ahmad Mashal; S. 69, 90 Željko Pehar; S. 168
Hilik Rimoch; S. 56 Imke Vogtherr

Impressum

© 2022 GRÄFE UND UNZER VERLAG GmbH, Postfach 860366, 81630 München

POLYGLOTT

POLYGLOTT ist eine eingetragene Marke der GRÄFE UND UNZER VERLAG GmbH

ISBN 978-3-8464-0871-1

1. Auflage 2022

Autorin: Dr. Nicola Albrecht
Redaktion und Projektmanagement: Silke Tauscher
Lektorat: Dr. Hella Reese
Satz: Nadine Thiel, kreativsatz
Bildredaktion: Silke Tauscher
Kartographie: Gerald Konopik, DuMont Reise Kartografie
Schlusskorrektur: Ulla Thomsen
Umschlaggestaltung und Layout: Favoritbüro Gbr
Herstellung: Gloria Schlayer
Repro: Repro Ludwig, Zell am See
Druck und Bindung: Livonia Print, Lettland

GRÄFE UND UNZER

Ein Unternehmen der
GANSKE VERLAGSGRUPPE

Wichtiger Hinweis
Die Daten und Fakten für dieses Werk wurden mit äußerster Sorgfalt recherchiert und geprüft. Wir weisen jedoch darauf hin, dass diese Angaben häufig Veränderungen unterworfen sind und inhaltliche Fehler oder Auslassungen nicht völlig auszuschließen sind, zumal zum Zeitpunkt der Drucklegung die Auswirkungen von Covid-19 auf das Hotel- und Gastgewerbe vor Ort noch nicht vollständig abzusehen waren. Für eventuelle Fehler oder Auslassungen können Gräfe und Unzer und die Autoren keinerlei Verpflichtung und Haftung übernehmen.
Aus Gründen der besseren Lesbarkeit wird in diesem Buch bei Personenbezeichnungen das generische Maskulinum verwendet. Es gilt gleichermaßen für alle Geschlechter.

Ansprechpartner für den Anzeigenverkauf:
KV Kommunalverlag GmbH & Co. KG, MediaCenter München, Tel. 089/928 09 60

Bei Interesse an maßgeschneiderten B2B-Produkten:
roswitha.riedel@graefe-und-unzer.de

Leserservice
GRÄFE UND UNZER Verlag
Grillparzerstraße 12
81675 München
www.graefe-und-unzer.de

Umwelthinweis
Nachhaltigkeit ist uns sehr wichtig. Der Rohstoff Papier ist in der Buchproduktion hierfür von entscheidender Bedeutung. Daher ist dieses Buch auf PEFC-zertifiziertem Papier gedruckt. PEFC garantiert, dass ökologische, soziale und ökonomische Aspekte in der Verarbeitungskette unabhängig überwacht werden und lückenlos nachvollziehbar sind.